VORWORT

Die Dordogne – schon immer zugleich Lebensader und Sehnsuchtsort. Als »das verzauberte Land« und »Paradies der Franzosen« bezeichnete der amerikanische Schriftsteller Henry Miller ihre Landschaften. »Ich glaube«, schreibt Miller 1939 aus dem Pariser Exil, »daß dieses friedliche weite Gebiet Frankreichs stets ein heiliger Fleck Erde für den Menschen bleiben wird (...) Es mag der Tag kommen, an dem Frankreich untergeht, aber die Dordogne wird weiterleben wie alle Träume, die die Seelen der Menschen nähren.«

Millers Worte haben bis heute nichts an Wahrheit eingebüßt. Wo die Dordogne fließt, ist der Südwesten Frankreichs noch immer verwunschen, still und abenteuerlich. Nachdem der Fluss sein Quellgebiet im Zentralmassiv verlassen hat, passiert er zunächst das Quercy mit seiner rauen, wilden und ungebändigten Landschaft. Ein Traum für alle Wanderbegeisterten! Anschließend erreicht die Dordogne das Périgord. Die ehemalige Provinz ist grün, hügelig, fruchtbar und mit Tausenden Kilometern markierter Wanderwege hervorragend erschlossen.

Egal, ob in Quercy oder Périgord: Wandern an der Dordogne gleicht einer Zeitreise. In üppigen grünen Tälern oder vor weißen Steilfelsen an tiefblauem Wasser taucht man ab in eine mittelalterliche Welt. Mächtige Burgen und romantische Dörfer mit engen Gassen liegen hier dicht an dicht. Die erlebbare Geschichte geht sogar noch weiter zurück, bis in die Steinzeit. Im Tal der Vézère gibt es auf engstem Gebiet so viele Höhlen und prähistorische Stätten wie nirgendwo sonst auf der Welt. Ich freue mich nun darauf, Sie, liebe Leserinnen und Leser, bei Ihren Erkundungen zu begleiten.

Mein besonderer Dank gilt meiner Frau Sandra für ihre Hilfe und Unterstützung bei diesem Projekt. Sie ist neben den atemberaubenden Landschaften an Dordogne und Lot auf vielen Fotos in diesem Wanderführer der Co-Star, und ohne sie würde es dieses Buch nicht geben. Ein großes Dankeschön geht zudem an meine Schwiegereltern, die die Region bereits vor Jahrzehnten zu ihrer zweiten Heimat erklärten. Wegen ihrer praktischen und moralischen Unterstützung und für ihre Freundschaft danke ich zudem Ylva und Shaun.

Saint-Jean-de-Laur, im Frühjahr 2024 — Peter Brück

Auf der Klippe oberhalb von La Roque-Gageac (Tour 12).

INHALTSVERZEICHNIS

Vorwort 3
Übersichtskarte 6
Top-Touren 8

Wichtige Hinweise für unterwegs 10
Schwierigkeitskategorien 10
Symbole 11
GPS-Tracks und Koordinaten der Ausgangspunkte 14
Reiseinformationen 15

Die Wanderregionen Dordogne und Lot 22
Höhlen, Abris und Gouffres 26
Steinerne Zeugnisse am Weg 28
Übersicht Les Plus Beaux Villages de France 33
Flora und Fauna 35

	1	4.00 h	**Le Périgord sucré – das süße Périgord**	40
	2	2.15 h	**Le Cingle de Trémolat**	43
	3	2.45 h	**Die Trüffellande bei Sainte-Alvère**	46
	4	3.45 h	**Limeuil**	48
	5	3.30 h	**Monpazier und Château de Biron**	51
	6	2.30 h	**Belvès**	55
	7	1.30 h	**Die Einsiedlerschleife von Saint-Cyprien**	57
	8	3.45 h	**Aubas – Schlösserund romantisches Bauerland**	59
	9	5.00 h	**Zeitreise: Saint-Léon-sur-Vézère**	62
	10	2.30 h	**Les Eyzies**	66
TOP	11	4.15 h	**Weg der Könige I: Rundweg Castelnaud–Cénac**	69
TOP	12	4.30 h	**Weg der Könige II: Sieben-Schlösser-Schleife**	73
	13	2.00 h	**Hinauf nach Domme**	80
	14	2.30 h	**Von Veyrines-de-Domme nach Milandes**	83
	15	1.00 h	**Die Altstadt von Sarlat-la-Canéda**	86
	16	2.45 h	**Die Abtei von Léobard**	88
	17	3.30 h	**Die Cluzeaux von Saint-Pardoux**	90
	18	2.30 h	**Der Schmelzofen des Teufels**	93
	19	3.00 h	**Im stillen Dronnetal bei Brantôme**	95
	20	4.00 h	**Jumilhac-le-Grand**	98
	21	2.30 h	**Verwunschene Felsen bei Excideuil**	101
TOP	22	3.00 h	**Auvézère-Schlucht**	104
	23	2.45 h	**Hautefort – Boisseuilh**	108
	24	3.00 h	**La vicomté de Turenne**	110
TOP	25	2.45 h	**Mont Mercou**	113
	26	2.00 h	**Die Dordogne bei Floirac**	116
TOP	27	5.00 h	**Vallée des Rocs**	119

TOP 28 3.00 h **Saint-Sozy – Fels und Mensch** 124
29 3.45 h **Chemin des Écoliers** 127
TOP 30 3.30 h **Das Adlernest Taillefer** 130
31 4.30 h **Rocamadour – felsige Schluchten** 134
32 2.00 h **Moulin du Saut** 138
TOP 33 3.30 h **Autoire und Loubressac** 140
34 3.30 h **Beaulieu-sur-Dordogne** 145
35 1.45 h **Die Burg von Saint-Céré** 147
36 2.45 h **Terrou – schöne Aussichten** 150
37 3.30 h **Vallée heureuse – das glückliche Tal** 152
TOP 38 4.00 h **Notre Dame de Verdale** 155
39 3.45 h **Limargue** 159
40 4.15 h **Bouriane** 162
TOP 41 3.00 h **Der Klippenweg von Brengues** 165
42 3.45 h **Causse de Cajarc** 169
43 3.00 h **Causse de Limogne** 172
44 2.00 h **Die Caselles von Marcilhac** 175
TOP 45 1.30 h **Le Chemin de la Pierre Levée** 177
46 2.00 h **Braunhie** 180
47 4.00 h **Tal der Sagne** 182
48 2.45 h **Saint-Cirq-Lapopie** 185
49 3.30 h **Steilfelsen am Lot** 188
50 1.45 h **Cahors von oben** 191
51 3.30 h **Am Lot zwischen Pradines und Douelle** 193
52 3.00 h **Die Lotschleife von Luzech** 196
53 4.30 h **Im Land der Burg von Bonaguil** 199

Stichwortverzeichnis 202
Kleines Wörterbuch für Wanderer 206

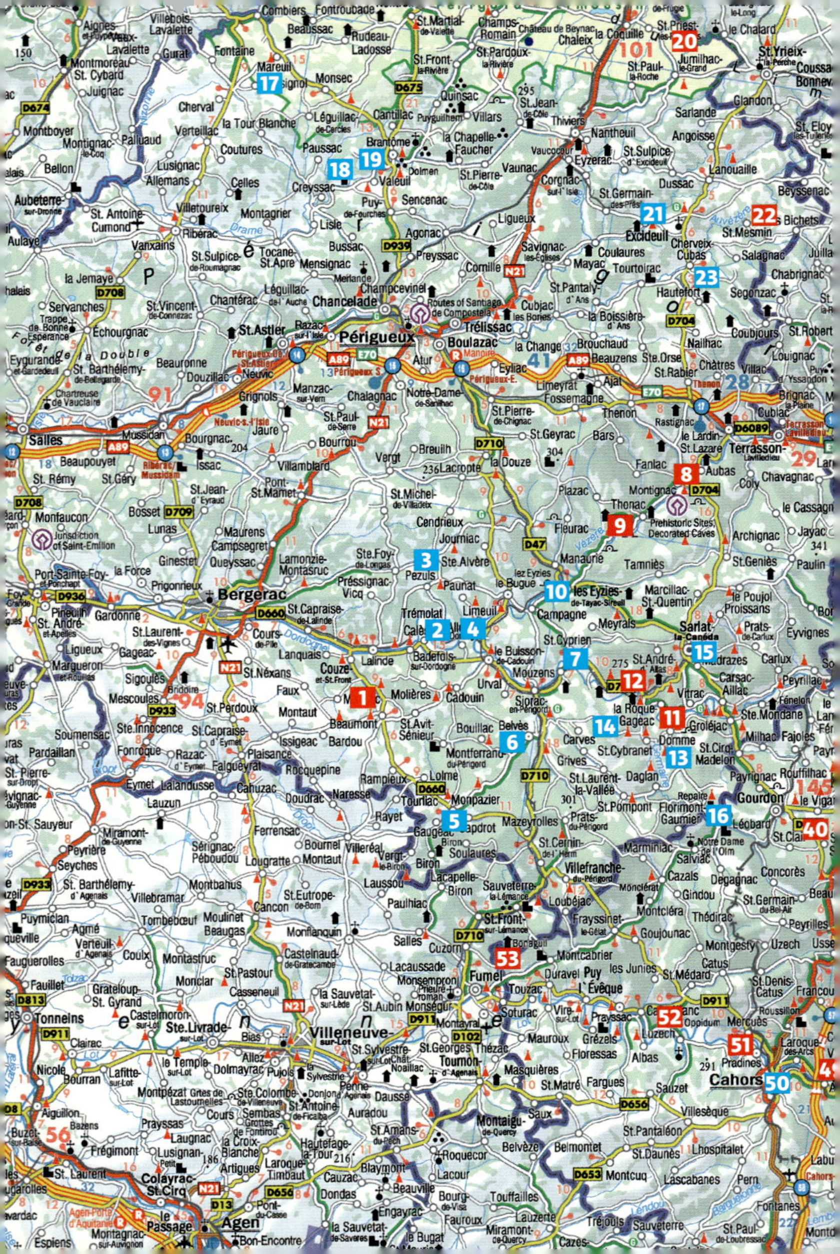
Périgueux
Bergerac
Villeneuve-sur-Lot
Agen
Cahors
Sarlat-la-Canéda
Chancelade
Trélissac
Boulazac
Brantôme
Ribérac
Terrasson-Lavilledieu
Gourdon
Fumel
Tonneins
Marmande
Lalinde
Le Bugue
Les Eyzies-de-Tayac-Sireuil
Montignac
Thenon
Excideuil
Hautefort
Thiviers
St. Yrieix-la-Perche
Mussidan
Neuvic
St. Astier
Monpazier
Beaumont
Belvès
Domme
Villefranche-du-Périgord
Puy l'Évêque
Tournon-d'Agenais
Monflanquin
Eymet
Issigeac
Ste. Foy-la-Grande
Port-Sainte-Foy-et-Ponchapt
Le Buisson-de-Cadouin
Siorac-en-Périgord
Montaigu-de-Quercy
Penne-d'Agenais
Aiguillon
Colayrac-St.Cirq
Le Passage
Routes of Santiago de Compostela
Prehistoric Sites, Decorated Caves
Jurisdiction of Saint-Emilion
Forêt de la Double
A89
E70
N21
D660
D710
D704
D6089
D911
1
2
3
4
5
6
7
8
9
10
11
12
13
14
15
16
17
18
19
20
21
22
23
50
51
52
53

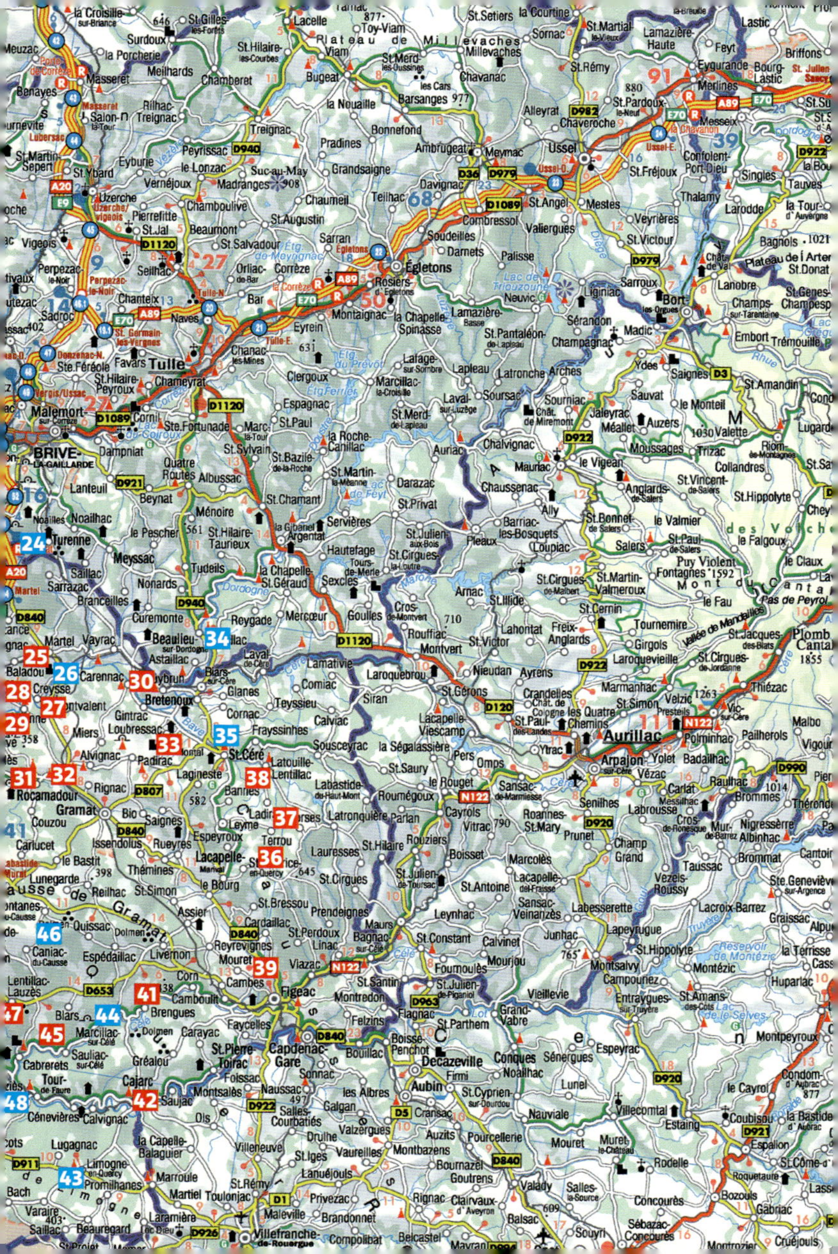

La Croisille-sur-Briance
St.Gilles-les-Forêts
Lacelle
Toy-Viam
Plateau de Millevaches
St.Setiers
La Courtine
St.Martial-le-Vieux
Lastic
Surdoux
St.Hilaire-les-Courbes
Viam
St.Merd-les-Oussines
Millevaches
Sornac
Lamazière-Haute
Feyt
Briffons
La Porcherie
Masseret
Meilhards
Chamberet
Bugeat
Les Cars
Chavanac
St.Rémy
Eygurande
Bourg-Lastic
St.Julien-Sancy
Benayes
Salon-la-Tour
Rilhac-Treignac
La Nouaille
Barsanges
Alleyrat
St.Pardoux-le-Neuf
Merlines
Messeix
Lubersac
Treignac
Bonnefond
Chaveroche
La Chavanon
Ussel
St.Martin-Sepert
Eyburie
Peyrissac
Pradines
Ambrugeat
Meymac
Confolent-Port-Dieu
St.Ybard
Le Lonzac
Suc-au-May
Grandsaigne
Davignac
St.Fréjoux
Singles
Tauves
Uzerche
Vernéjoux
Madranges
Chaumeil
Teilhac
St.Angel
Mestes
Thalamy
Larodde
La Tour-d'Auvergne
Pierrefitte
Chamboulive
St.Augustin
Combressol
Valiergues
Veyrières
Vigeois
St.Jal
Beaumont
St.Salvadour
Sarran
Soudeilles
Darnets
Palisse
St.Victour
Bagnols
Plateau de l'Artense
St.Donat
Perpezac-le-Noir
Seilhac
Orliac-de-Bar
Corrèze
Égletons
Lac de Triouzoune
Neuvic
Sarroux
Bort-les-Orgues
Lanobre
St.Genès-Champespe
Sadroc
Chanteix
Naves
Bar
Rosiers-d'Égletons
Montaignac
La Chapelle-Spinasse
Lamazière-Basse
Liginiac
Champs-sur-Tarentaine
St.Germain-les-Vergnes
Eyrein
Sérandon
Madic
Embort
Trémouille
Donzenac
Tulle
Chanac-les-Mines
St.Pantaléon-de-Lapleau
Champagnac
Ste.Féréole
Favars
Lagarde-sur-Sombre
Lapleau
Latronche
Arches
Ydes
Saignes
St.Amandin
St.Hilaire-Peyroux
Chameyrat
Clergoux
Marcillac-la-Croisille
Laval-sur-Luzège
Soursac
Sauvat
Le Monteil
Malemort-sur-Corrèze
Cornil
Espagnac
St.Merd-de-Lapleau
Sourniac
Chât. de Miremont
Jaleyrac
Méallet
Auzers
Valette
Riom-ès-Montagnes
Lugarde
Brive-la-Gaillarde
Dampniat
Ste.Fortunade
Marc-la-Tour
St.Paul
La Roche-Canillac
Auriac
Chalvignac
Mauriac
Le Vigean
Moussages
Trizac
Collandres
St.Sylvain
St.Bazile-de-la-Roche
St.Martin-la-Méanne
Darazac
Chaussenac
Anglards-de-Salers
St.Vincent-de-Salers
St.Hippolyte
Lanteuil
Quatre Routes
Albussac
St.Chamant
St.Privat
Ally
Beynat
Ménoire
Servières
St.Julien-aux-Bois
Barriac-les-Bosquets
St.Bonnet-de-Salers
Le Valmier
Noailles
Noailhac
Le Pescher
St.Hilaire-Taurieux
Argentat
Hautefage
St.Cirgues-la-Loutre
Pleaux
Loupiac
Salers
St.Paul-de-Salers
Le Falgoux
Turenne
Meyssac
Tudeils
La Chapelle-St.Géraud
Tours-de-Merle
Sexcles
Puy Violent
Fontanges
Le Claux
Saillac
Nonards
St.Cirgues-de-Malbert
St.Martin-Valmeroux
Mont du Cantal
Martel
Sarrazac
Branceilles
Dordogne
Arnac
St.Illide
St.Cernin
Le Fau
Pas de Peyrol
Curemonte
Reygade
Mercœur
Goulles
Cros-de-Montvert
Tournemire
Vallée de Mandailles
Plomb du Cantal
Beaulieu-sur-Dordogne
Rouffiac
Lahontat
Freix-Anglards
Girgols
St.Jacques-des-Blats
Vayrac
Astaillac
Montvert
St.Victor
Laroquevieille
St.Cirgues-de-Jordanne
Baladou
Carennac
Laval-de-Cère
Lamativie
Laroquebrou
Nieudan
Ayrens
Thiézac
Creysse
Biars-sur-Cère
Glanes
Comiac
Siran
St.Gérons
Crandelles
Marmanhac
Chât. de Conros
Les Quatre Chemins
St.Simon
Velzic
Vic-sur-Cère
Montvalent
Bretenoux
Teyssieu
Calviac
Lacapelle-Viescamp
St.Paul-des-Landes
Aurillac
Prestels
Polminhac
Pailherols
Malbo
Gintrac
Loubressac
Cornac
Frayssinhes
Ytrac
Arpajon-sur-Cère
Yolet
Vigouroux
Miers
Alvignac
Padirac
Autoire
St.Céré
Sousceyrac
La Ségalassière
Pers
Omps
Badailhac
Latouille-Lentillac
St.Saury
Le Rouget
Sansac-de-Marmiesse
Vézac
Carlat
Raulhac
Rocamadour
Rignac
Lagineste
Labastide-du-Haut-Mont
Roumégoux
Senilhes
Messilhac
Brommes
Thérondels
Gramat
Bio
Saignes
Bannes
Ladirat
Latronquière
Parlan
Cayrols
Vitrac
Roannes-St.Mary
Labrousse
Cros-de-Ronesque
Mur-de-Barrez
Nigresserre
Albinhac
Couzou
Leyme
Sorses
Terrou
Rouziers
Prunet
Champ Grand
Brommat
Carlucet
Issendolus
Espeyroux
Rueyres
St.Hilaire
Boisset
Marcolès
Taussac
Cantoin
Le Bastit
Thémines
Lacapelle-Marival
St.Médard-Nicourby
St.Maurice-en-Quercy
Lauresses
St.Cirgues
St.Julien-de-Toursac
St.Antoine
Lacapelle-del-Fraisse
Vezels-Roussy
Ste.Geneviève-sur-Argence
Lunegarde
Reilhac
St.Simon
Le Bourg
Sansac-Veinazès
Labesserette
Lacroix-Barrez
Causse de Gramat
Quissac
Assier
St.Bressou
Prendeignes
Leynhac
Graissac
Dolmen
Cardaillac
St.Perdoux
Maurs
St.Constant
Calvinet
Lapeyrugue
Junhac
St.Hippolyte
Réservoir de Montézic
La Terrisse
Caniac-du-Causse
Espédaillac
Livernon
Reyrevignes
Linac
Bagnac-sur-Célé
Montsalvy
Montézic
Mouret
Viazac
Fourmoulès
Mourjou
Campouriez
Huparlac
Lentillac-Lauzès
Corn
Cambes
St.Santin
St.Julien-de-Piganiol
Vieillevie
Entraygues-sur-Truyère
St.Amans-des-Cots
Lac de Selves
Camboulit
Figeac
Montredon
Brengues
Flagnac
Grand-Vabre
Marcilhac-sur-Célé
Faycelles
Felzins
St.Parthem
Montpeyroux
Carayac
Capdenac-Gare
Boisse-Penchot
Espeyrac
Sauliac-sur-Célé
Gréalou
St.Pierre-Toirac
Bouillac
Decazeville
Conques
Sénergues
Cabrerets
Frontenac
Sonnac
Firmi
Noailhac
Condom-d'Aubrac
Tour-de-Faure
Cajarc
Foissac
Aubin
Lunel
Le Cayrol
Montsalès
Naussac
Les Albres
St.Cyprien-sur-Dourdou
Saujac
Galgan
Cransac
Nauviale
Villecomtal
Estaing
Cénevières
Calvignac
Ols
Salles-Courbatiès
Valzergues
Auzits
Pourcellerie
Coubisou
La Bastide-d'Aubrac
Lugagnac
La Capelle-Balaguier
Druhle
Villeneuve
Montbazens
Mouret
Muret-le-Château
Espalion
Limogne-en-Quercy
Promilhanes
Marroule
St.Igest
Vaureilles
Bournazel
Goutrens
Rodelle
St.Côme-d'Olt
Bach
Martiel
Toulonjac
St.Rémy
Lanuéjouls
Valady
Salles-la-Source
Roquetaillade
Bozouls
Varaire
Laramière
Privezac
Rignac
Clairvaux-d'Aveyron
Concourès
Gabriac
Saillac
Beauregard
Villefranche-de-Rouergue
Maleville
Brandonnet
Balsac
Sébazac-Concourès
Compolibat
Belcastel
Souyri
Cruéjouls
Montrozier
Causse de Limogne
A20
A89
E70
E9
D1120
D1089
D940
D979
D36
D982
D922
D920
D921
D840
D807
D653
D963
D926
D911
D990
D3
D5
D1
D120
N122

TOP-TOUREN

Rundweg Castelnaud–Cénac
Malerische Tour im bekanntesten Dordogneabschnitt zu zwei der schönsten Dörfer Frankreichs, mit optionalem Aufstieg zur Bastide Domme *(Tour 11, 4.15 Std.)*.

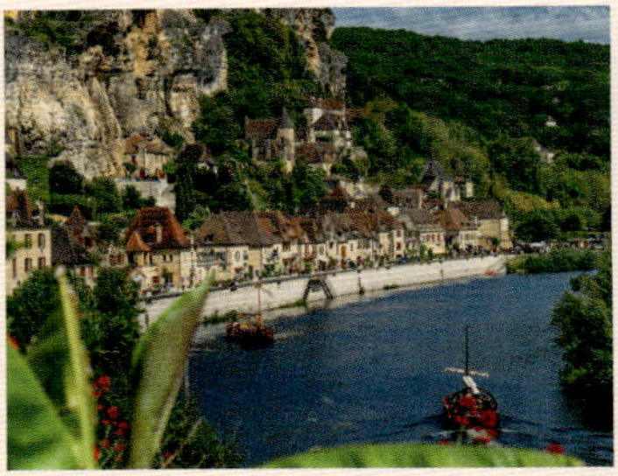

Sieben-Schlösser-Schleife
Das Herzstück des bekanntesten Dordogneabschnitts: unterwegs auf den Klippen von La Roque-Gageac und am Dordogneufer. Vorbei an sieben Burgen und Schlössern, und durchs Dorf Beynac. Mehrere fantastische Aussichtspunkte inklusive *(Tour 12, 4.30 Std.)*.

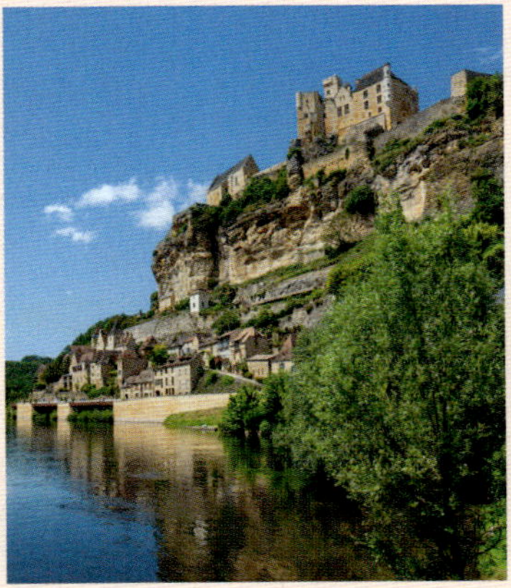

Auvézère-Schlucht
Unterhaltsame Wanderung an der Auvézère. Am Flussufer über Hängebrücken und kleine Kletterpassagen inmitten der eindrucksvollen Schlucht *(Tour 22, 3.00 Std.)*.

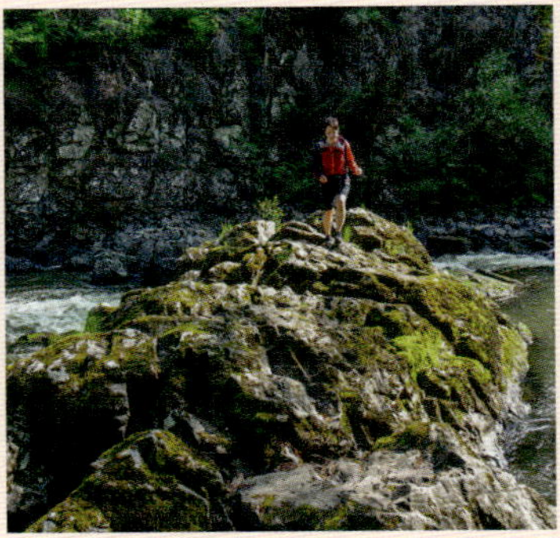

Mont Mercou
Aufstieg auf den Hausberg von Martel mit majestätischer Fernsicht bis in die Auvergne *(Tour 25, 2.45 Std.)*.

Vallée des Rocs
Kaisertour. Große, teils romantische, teils atemberaubende Runde durch einen der schönsten Dordogneabschnitte inkl. Aufstieg auf den Mont Mercou *(Tour 27, 5.00 Std.)*.

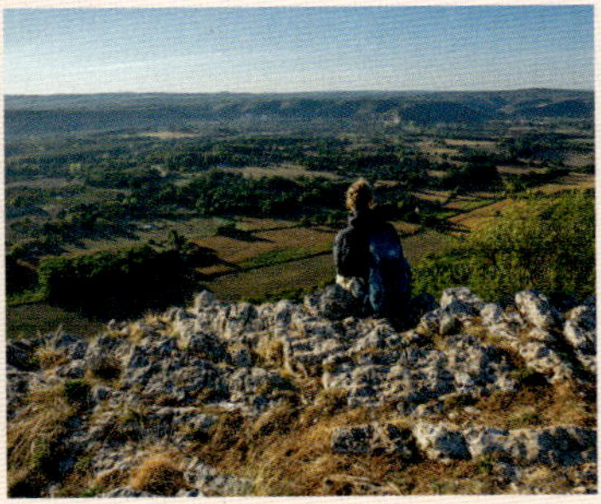

Fels und Mensch
Aussichtstour auf die Klippen von Saint-Sozy mit herrlicher Fernsicht über die Dordogne. Beim Abstieg jede Menge Abris und kleine Höhlen, die zur Erkundung einladen *(Tour 28, 3.00 Std.).*

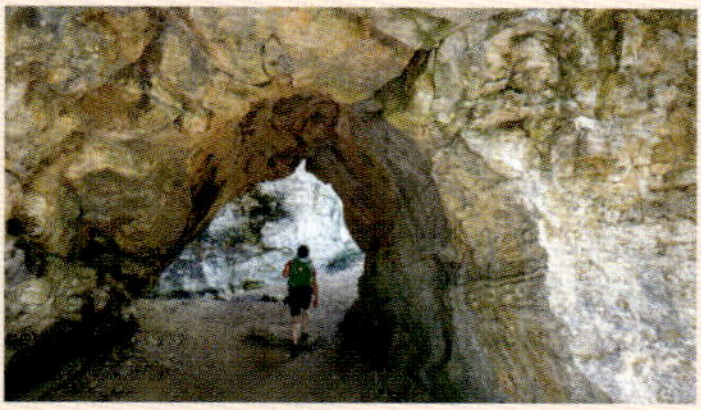

Das Adlernest Taillefer
Vom Klosterdorf Carennac zu einer Aussichtskanzel mit Burgruine über dem Dordognetal mit grandioser, kilometerweiter Fernsicht *(Tour 30, 3.30 Std.).*

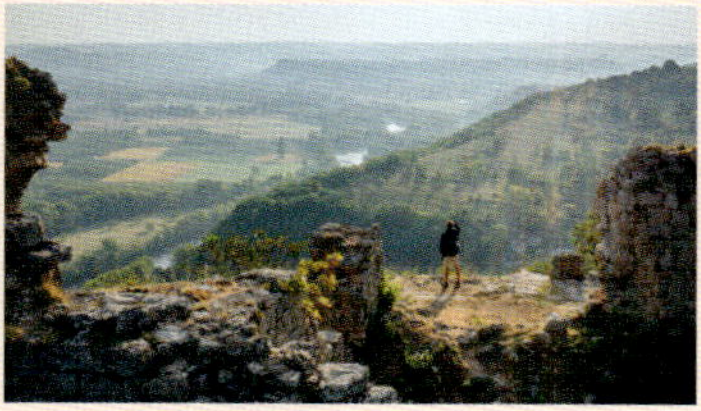

Autoire und Loubressac
Aussichtstour zu Wasserfall, Engländerburg und zwei der schönsten Dörfer Frankreichs *(Tour 33, 3.30 Std.).*

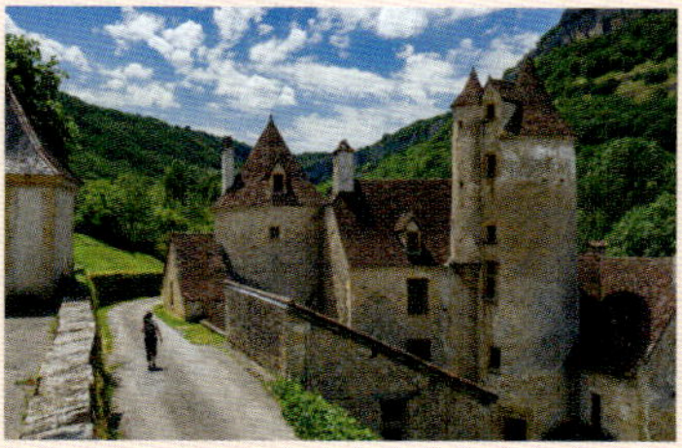

Notre Dame de Verdale
Weite Anhöhen, tiefe Täler, rauschende Bäche, Natur pur – die schönste Rundwanderung im Mittelgebirge Ségala lotois *(Tour 38, 4.00 Std.).*

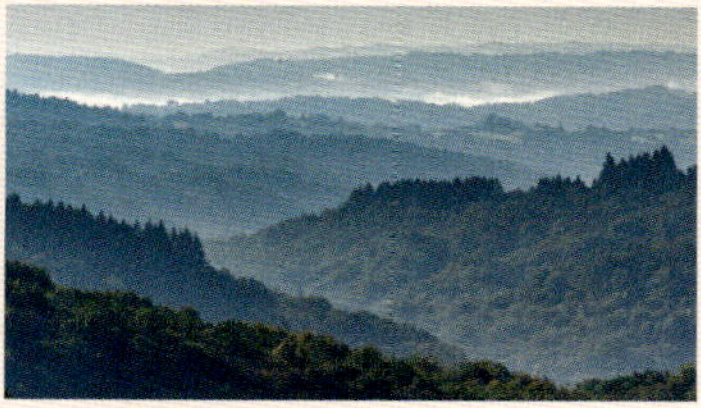

Der Klippenweg von Brengues
Panoramatour auf den Steilfelsen oberhalb des Célé inkl. Engländerburg und Abstieg ins mittelalterliche Espagnac *(Tour 41, 3.00 Std.).*

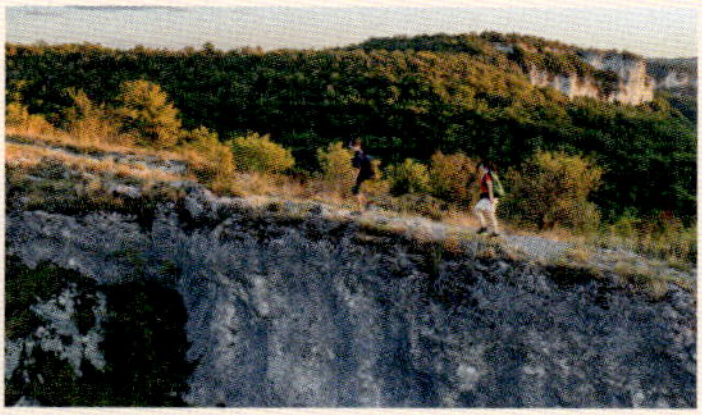

Le Chemin de Pierre Levée
Die Liebe zum Quercy in 90 Minuten. Romantische Rundwanderung auf felsigen, von Trockenmauern gesäumten Pfaden, gegen Ende unterhalb einer mächtigen Klippe *(Tour 45, 1.30 Std.).*

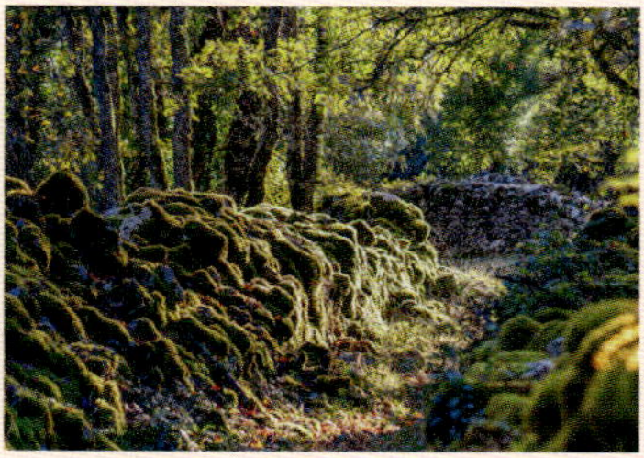

WICHTIGE HINWEISE FÜR UNTERWEGS

Anforderungen

Im Allgemeinen weisen die Wanderungen an Dordogne und Lot keine besonderen Schwierigkeiten auf und sind vergleichsweise einfach zu bewältigen. Je nach Länge der Tour oder Anzahl der Steigungen kann dennoch insbesondere Kondition erforderlich sein. Im Umfeld der Flüsse führen manche Touren auf Steilklippen ohne Sicherung. Hier ist Schwindelfreiheit hilfreich. Je nach Beschaffenheit des Untergrunds kann zudem Trittsicherheit ein Muss sein. Auf die speziellen Anforderungen einer jeden Tour wird in den Kurzinfos unter dem Stichpunkt »Anforderungen« eingegangen. Zur allgemeinen Einschätzung des Schwierigkeitsgrades hilft das Farbleitsystem:

SCHWIERIGKEITSKATEGORIEN

■ = Leicht

Die Wege sind ausreichend breit mit zumeist ebenem, wenig steilem oder steinigem Untergrund und können in der Regel auch von Kindern gut bewältigt werden, eine realistische Einschätzung der eigenen Kondition vorausgesetzt. Die Wege sind normalerweise gut markiert und die Orientierung problemlos.

■ = Mittel

Die Wanderungen dieser Kategorie können steinige oder steile Passagen und schmale Wege und Pfade enthalten. Trittsicherheit kann erforderlich sein. Orientierungssinn ist vor allem bei spärlicher oder ausgesetzter Markierung erforderlich. Leichte Kletterpassagen auch unter kurzer Zuhilfenahme der Hände können möglich sein. Alle Wanderungen ab einer Länge von 14 km sind automatisch der roten Kategorie zugewiesen..

Gehzeiten

Die Zeitangaben in Tourenkopf und Höhenprofil sind reine Gehzeiten ohne Pausen für Orientierung, Fotos oder Rast. Sie basieren zum einen auf der Annahme, dass durchschnittlich trainierte Wandernde in ebenem Gelände rund 4 km/h zurücklegen, zum anderen auf den persönlichen Erfahrungen des Autors mit der jeweiligen Wanderung. Beachten Sie bei der Tagesplanung, dass manche Wanderungen an interessanten Zwischenzielen vorbeiführen (z. B. Grotten, Höhlen, Burgen, Burgruinen, Dörfer), deren Erkundung zusätzliche Zeit erfordert.

Gefahren

Die meisten beschriebenen Wanderungen sind vollkommen gefahrlos zu bewältigen. Einige Touren führen jedoch insbesondere im Umfeld der

Pfad bei Siran (Tour 33).

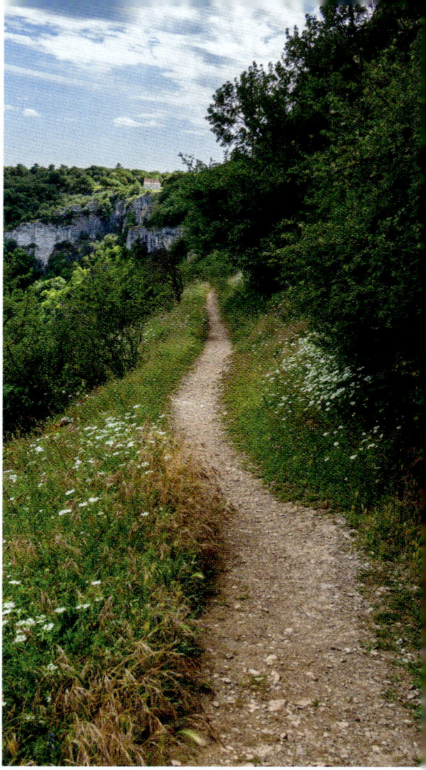

Flüsse auf Steilklippen oder zu Aussichtspunkten auf Felskanzeln, die vollkommen ungesichert sind. Entsprechend besteht Absturzgefahr! Halten Sie also Sicherheitsabstand zum äußersten Rand der Klippen, wo es gerne einmal 100 bis 200 m in die Tiefe geht. Ebenso ungesichert können am Weg liegende Haus- und Burgruinen bzw. Höhlen und Grotten sein. Hier sollte man sich bei der Erkundung vor Steinschlag und/oder rutschigem Untergrund in Acht nehmen.

Ausrüstung

Festes Schuhwerk mit guter Profilsohle und eine der Jahreszeit angepasste Kleidung sind selbstverständlich. Außer im Hochsommer gehört winddichte Oberbekleidung zumindest in den Rucksack, denn plötzlicher Wind auf den Klippen oder Hügeln kann bei schweißtreibender Aktivität und kühleren Temperaturen unangenehm werden.

SYMBOLE

Symbole im Tourenkopf
- mit Bus erreichbar
- Einkehrmöglichkeit
- für Kinder geeignet

Symbole im Höhenprofil
- Ort mit Einkehrmöglichkeit
- Einkehrmöglichkeit
- Parkplatz
- Gipfel
- Kirche, Kapelle
- Burg, Schloss, Ruine
- Turm, Aussichtsturm
- Aussichtsplatz
- Brücke
- Höhle, Grotte
- Wassermühle
- archäologische Stätte
- Quelle
- Wasserfall
- Bademöglichkeit

Achten Sie immer darauf, ausreichend Flüssigkeit mitzuführen, sie ist unterwegs meist schwer zu beschaffen. Spezielle Ausrüstung ist nicht erforderlich. Eine Taschenlampe mit mehr Power als die Lampe am Smartphone hilft bei der Erkundung von Grotten, Höhlen, Cluzeaux und Tunneln, wo es teilweise wirklich stockfinster sein kann.

Anfahrt zu den Wanderungen

Um die Ausgangspunkte zu den Wanderungen in diesem Wanderführer leicht zu finden, sind in den Kurzinfos zu jeder Tour ihre genauen GPS-Koordinaten angegeben. Diese Positionsdaten können Sie einfach ins Navi Ihres Autos oder auf Ihrem Smartphone im Suchfeld von Google Maps/Apple eingeben. Diese Vorgehensweise ist empfehlenswert, da die Ausgangspunkte in der Mehrzahl in kleinen Dörfern oder Bauernschaften ohne Straßennamen liegen.

Für die Anfahrt zu den Ausgangspunkten ist das Auto angeraten, denn in der Mehrheit der Fälle sind sie entweder gar nicht oder nur sehr umständlich mit öffentlichen Verkehrsmitteln zu erreichen. Ausnahmen sind ebenfalls in den Kurzinfos zu den Touren beschrieben und durch Bus-/Bahn-Symbol gekennzeichnet.

Für die Tagesplanung vor Ort ist es hilfreich, sich zum Erreichen eines Ziels nicht minutiös auf die Zeitangaben von Navi oder Google Maps zu verlassen, sondern etwas mehr Zeit einzuplanen. Häufig sind nämlich nach Verlassen der breiteren Fernstraßen die Landstraßen so schmal, hügelig oder kurvig, dass die in Frankreich theoretisch zulässige Höchstgeschwindigkeit von 80 km/h niemals erreicht werden kann, sondern Tempo 50 der Realität weit näher kommt.

Markierung und Wegzeichen

Weil sich die Départements Dordogne und Lot vollkommen zurecht mit ihrem gut ausgebauten Wegenetz rühmen, ist es sinnvoll, sich mit der Markierung vertraut zu machen: Grundsätzlich markieren alle gelben Wegzeichen lokale Rundwanderwege. Sie sind als Querbalken (geradeaus), Winkel (bei nächster Gelegenheit abbiegen) oder Kreuze (hier kein Durchgang) an Bäumen, Felsen, Masten und Häuserecken angebracht.

Zusätzlich sind im Département Dordogne (Périgord) auf allen lokalen Rundwanderwegen Holzpfähle mit gelber Kunststoffkappe aufgestellt. Im Département Lot (Quercy) gibt es diese Holzpfähle nicht. Zu beachten ist, dass gerade im Umfeld bekannter Orte mehrere gelb markierte Rundwege existieren können, die sich evtl. überlappen oder kreuzen. Dankenswerterweise geben viele Gemeinden den Touren eindeutige

MARKIERUNGEN VOR ORT

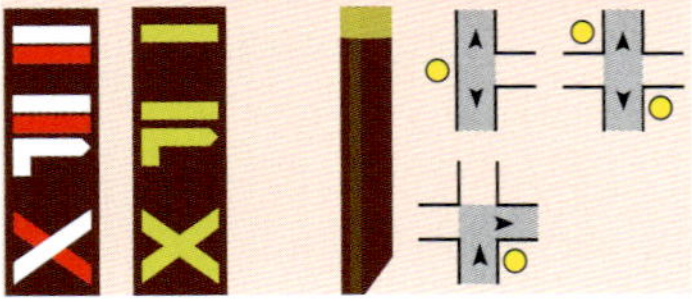

Namen, darum sind meist am Ausgangspunkt, seltener an der Strecke, ergänzend hölzerne Wegweiser mit dem Namen des jeweiligen Rundwegs aufgestellt.
Im Département Dordogne existieren zudem grüne Wegzeichen – sie stellen Querverbindungen zwischen den gelben Rundwegen dar. Ferner ist ganz Frankreich von einem Netz von Weitwanderwegen durchzogen, den sogenannten Grandes Randonnées, abgekürzt GR (gr-infos.com). Ihre Wegzeichen sind weiß-rote Balken, Winkel oder Kreuze. Manchmal verlaufen die Touren in diesem Wanderführer ein Stück auf den Grandes Randonnées.
Auf die Wegzeichen einer jeden Tour wird in den Kurzinfos zu Anfang unter dem Stichpunkt »Markierung« eingegangen. Wenn eine Wanderung einem von der Gemeinde angelegten Rundwanderweg entspricht, ist dessen französische Originalbezeichnung ebenfalls angegeben.

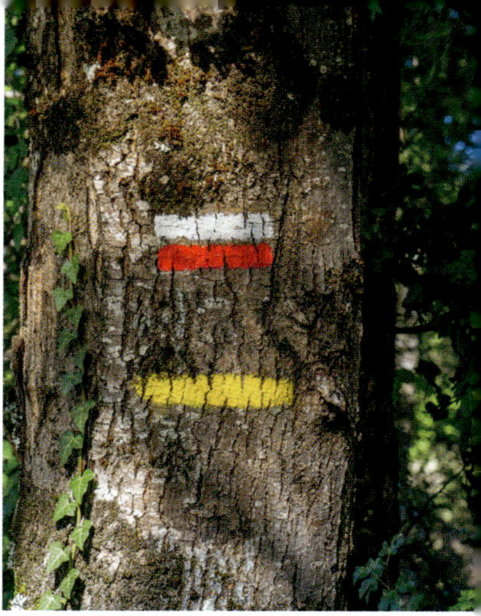

Karten und Reiseführer

Als Ergänzung zu den kleinen Kärtchen in diesem Wanderführer eignet sich das Kartenmaterial des französischen IGN (Institut Géographique National) im Maßstab 1:25:000, 1:50.000 und 1:100.000. Es ist in Deutschland über den Buchhandel zu beziehen. Noch unkomplizierter ist es vor Ort in Frankreich, dort sind die Karten der jeweiligen Region in so gut wie allen Zeitschriftenläden und Buchhandlungen vorrätig.
Die aktuellen deutschsprachigen Reiseführer für die Dordogne aus dem Dumont-Verlag (Manfred Görgens, Dordogne Périgord) und aus dem Trescher-Verlag (Heike Bentheimer, Pé-

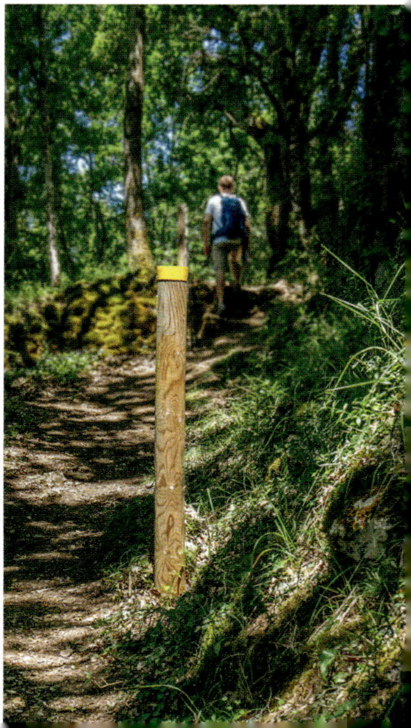

rigord) beinhalten alle wichtigen Informationen zur Region und behandeln neben dem Périgord auch an der Dordogne gelegene Sehenswürdigkeiten des Quercy. Keine Reiseführer, aber dennoch eine interessante Einführung in Landschaft, Lebensart und insbesondere Küche des Périgord, sind die Kriminalromane des Schriftstellers Martin Walker, der im Périgord lebt und arbeitet (z. B. Band 1: Martin Walker, Bruno – Chef de police, Diogenes).

Einkehr

Von speziellen Verpflegungsstationen für Jakobspilger abgesehen gibt es in Dordogne und Lot direkt an den Wanderwegen nur selten Gelegenheit zur Einkehr. Dafür laden in vielen Dörfern und Städtchen (häufig die Ausgangspunkte der Touren in diesem Wanderführer) kleine Bars, Cafés oder Restaurants zur Rast ein. Während Cafés und Bars meist ganztägig geöffnet sind, beschränken sich die Restaurants häufig auf Mittag und Abend. Und wenn im Spätherbst die Besucher langsam ausbleiben, schließen viele von ihnen bis zum nächsten Frühjahr komplett. Anders als in Deutschland servieren Cafés in Frankreich in der Regel keinen Kuchen. Es ist aber gestattet, selbst mitgebrachte Baguettes oder Croissants am Tisch zu verzehren. Trinkgeld gibt man nicht den Servierenden, sondern lässt es beim Verlassen auf dem Tisch liegen.
Baguettes oder Croissants erhält man in den Bäckereien (Boulangerie). Sie halten je nach Größe auch herzhafte Verpflegung wie Quiches, belegte Baguettes oder Sandwiches bereit.
Ein besonderes Augenmerk sollte man zudem auf die zahlreichen Tartelettes richten, kleine, vielfältig gestaltete süße Küchlein von ausgesprochener Köstlichkeit. Eine Spezialität des Quercy ist der Pastis, ein Apfelkuchen, für den Blätterteig hauchdünn auf die Größe eines ganzen Tisches ausgerollt und dann zum Backen locker in einer Rundform zusammengelegt wird.

GPS-TRACKS UND KOORDINATEN DER AUSGANGSPUNKTE

Auf **gps.rother.de** stehen zu diesem Wanderführer GPS-Tracks und die Koordinaten der Ausgangspunkte zum kostenlosen Download bereit. Dieser QR-Code führt direkt zum Download.
1. Auflage, Passwort: **463501cqo**
Die GPS-Tracks können in die **Rother App** importiert werden. In der App kann man unterwegs stets sehen, wo man gerade ist und wo es langgeht. **Anleitungen dazu: rother.de/gps**
Trotz sorgfältiger Prüfung können wir Fehler und zwischenzeitliche Veränderungen nicht ausschließen. Verlassen Sie sich für die Orientierung niemals einzig und allein auf die GPS-Daten, sondern beurteilen Sie die Verhältnisse vor Ort.

REISEINFORMATIONEN

In den Départements Dordogne und Lot können Sie sich glücklich schätzen, in einer Region Frankreichs unterwegs zu sein, die bis auf wenige Hotspots selbst in den Sommerferien vergleichsweise unberührt bleibt, in der Nebensaison erst recht. Ein höheres touristisches Aufkommen ist nur im Juli/August und nur an den absoluten Hotspots (Sarlat, Beynac, La Roque-Gageac) zu erwarten und selbst hier ist man vom Phänomen des Massentourismus Lichtjahre entfernt. Die übrigen zehn Monate des Jahres ist es ruhiger.

Beste Reiseszeit? Toute l'année!
Périgord und Quercy eignen sich ganzjährig zum Wandern. In puncto Vegetation ist die Zeit zwischen Mitte April und Mitte Oktober sicherlich am eindrucksvollsten. Wiesen und Wegesränder sind dann mit wilden Blumen übersät und bieten bunten Schmetterlingen Nahrung. Bis in den Mai hinein können die Nächte kühl sein, tagsüber ist es aber bereits ab März angenehm warm. Ab Juni duftet es in lichten Wäldern oder am Wegesrand mitunter verlockend nach Walderdbeeren, ein Genuss, den man keinesfalls auslassen sollte. Im Hochsommer spenden die Wälder kühlenden Schatten. Insbesondere auf den Hochebenen der Causses ist man dann dankbar um jeden Baum, denn Tagestemperaturen deutlich jenseits der 30 Grad können den Wandernden zu schaffen machen. Ab September lässt die Hitze nach. Die Blätter der Bäume verfärben sich und halten die Wälder in einem eindrucksvollen gelbroten Farbrausch. Aus touristischer Sicht bilden die Monate Juli und August die Hauptsaison. Dann ist die Dordogne übersäht mit Paddelbooten, die Restaurants des Périgord sind gut besucht und touristische Hotspots wie Sarlat-la-Canéda, Beynac oder La Roque-Gageac belebt. Wer im Sommer Ruhe sucht, bevorzugt das Quercy. Die optimale Reisezeit für einen Wanderurlaub ist sicher die Nebensaison (April, Mai, Juni, September, Oktober). Denn

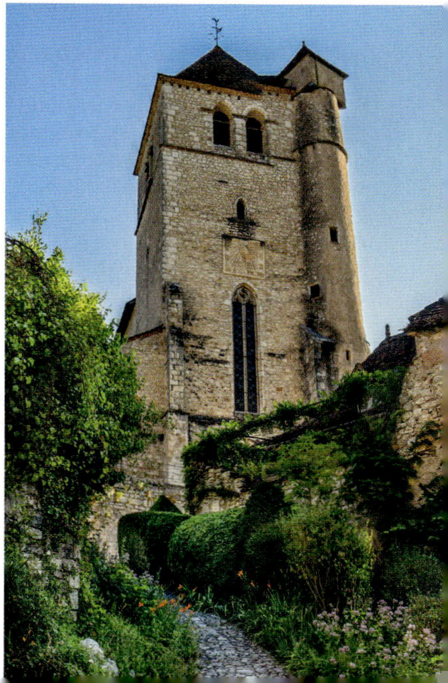

Kirchturm von Saint-Cirq-Lapopie in der Frühlingssonne (Tour 48).

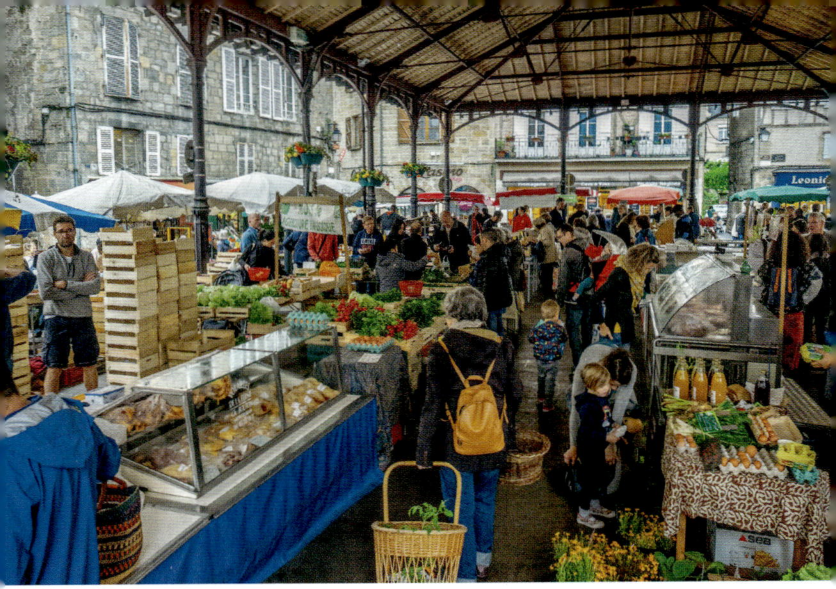

Farbenfroher Wochenmarkt am Samstagmorgen in Figeac.

auch dann ist es warm, beliebte Orte sind nicht überlaufen, alle Sehenswürdigkeiten, Bootsverleihe und Geschäfte geöffnet und die Märkte bunt wie eh und je. Auch Zwischen- und Nachsaison, also die Monate November bis März, eignen sich zum Wandern. Bootsverleihe sind in dieser Zeit allerdings geschlossen und viele Restaurants machen Betriebsferien, insbesondere auf dem Land oder in kleinen Dörfern.

Anreise

Wer mit dem Auto anreist, wird irgendwann den Abschnitt der Autobahn A20 zwischen Brive-la-Gaillarde im Norden und Montauban im Süden erreichen. Grob gesprochen teilt dieser Abschnitt der A20 unsere beiden Wandergebiete Périgord und Quercy. Das Périgord/Département Dordogne liegen dabei westlich der Autobahn, das Quercy/Département Lot östlich. Direkt bei Brive-la-Gaillarde zweigt außerdem die A89 ab, auf der man Périgueux und das Périgord blanc bzw. vert erreicht.
Zur Anreise mit dem Flugzeug sollten die Flughäfen Toulouse (TLS) oder Bordeaux (BOD) angesteuert werden. Dort nimmt man in der Regel einen Mietwagen und ist 1,5 bis 2,5 Std. später am Ziel. Auch eine Weiterfahrt vom Flughafen mit Bus und Bahn ist möglich, allerdings ungleich zeitintensiver: Sie kann weitere 4–6 Std. oder sogar noch mehr betragen (siehe Öffentliche Verkehrsmittel).

Mit der Bahn erfolgt die Anreise entweder über die Verbindung Paris Austerlitz – Brive-la-Gaillarde oder über die schnelle TGV-Verbindung Paris Montparnasse – Bordeaux-St-Jean. In beiden Fällen bietet sich die Weiterreise mit einem Mietwagen an. Der Anschluss mit Bus und Bahn kann je nach Ziel ebenso zeitintensiv sein wie von den Flughäfen.

Öffentliche Verkehrsmittel

Nahverkehrszüge (TER) verbinden lediglich die größeren Ortschaften. Sie fahren unter der Woche vor allem zu Berufspendlerzeiten, am Wochenende nur selten. Aus touristischer Sicht eignen sie sich zum Überbrücken größerer Distanzen, zum Erreichen einzelner Wanderwege sind sie ungeeignet. Der zum Wandern wichtigere Überlandverkehr per Bus ist zwar vorhanden, von wenigen Hauptlinien abgesehen aber als typischer Berufspendlerbetrieb auf den Morgen und den Feierabend beschränkt. Es ist also dringend empfohlen, vor Nutzung öffentlicher Verkehrsmittel die Fahrpläne genau zu studieren.

Im Département Lot (Region Occitanie) wird der gesamte Überlandverkehr von den roten Bussen der Busgesellschaft liO übernommen. Zusätzlich hält die Stadt Cahors mit ihrer Busgesellschaft Évidence Buslinien für Stadtverkehr und Umland bereit. Im Département Dordogne (Region Nouvelle-Aquitaine) werden Busverbindungen im Überlandverkehr von verschiedenen Anbietern umgesetzt und verkehren stark bedarfsabhängig. Regelmäßig und ganztägig fahren die Busse nur in den größeren Städten wie Périgueux, Bergerac oder Sarlat. Ergänzend werden in der Hauptsaison Busse als rein touristische Linien zu den bekanntesten Zielen gechartert. Aus all diesen Gründen ist der öffentliche Personennahverkehr für Nicht-Einheimische oft schwer zu durchschauen. Hilfe bieten die Touristeninformationen. Streckennetz, Tarife und Fahrpläne finden sich unter:

Dordogne / Périgord

Bahn:
ter.sncf.com/nouvell-aquitaine
Bus:
transports.nouvelle-aquitaine.fr
transperigord.fr

Lot/Quercy

Bahn:
ter.sncf.com/occitanie
Bus:
plan.lio-occitanie.fr
lio-occitanie.fr
lio-occitanie.fr/horaires-et-plans/
bus-evidence.fr

Camping

Campingplätze gibt es viele in Dordogne und Lot. Besonders reizvoll sind dabei diejenigen in der Nähe der Flüsse. Eine übersichtliche Zusammenstellung findet sich auf campingfrance.com. Wild campen ist in Dordogne und Lot verboten und wird vor allem in den regionalen Naturparks

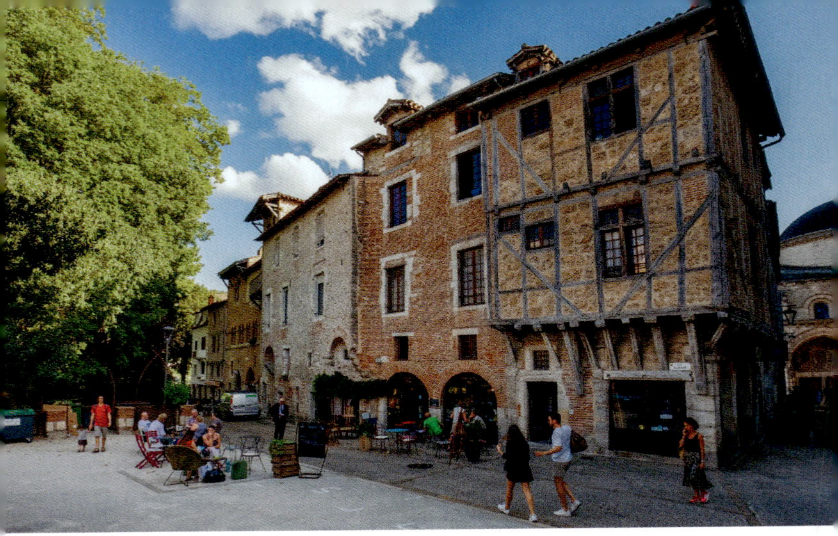

Straßencafés an der Rue Daurade in Cahors.

streng geahndet. Für alle, die spontan vor Ort suchen, kann es sich lohnen, bei Landwirten anzuklopfen, ob sie das Aufstellen eines Zelts gestatten. Reglementierter und offizieller funktioniert das über die Internetseite bienvenue-a-la-ferme.com – sie vermittelt für ganz Frankreich Möglichkeiten, auf Bauernhöfen zu zelten.

Klima und Wetter

Périgord und Quercy bilden aus meteorologischer Sicht eine Übergangsregion. Westlich von ihnen Richtung Atlantik liegt das Aquitanische Becken mit seinem gemäßigten ozeanischen Klima, im Osten schließt sich das Zentralmassiv mit seinem kontinental geprägten Klima an. Das Wetter im Périgord ist wegen der Nähe zum Atlantik daher eher ozeanisch geprägt, mit zu jeder Jahreszeit milden Temperaturen, aber auch feuchterer Luft, etwas mehr Wolken und einer damit verbundenen leicht höheren Regenwahrscheinlichkeit. Von Süd nach Nord gibt es ein Temperaturgefälle von 2°C. Dies hängt mit dem Umstand zusammen, dass die Hügellande des Périgord vert im Norden höher liegen als die Landschaften im Süden. Je näher man dem Quercy und damit dem Zentralmassiv im Landesinneren kommt, desto trockener die Sommer. Das eher kontinental geprägte Wetter im Quercy bringt im Monatsdurchschnitt fünf Regentage weniger. Von seinen durchschnittlichen Temperaturen unterscheidet es sich hingegen kaum vom Périgord. In der Regel ist es im Frühjahr ein wenig kühler, dafür im Sommer etwas wärmer und auf den trockenen Hochflächen der Causses im Juli und August sogar ziemlich heiß. Wegen seiner geografischen Vielfalt – Flusstäler, Hochplateaus, Felsen, Wald – kann das Wetter im Quercy regional oder sogar lokal schwanken. Es ist keine Seltenheit, dass es an einem Ort regnet, einige Kilometer weiter aber ganztägig die Sonne scheint.

Kanu (canoë)

Kanufahren auf den Flüssen Dordogne, Lot, Célé und Vézère hat Tradition und ist ein herrliches Naturvergnügen – egal ob man Abenteuer oder Entschleunigung sucht. Alle Strecken in Périgord und Quercy sind als sehr leicht oder leicht kategorisiert und darum auch für Anfänger absolut problemlos zu bewältigen. Die Kanuverleihe liegen direkt an den Ufern und bringen ihre Gäste je nach Strecke zum Startpunkt oder holen sie am Ziel wieder ab. Kanu oder Kajak, Paddel, Schwimmwesten und wasserdichte Behältnisse für das Gepäck werden gestellt. Ein passender Anbieter findet sich am leichtesten online, indem man im Suchfeld eines Kartendienstes (Google Maps, Apple Karten) das französische Wort canoë und den Namen des gewünschten Flusses eingibt, also z. B. »canoë Dordogne«. Der Kanubetrieb beginnt früh im Jahr und hört auf, wenn die Kundschaft langsam ausbleibt, meist Mitte Oktober. In der Hauptsaison (Juli/August) kann es auf der Dordogne schon einmal voller werden, besonders im berühmten Abschnitt des Périgord noir zwischen Vitrac und Beynac mit seinen zahlreichen Burgen, deren Anblick vom Wasser aus zweifelsohne einmalig ist. Ruhiger geht es auf dem Dordogneabschnitt des Quercy zu, im landschaftlich eindrucksvollen Vallée des Rocs, Abschnitt Copeyre–Gluges–Meyronne. Wer noch mehr Ruhe sucht, wählt den Célé: Hier lässt man sich vom Verleiher (nature-et-loisirs.com) nach Monteils oder Marcilhac bringen und paddelt umgeben von einer traumhaften Fels- und Vogelwelt auf dem kleinen Fluss zurück zur Basis. Auf der Vézère bietet der Abschnitt zwischen Saint-Léon-sur-Vézère und Les Eyzies ein herrliches Naturerlebnis und führt nacheinander an den prähistorischen Siedlungsplätzen Roque Saint-Christophe und La Madeleine vorbei.

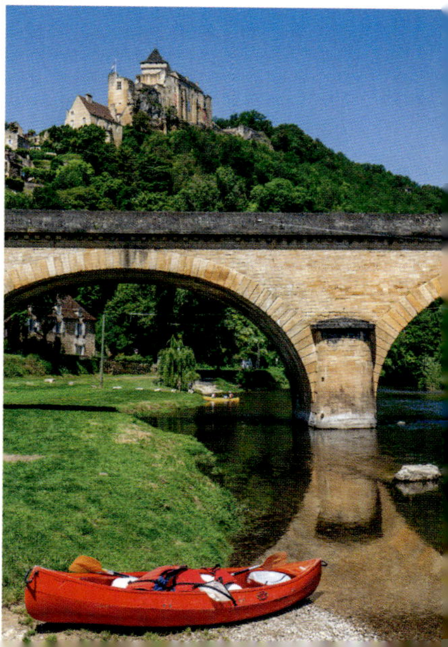

Anlegeplatz für Kanus unterhalb von Castelnaud-la-Chapelle.

GEEIGNETE STANDORTE FÜR WANDERURLAUB

Die Quartiersuche bereitet in der Regel kaum Schwierigkeiten und die Auswahl an reizvollen kleinen Hotels, Landgasthöfen, Gîtes d'Étape oder Ferienwohnungen in restaurierten Mühlen, Schmieden und Schlössern ist groß. Camping ist vor allem auf Plätzen in der Nähe der Flüsse reizvoll.

Périgord noir/pourpre
Hier erschließen Sie sich die Dordogne bevorzugt von einer Unterkunft im sogenannten Goldenen Dreieck aus, d.h. zwischen Le-Buisson-de-Cadouin im Westen, Montignac im Norden und Domme bzw. Sarlat-la-Canéda im Osten. Sie erreichen so außerdem gut alle Wanderungen an der Vézère und die vielen dort gelegenen Höhlen. Je weiter westlich das Quartier, desto schneller ist man im Périgord pourpre und Bergerac.

Dordogne im Quercy
Um den wildromantischen östlichen Teil der Dordogne zu erwandern, liegen Sie mit Unterkünften in oder nahe des Dreiecks Martel – Saint-Céré – Rocamadour richtig. Von hier aus erreichen Sie alle wesentlichen Orte und haben es zudem nicht weit ins Mittelgebirge der Ségala. Auch Stadt und Umland von Souillac sind ein idealer Ausgangspunkt, denn sie liegen in der Mitte zwischen Périgord noir und Dordogne im Quercy.

Périgord vert
Für die Wanderungen in diesem Wanderführer eignet sich ein Quartier bei bzw. zwischen Excideuil und Brantome.

Vallée du Lot
Schlagen Sie Ihr Quartier am besten in der Region zwischen Figeac und Saint-Cirq-Lapopie auf. Der lebendige Ort Cajarc liegt hier beispielsweise genau in der Mitte.

Cahors und Quercy blanc
Wer an den Wanderungen im westlichen Teil des Lot interessiert ist und auf gute Weine aus der gleichnamigen Appellation direkt vom Winzer spekuliert, nächtigt in Cahors bzw. weiter westlich im Quercy blanc zwischen Cahors und Fumel. Von hier aus lassen sich auch einige Bastiden des Lot gut erreichen. In unmittelbarer Nachbarschaft liegt zudem der südliche Zipfel des Périgord, das Pays de Bastides, mit seinen beeindruckenden Burgen und Bastiden (z. B. Biron, Monpazier).

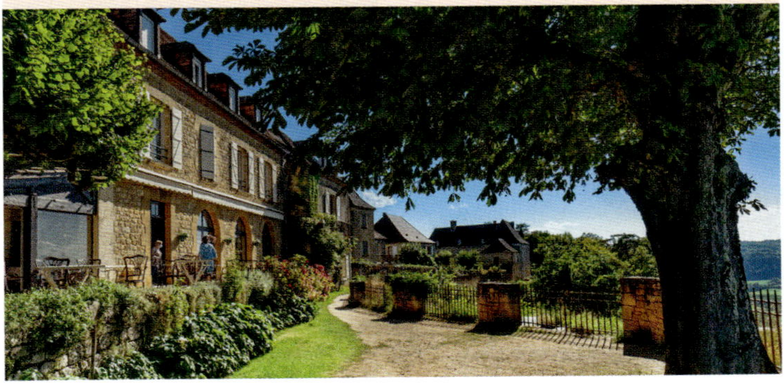

TIPPS FÜR WANDERFREIE TAGE

Höhlen und prähistorische Siedlungen

Licht, Atemluft und Temperaturschwankungen stören das Mikroklima der Höhlen und können Gestein bzw. prähistorischer Kunst stark zusetzen. Besuchslänge und Personenzahl sind darum begrenzt und ein Online-Ticketkauf bzw. eine Vorabreservierung vor allem in der Hauptsaison ist dringend empfohlen.

- Gouffre de Padirac, gouffre-de-padirac.com
- Grotte de Font-de-Gaume (Les Eyzies), font-de-gaume.monuments-nationaux.fr
- Grottes de Lacave, grottes-de-lacave.com
- Grotte du Grand Roc (Les Eyzies), grotte-grand-roc.fr
- La Madeleine (Tursac), la-madeleine-perigord.com
- Pech Merle (Cabrerets), pechmerle.com
- Roque-Saint-Christophe (Peyzac-l/M), roque-st-christophe.com

Historische Stätten und Heimatkundemuseen

- Abtei von Cadouin, abbaye-de-cadouin.com
- Gallo-Römisches Vesunna Museum (Périgueux), perigueux-vesunna.fr
- Lascaux IV, Internationales Zentrum für Höhlenkunst (Montignac), lascaux.fr
- Papiermühle La Rouzique (Couze), moulin-rouzique.com
- Prähistorisches Nationalmuseum (Les Eyzies), musee-prehistoire-eyzies.fr/
- Trüffelmuseum in Sarlat, museedelatruffe.com
- Wassermühle von Cougnaguet (Calès/Rocamadour), cougnaguet.com

Kunstmuseen

- Dordonha, Museen für Kunst und Kultur des Périgord (Bergerac), bergerac.fr/directory/dordonha/
- Galerie Jean-Marie Périer (Villeneuve), bastides-gorges-aveyron.fr/galerie-jean-marie-perier
- Musée Henri Martin (Cahors), museehenrimartin.fr

Wochenmärkte

Die stimmungsvollen Wochenmärkte gehören zu Dordogne und Lot wie Burgen, Felsen und Abris. Kein Wunder, wird doch hier Savoir-vivre, die Kunst zu leben, großgeschrieben und die Küche der Gegend in ganz Frankreich geschätzt. Eine vollständige und beständig aktualisierte Liste der Wochenmärkte inklusive Öffnungszeiten findet sich:

- für das Département Dordogne unter dordogne-perigord-tourisme.fr/preparer-son-sejour/agenda-des-animations/marches/
- für das Département Lot unter tourisme-lot.com/agenda/marches

Tourismusverbände und nützliche Internetseiten

- dordogne-perigord-tourisme.fr
- perigord.com
- guide-du-perigord.com
- tourisme-lot.com
- parc-causses-du-quercy.fr
- vallee-dordogne.com

DIE WANDERREGIONEN DORDOGNE UND LOT

Die Dordogne entspringt im Zentralmassiv und durchquert auf ihrem Weg Richtung Atlantik insgesamt sechs französische Départements. Die längste Strecke davon fließt sie durch die zwei für uns Wesentlichen: das nach ihr benannte Département Dordogne (mit der Ordnungsnummer 24) und das benachbarte Département Lot (46). Das Département Lot ist ebenfalls nach einem Fluss benannt, dem Lot. Er hat seinen Ursprung in den Cévennen und fließt parallel zur Dordogne 40–60 km weiter südlich. Ein Abschnitt seines Flusstals (Vallée du Lot) ist besonders eindrucksvoll und ebenfalls Bestandteil dieses Wanderführers.
Synonym für die Départements Dordogne und Lot gebrauchen wir die Landschaftsbezeichnungen Périgord und Quercy. Warum ist das so? Das ehemalige Königreich Frankreich bestand, bevor es im Zuge der französischen Revolution in Départements aufgeteilt wurde, aus einem Flickenteppich sogenannter Provinzen. Das heutige Département Dordogne entspricht in seinen Grenzen weitgehend der historischen Provinz Périgord. Das Nachbardépartement Lot wiederum liegt auf dem Gebiet der ehemaligen Provinz Quercy. Beide Namen, Périgord und Quercy, werden heute als Landschaftsbezeichnungen weitergeführt.

Das Périgord
Die Landschaft des Périgord (bzw. des Départements Dordogne) wird im Norden vom Limousin begrenzt, im Westen vom weltberühmten Weinbaugebiet des Bordelais. Im Osten und Südosten schließt sich das Quercy an. Das Périgord gehört zur französischen Region Nouvelle-Aquitaine. Ihr Name geht auf die römische Besatzung vor 2000 Jahren zurück: Mit der Bezeichnung Aquitania bezog sich Julius Caesar auf den Wasserreichtum der Region durch die vielen Flüsse. Der wichtigste Fluss ist hierbei die Dordogne mit ihren Nebenflüssen Vézère, Isle und Dronne. Weil es im Périgord keine Bodenschätze gibt, hat sich nie eine Industrie angesiedelt und die Entstehung von Ballungsräumen ist ausgeblieben. Die Lande werden seit jeher agrarisch genutzt und sind nur dünn besiedelt. Die infrastrukturelle Erschließung durch Eisenbahn und Fernstraßen wurde darum in der Vergangenheit nachrangig behandelt. Das alles sorgte und sorgt bis heute für den Erhalt des urtümlichen Charakters der Region, was sie zum Wandern so attraktiv macht.
Das Périgord wird in vier Landschaften unterteilt: Am bekanntesten ist der an das Quercy grenzende Teil im Osten, das Périgord noir (schwarzes Périgord). Der Name rührt – je nachdem, wen man fragt – von den dunklen Eichenwäldern her oder vom schwarzen Diamanten des Périgord: dem Trüffel, der in dieser Gegend zu finden ist und zu Beginn jeden Jahres auf eigenen Trüffelmärkten zu zum Teil astronomischen Preisen gehandelt wird. Hauptstadt des Périgord noir ist Sarlat-la-Canéda. Im Périgord

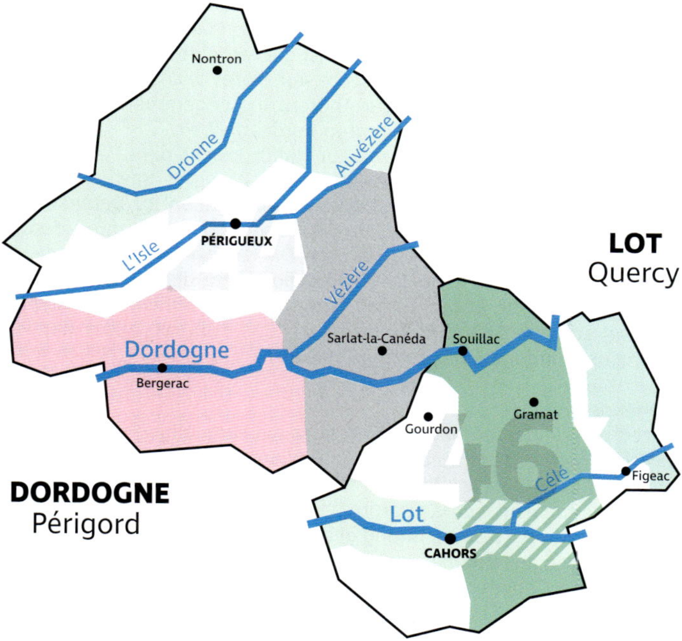

noir liegt auch der bekannteste Dordogneabschnitt, wo von Domme bis Trémolat die Dichte an Burgen und mittelalterlichen Dörfern besonders hoch ist. Gleichzeitig fließt kurz vor Trémolat, in Limeuil, die Vézère als möglicherweise wichtigster Nebenfluss in die Dordogne. Ihr Tal beheimatet eine Fülle wichtiger steinzeitlicher Stätten. Nirgendwo sonst auf der Welt ist ihre Dichte so hoch wie hier. Im Périgord noir wird darum der Bereich zwischen Sarlat-la-Canéda im Osten, Trémolat im Westen und Montignac an der Vézère im Norden als Goldenes Dreieck bezeichnet.

Der mittlere Bereich des Périgord rund um die Départementhauptstadt Périgueux nennt sich Périgord blanc (weiß), abgeleitet von der Farbe des hellen Kalksteins, der hier allgegenwärtig ist. Der Landstrich im Norden ist das Périgord vert (grün). Die Farbe Grün bezieht sich auf die saftigen Weiden, endlosen Nussbaumfelder und waldreichen Hügel, die im Nordosten langsam in die Landschaften des Limousin übergehen. Entsprechend trägt der dortige regionale Naturpark den Namen Parc naturel régional Périgord-Limousin. Wichtige Flüsse im Périgord vert sind die Auvézère mit ihren zum Teil wildromantischen Schluchten, der Isle und die Dronne. In den 1970er-

Jahren hat man damit begonnen, für die im Südosten des Périgord liegende Landschaft rund um die Stadt Bergerac die Marketing-Bezeichnung Périgord pourpre zu verwenden. Purpur ist die Farbe des Weins der Region. Dies macht Touristen und Connaisseure auf dieses wichtige Produkt aufmerksam und dient damit auch zur Abgrenzung gegenüber dem benachbarten Bordelais mit seinem berühmten Bordeaux-Wein.
Den südlichsten Zipfel des Périgord, zur Hälfte jeweils dem Périgord noir und Périgord pourpre zugehörig, nennt man Pays des Bastides – Land der Bastiden. Diese wehrhaften Planstädte entstanden im Dauerkonflikt zwischen England und Frankreich im 13. Jahrhundert und boten den Bewohnern im Gegensatz zu unbefestigten Dörfern wirksamen Schutz. Im Périgord sind heute noch ein Drittel bis die Hälfte der mittelalterlichen Bastiden erhalten, die bekanntesten unter ihnen sicherlich Domme, Monpazier und Lalinde. Geografisch, historisch und kulturell bildet das Périgord eine untrennbare Einheit mit dem Quercy.

Das Quercy

Im Osten bzw. Südosten des Périgord liegt die ehemalige Provinz Quercy. Sie erstreckt sich von der Stadt Brive-la-Gaillarde im Norden bis nach Montauban im Süden. Den größten Teil ihres Gebiets deckt das Département Lot ab. Vereinfachend werden darum heute die Namen Quercy und Lot synonym als Landschaftsbezeichnung gebraucht. Im Département Lot leben nur 33 Menschen auf einem Quadratkilometer, womit es zu den am dünnsten besiedelten Gebieten Frankreichs gehört. Seine Hauptstadt ist Cahors, in einer Schleife des Flusses Lot gelegen und Weinliebhabern durch den gleichnamigen Rotwein bekannt.
Das gesamte Gebiet zwischen heutiger Auvergne und der französischen Atlantikküste ist ein ausgetrockneter Meeresgolf, dessen Boden aus verdichtetem Schutt und Muschelkalk besteht. Als im Laufe der Erdgeschichte durch tektonische Verschiebungen das Zentralmassiv entstand, wurden in seiner unmittelbaren Nachbarschaft – dem heutigen Quercy – dicke Schichten Kalkgestein an die Oberfläche gedrückt. In dieses Kalkgestein gruben in den nächsten Jahrmillionen die Flüsse Dordogne und Lot ihre typischen

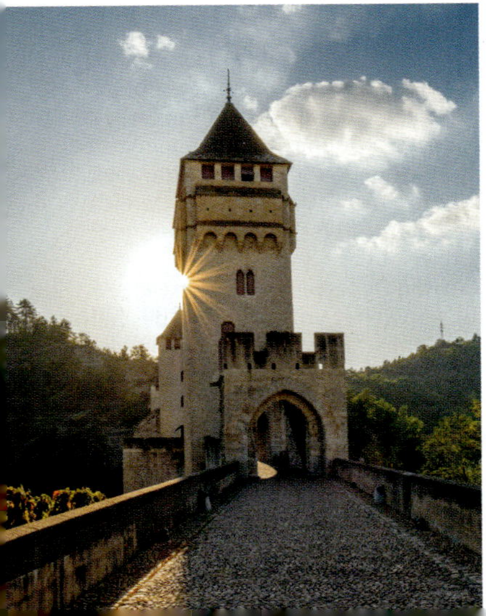

Pont Valentré, Wahrzeichen von Cahors, der Hauptstadt des Quercy (Tour 1).

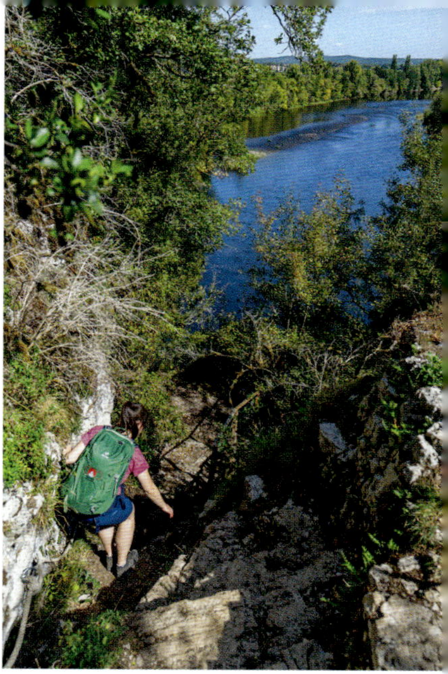

An den Steilklippen der Flüsse Dordogne und Lot muss man manchmal die Hände zu Hilfe nehmen (Tour 28).

Mäander, die Dordogne im Norden des Quercy, der Lot im Süden. Die dabei entstandenen Flusstäler kennen wir heute als Vallée-du-Lot (Tal des Lot) und Vallée de la Dordogne. Die Kalkplateaus, die als Hochebenen zwischen den Flusstälern übrig blieben, sind die sogenannten Causses du Quercy. Durch den Einschnitt der Flüsse voneinander getrennt existieren heute vier solcher Hochplateaus. Sie sind nach den Städten in ihrem jeweiligen Zentrum benannt: Die Causse de Martel liegt nördlich der Dordogne, die Causse de Gramat als größte der vier Hochflächen mittig zwischen Dordogne und Lot, die Causse de Limogne südlich des Lot und die kleine Causse de Cajarc (auch Causse de Saint-Chels) im südöstlichen Dreieck zwischen Lot und seinem Nebenfluss Célé. Weil Regenwasser durch das poröse Kalkgestein schnell versickert, sind die Böden der Causses trocken und die Vegetation entsprechend angepasst. Um die Flüsse herum ist es dafür umso grüner. Der Höhenunterschied zwischen Hochplateau und Fluss kann mehr als 200 Meter betragen und die Aussicht von den Causses in die Täler ist an vielen Stellen grandios. Die drei südlich der Dordogne gelegenen Causses sind heute als regionaler Naturpark Frankreichs ausgewiesen (Parc naturel régional des Causses du Quercy) und dadurch besonders streng geschützt.

An ihrem östlichen Rand gehen die Causses du Quercy langsam in die Ausläufer des Zentralmassivs über. Diese Übergangslandschaft ist der Ségala lotois, ein schmaler Mittelgebirgsstreifen ganz im Osten des Départements Lot. Seine Topografie unterscheidet sich grundlegend von der des übrigen Quercy. Die Nähe zur Auvergne ist bereits unverkennbar: Die Landschaft ist zerklüftet, Berge und Täler wechseln einander dicht an dicht ab. Das Klima ist rauer, die Landschaft grüner und größere Flächen sind von Wald bedeckt. Der Boden besteht bereits aus hartem Granit- und Vulkangestein. Auch reichen die Erhebungen des Ségala deutlich höher als die Plateaus der Causses. Der gesamte Ségala ist von Gebirgsbächen und -flüssen durchzogen.

HÖHLEN, ABRIS UND GOUFFRES

Zu den auffälligsten und erstaunlichsten geologischen Besonderheiten in Périgord und Quercy gehören die zahlreichen Höhlen und Abris als typische Merkmale einer Karstlandschaft. Sie befinden sich überwiegend in der Nähe der Flusstäler von Dordogne, Vézère, Lot und Célé.
Die vor Jahrmillionen durch tektonische Verschiebung an die Oberfläche gedrückten Kalkgesteinsschichten brachen im Zuge dieses Prozesses auf, verschoben und verkeilten sich ineinander. Die dabei entstandenen Risse, Fugen und Spalten bildeten die Grundlage für die vielen Höhlen der Gegend. Im Laufe von Jahrtausenden drang Wasser in diese Hohlräume ein und vergrößerte sie dadurch – zum einen durch Korrosion, denn Kalk ist wasserlöslich, und zum anderen durch Erosion, also den schieren Druck des Wassers. So entstand ein immer weiter verzweigtes und immer tiefer reichendes unterirdisches Kanalsystem. Die höher gelegenen ausgeschwemmten Hohlräume lagen irgendwann trocken. Wegen der Erdanziehung drang (und dringt) das Wasser hingegen so lange tiefer und tiefer in die aufgebrochenen Kalkschichten ein, bis es auf eine wasserundurchlässige Gesteinsschicht trifft. Auf ihr fließt es als unterirdischer Fluss weiter und tritt an anderer Stelle als Karstquelle wieder zutage. Derartige Karstquellen

Vézère-Tal bei Les Eyzies: Felsüberhänge und Höhlen.

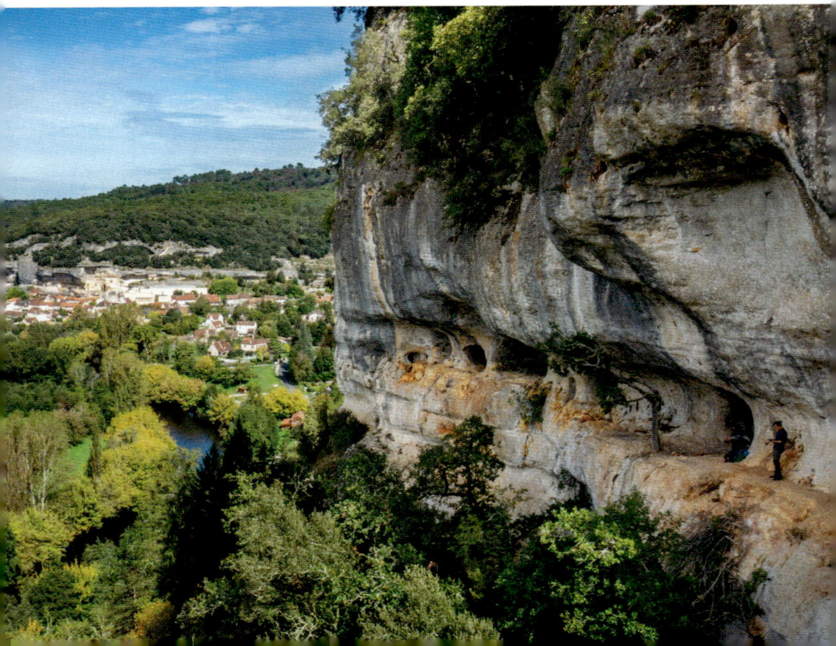

Türkisfarbenes Wasser am Gouffre de Cabouy.

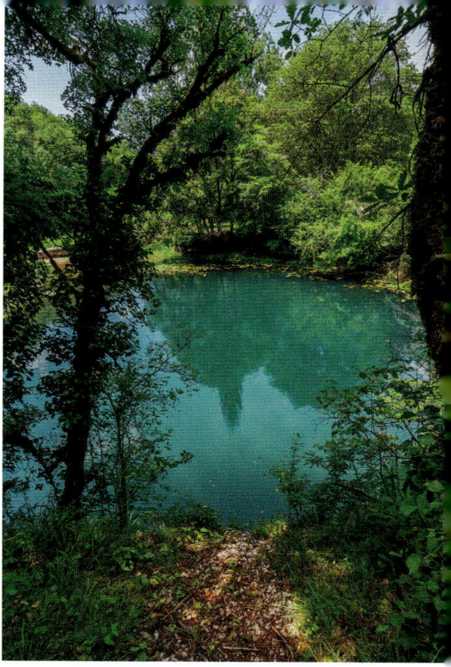

finden sich vor allem im Quercy in Form sogenannter Gouffres wieder. Diese tiefen, oft senkrecht abfallenden und mit Wasser gefüllten Löcher im Gelände sind bezaubernde Naturschauspiele, denn durch den gelösten Kalk schimmert das Wasser in den Gouffres leuchtend türkis-blau (vgl. Tour 31). Ab und an wird man an den Gouffres auf Taucher treffen, die die Quelltöpfe als Einstieg in unterirdische Höhlensysteme nutzen. Eine gewisse Verwandtschaft mit den Gouffres weisen die sogenannten Igues auf. Hierbei handelt es sich um trockene und meist nicht besonders breite Schächte oder Trichter in den Kalkgesteinsböden des Quercy. Sie sind entweder durch Bodeneinbruch über einem unterirdischen Hohlraum entstanden oder bilden selbst einen zur Erdoberfläche hin offenen Karsthohlraum. Sie können zu weiter verzweigten unterirdischen Höhlensystemen führen (vgl. Touren 44 und 46).
Viele Höhlen der Gegend sind Tropfsteinhöhlen. Oberflächenwasser löst beim Versickern Kalk aus dem Boden und führt ihn mit. Beim Erreichen einer Höhlendecke dringt es durch kleine Risse in die Höhle ein und tropft zu Boden. Dabei lagert es sowohl an der Decke als auch am Boden die mitgeführten Kalkteilchen ab. So entstehen mit etwa 1 cm Wachstum pro Jahrhundert die von der Decke hängenden Stalaktiten und die vom Boden emporwachsenden Stalagmiten.
Die Cro-Magnon-Menschen nutzten die Höhlen als Kultstätten und verzierten sie vor 30.000 bis 10.000 Jahren mit den heute berühmten Tierbildern, Ritzzeichnungen und Handnegativen. Entgegen früherer Annahmen dienten die Höhlen nicht als Wohnraum. Spuren des täglichen Lebens, also Essensreste, Feuerstellen oder Werkzeuge fanden sich hingegen in großer Zahl unter den Abris der Gegend, also den zum Teil mächtigen Felsüberhängen in der Nähe der Flüsse. Sie waren im Laufe vorangegangener Jahrmillionen vom Wasser der Flüsse ausgewaschen worden und boten den Cro-Magnon wirksamen Wetterschutz.

STEINERNE ZEUGNISSE AM WEG

In Périgord und Quercy begegnen uns am Weg immer und immer wieder steinerne, von Menschenhand geschaffene Zeugnisse aus unterschiedlichen Epochen, die es zum Teil tatsächlich nur hier zu sehen gibt. Die wichtigsten sind:

Trockenmauern
Allgegenwärtig auf den Causses du Quercy sind Trockenmauern, also aus sich gegenseitig stabilisierenden Bruchsteinen errichtete Mauern ohne verbindenden Zement. Auch im Périgord kann man Trockenmauern finden, jedoch weitaus seltener. Sie trennten (und trennen bis heute) als regelrechtes Netz einzelne landwirtschaftliche Parzellen voneinander und leisten einen wesentlichen Beitrag zur rustikal-romantischen Ästhetik der Region.

Caselles
Ebenfalls vor allem auf den Causses du Quercy zu finden sind Caselles (auch Cazelles oder Cabanes). Diese meist runden Schutzhütten mit kegelförmigem Dach wurden im 19. Jahrhundert auf Feldern, Weiden und in Wäldern gebaut und bestehen wie die Trockenmauern komplett aus sich selbst tragenden Bruchsteinen ohne Mörtel. Sie dienten Schäfern und Bauern als Schutz vor schlechtem Wetter und zur Unterbringung von Tieren, Werkzeugen, Getreide oder Wein. Im Périgord sind Caselles seltener, manchmal werden sie dort auch als Bories bezeichnet – ein Hinweis darauf, dass die Tradition zur Errichtung dieser Schutzhütten aus der Provence übernommen wurde, wo die Bezeichnung ihren Ursprung hat.

Gariottes
Ab und an findet man auch in Trockenmauern integrierte Unterschlüpfe. Sie heißen im Dialekt der Gegend um Cahors Gariottes und dienten insbesondere an Weinbergen und -feldern den Winzern als Wachhaus oder Unterschlupf. Nach der großen Reblauskatastrophe der 1860er- und 1870er-Jahre, der die Bestände der Weinbauern fast vollständig zum Opfer fielen, wurden die Gariottes von Schäfern genutzt. Das Dreigestirn aus Trockenmauern, Caselles und Gariottes ist ein wichtiges Zeugnis der großen landwirtschaftlichen Arbeiten des 19. Jahrhunderts und zählt zum Kulturerbe (»Patrimoine«) des Quercy.

Dolmen
Bei Asterix heißen sie Hünengräber, aber korrekt ist die Bezeichnung Dolmen. Vor 5000 Jahren begannen die Menschen in der Region, ihre Toten in megalithischen Gräbern zu bestatten und behielten diese Tradition bis etwa 1500 v. Chr. bei. Ein Dolmen besteht aus mehreren großen Kalksteinplatten: Drei davon stehen senkrecht und bilden die Grabkammer. Auf

ihnen ruhen ein oder zwei dickere Platten als Decksteine. Ursprünglich war jeder Dolmen von einem Hügel (Tumulus) umgeben oder bedeckt. Was wir heute sehen, ist also nur noch das »Gerüst« der ehemaligen Grabhügel. Mit über 600 Dolmen ist das Quercy eine der Regionen Frankreichs mit der höchsten Dichte an Dolmen – sie ist höher als in der Bretagne, der Heimat von Asterix.

Engländerburgen (Châteaux des Anglais)

Sieben dieser heute mysteriös anmutenden Bauwerke sind im Quercy erhalten: Nahe Brengues (Tour 41), Autoire (Tour 33), Bouziès (Tour 48), Sauliac-sur-Célé (Tour 45), Vers (Tour 49), Laroque-des-Arcs und Cabrerets. Sie wurden alle im 11. und 12. Jahrhundert errichtet. Es handelt sich nicht um vollständige Burgen im herkömmlichen Sinne, sondern um einfache, zumeist hohe Mauern mit Schießscharten, Fenstern und Zinnen, die direkt an senkrechte Felswände gebaut wurden. Hinter diesen Mauern konnte man aus erhöhter Position den Feind unter Beschuss nehmen. Der schmale Zwischenraum zwischen Mauer und Fels diente zudem als Zuflucht und Schutzraum.

Cluzeaux

Der Begriff Cluzeau bezeichnet im Périgord (und nur dort) einen von Menschenhand in den Fels geschlagenen Hohlraum, der als Zufluchtsort diente. Auch natürlich entstandene Höhlen wurden zu solchen Unterschlupfen ausgebaut. Einige Cluzeaux sind einfache Sys-

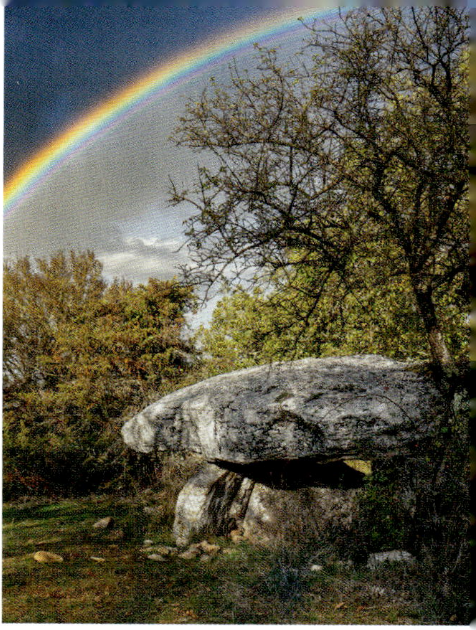

Dolmen bei Lentillac (Tour 47).

Engländerburg am Lot bei Bouziès (Tour 48).

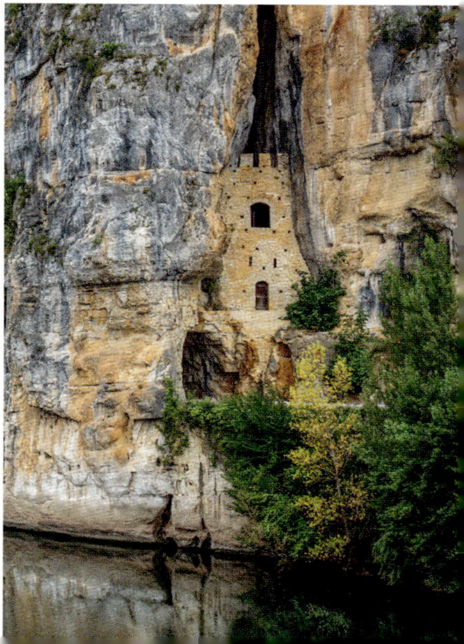

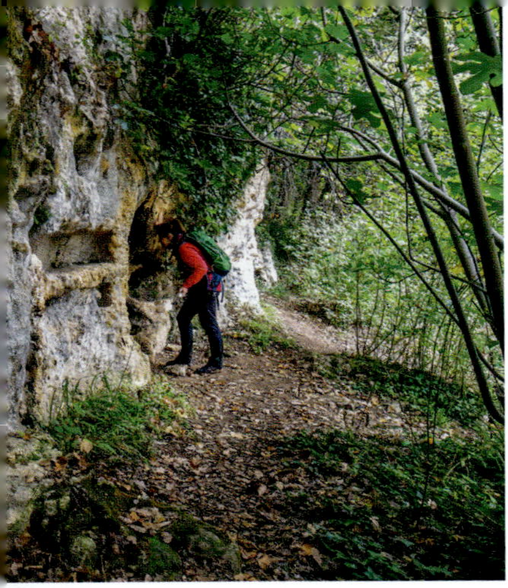

Versteckter Eingang zum Cluzeau (Tour 10).

Historischer Taubenturm (Pigeonnier) bei Limogne-en-Quercy (Tour 43).

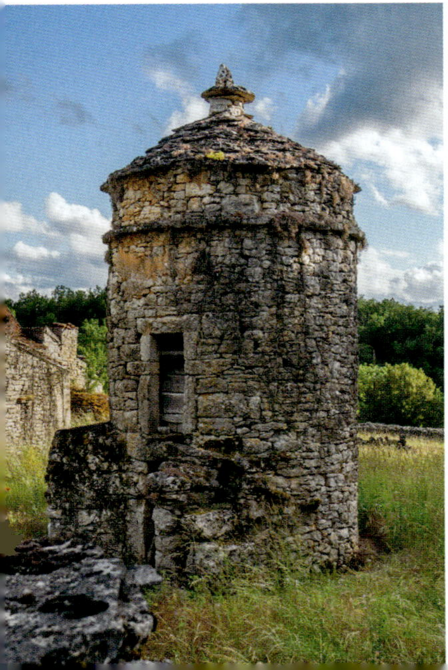

teme mit nur einer Kammer, andere komplex, mit mehreren Ebenen, Gängen, Nischen, Treppen oder Vorratsräumen. Cluzeaux wurden in unterschiedlichen Epochen von den Menschen angelegt, von der Wikingerinvasion im 9. Jahrhundert bis zu den Religionskriegen im 16. Jahrhundert (vgl. Touren 10 und 17).

Pigeonniers
Freistehende Taubenhäuser oder Taubentürme (frz. pigeonniers) galten in den vergangenen Jahrhunderten im Quercy als Symbol für Wohlstand und Reichtum. In der Nähe der meisten historischen Bauerngehöfte oder Landhäuser ist darum ein altes Pigeonnier zu finden. Der Grundriss ist rund oder quadratisch. Auch im Périgord gibt es diese besonderen Vogelhäuser, allerdings weniger häufig. Dafür sind sie dort des Öfteren auf Säulen errichtet. Heute gehören die Pigeonniers ebenfalls zum steinernen Kulturerbe der Region und können beim Wandern bewundert werden.

Wehrkirchen
Für viele Dörfer der Region, die nicht unter dem Schutz einer Burg standen, war ihre Kirche im Mittelalter oft der einzige massive Bau, in den sich die Bewohner vor anrückenden Feinden flüchten konnten. Im 13. Jahrhundert begann man daher, die romanischen Dorfkirchen zu Wehrkirchen auszubauen. Die Mauern wurden verstärkt, um Angriffen besser standhalten zu können. Zudem wurden Vorrichtungen zur Abwehr von Feinden, wie Zinnen, Wehrgänge, Schießscharten oder

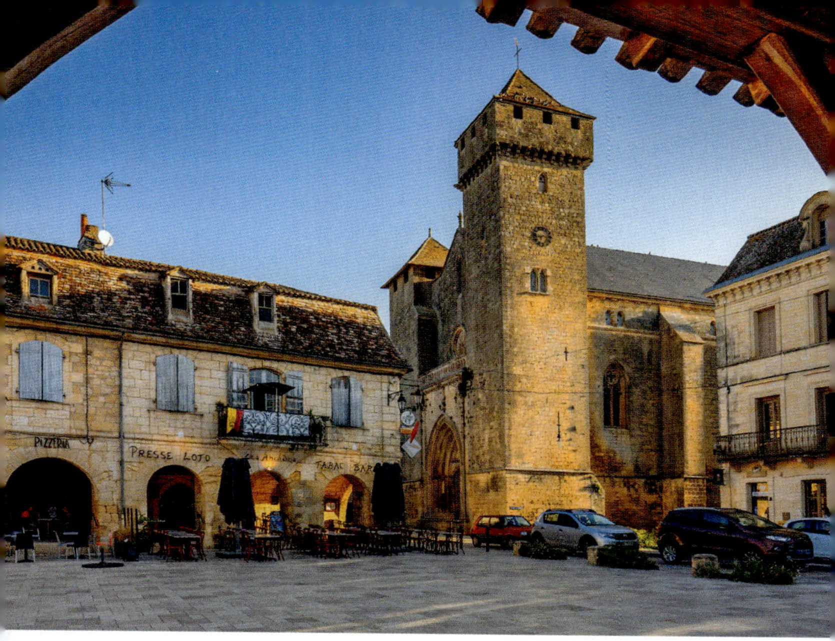

Typische Bastide Beaumont-du-Périgord. Der zentrale Platz mit Markthalle ist von Häusern mit Arkadengängen umgeben (Tour 1).

Wurf- und Gussöffnungen (frz. mâchicoulis) zur Senkrechtverteidigung angelegt. Ergänzend schuf man im Gebäude Vorrats- und Zufluchtsräume – sehr zum Missfallen der Bischöfe, für die diese Praxis eine Entweihung darstellte.

Bastiden

Bastiden nennt man die in den Kriegswirren des 13. und 14. Jahrhunderts in kürzester Zeit erbauten Städte Südwestfrankreichs, von denen in Périgord und Quercy noch eine Vielzahl erhalten sind. Bastiden sind im Gegensatz zu organisch gewachsenen Dörfern echte Planstädte. Ihr Name geht auf das okzitanische Wort bastir (bauen) zurück. Sie wurden in einem Zug auf rechteckigem Grundriss nach dem immer gleichen Schema errichtet: Innerhalb der Außenmauern bilden die Straßen ein Schachbrettmuster mit eng bebauten Parzellen und etwa gleich großen Häusern. In der Regel führen vier etwas größere Straßen zu einem Marktplatz im Zentrum, der von Häusern mit Arkadengängen umgeben ist. Nur ein Teil der Bastide-Gründungen in Périgord und Quercy ist französischen Ursprungs. Der andere Teil wurde von Engländern gegründet, die in dieser Zeit Teile

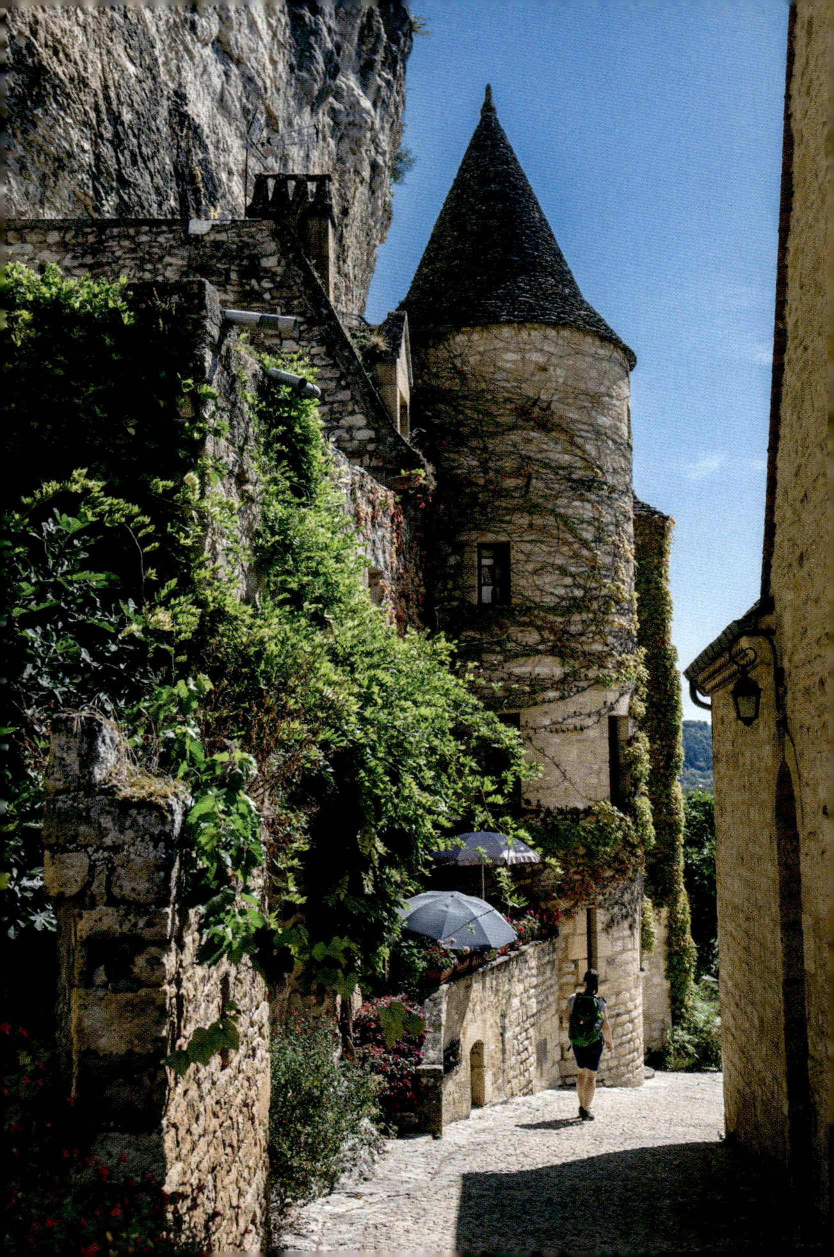

Frankreichs beherrschten. Die périgordinische Muster-Bastide Monpazier (englischen Ursprungs, Tour 5) und das herrlich gelegene Domme (französisch, Touren 11 und 13) gehören heute zur Gruppe der Plus Beaux Villages de France, den schönsten Dörfern Frankreichs.

Les Plus Beaux Villages de France

Seit 1982 zeichnet die Association des Plus Beaux Villages de France (Verband der schönsten Dörfer Frankreichs) nach strengen Kriterien kleine Gemeinden mit maximal 2000 Einwohnern für herausragenden historischen Städtebau und Kulturerbe aus. Eine Auszeichnung ist selten und gilt als große Ehre. Als Besucherinnen und Besucher der Region können Sie das Prädikat der Plus Beaux Villages de France insofern für sich nutzen, als der Besuch eines ausgezeichneten Dorfes so gut wie immer lohnenswert ist. Das in diesem Wanderführer behandelte Gebiet an Dordogne und Lot weist die höchste Dichte dieser Prädikatsdörfer in ganz Frankreich auf. Allein im Département Dordogne liegen zehn dieser außergewöhnlich schönen Orte, im Lot sind es acht. Auch im nordöstlichen Nachbardépartement Corrèze gibt es sechs prämierte Dörfer, die sich interessanterweise alle im unmittelbaren Grenzgebiet zu Périgord und Quercy befinden. Mehr Informationen: les-plus-beaux-villages-de-france.org.

ÜBERSICHT LES PLUS BEAUX VILLAGES DE FRANCE

Département DORDOGNE
Belvès (Tour 6)
Beynac-et-Cazenac (12)
Castelnaud-la-Chapelle (11, 12)
Domme (11, 13)
La Roque-Gageac (11, 12)
Limeuil (4)
Monpazier (5)
Saint-Amand-de-Coly
Saint-Jean-de-Côle
Saint-Léon-sur-Vézère (9)

Département LOT
Autoire (33)
Capdenac-le-Haut
Cardaillac
Carennac (30)
Loubressac (33)
Martel (25,27)
Rocamadour (31)
Saint-Cirq-Lapopie (48)

Département CORRÈZE
Beaulieu-sur-Dordogne (34)
Collonges-la-Rouge
Curemonte
Saint-Robert
Ségur-le-Château
Turenne (24)

Häuserfront in Loubressac, Lot (Tour 33).

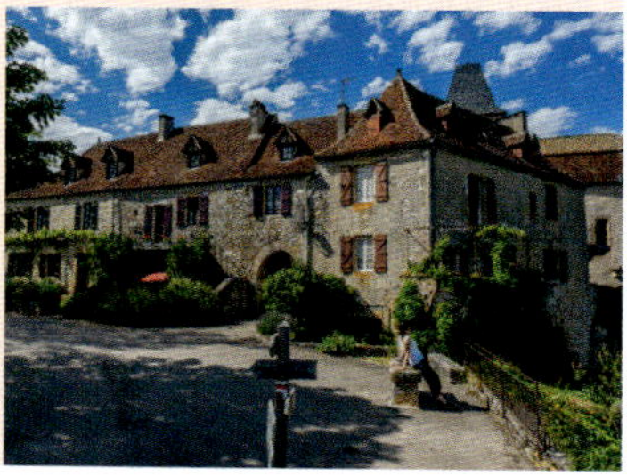

La Roque-Gageac (Touren 11 und 12).

Der Umwelt zuliebe ...

Auch beim Wandern hinterlassen wir einen ökologischen Fußabdruck, aber im Einklang mit der Natur unterwegs zu sein, ist gar nicht so schwer!

VORBEREITUNG UND ANFAHRT

- Sich vorab informieren, worauf in Bezug auf Natur und Umwelt in der jeweiligen Wanderregion besonders zu achten ist.
- Soweit möglich mit Bahn und Bus anreisen, Wander- und Rufbusse nutzen.
- Ist eine Anfahrt mit dem Auto nötig, Fahrgemeinschaften bilden.
- Bei weiten Anfahrten Mehrtagestouren planen oder von einem Quartier vor Ort aus mehrere Touren absolvieren.
- Flugreisen möglichst reduzieren und durch Beiträge zu Klimaschutzprojekten kompensieren.

KLEIDUNG UND AUSRÜSTUNG

- Beim Kauf von Outdoor-Kleidung auf umweltfreundliche und faire Herstellung achten und Kleidungsstücke möglichst viele Jahre nutzen.
- Ausrüstung kann man eventuell auch gebraucht kaufen oder ausleihen.
- Reparieren statt neu kaufen.

VERPFLEGUNG

- Beim Einkauf Bio-Ware, regionale und saisonale Erzeugnisse bevorzugen.
- Hütten und Gasthäuser auswählen, die regionale Produkte verwenden.
- Auf Einwegflaschen und Plastikverpackungen verzichten, stattdessen wiederverwendbare Trinkflaschen und Brotzeitboxen benutzen.

ÜBERNACHTUNG

- Bei lokalen Anbietern buchen, damit Menschen vor Ort profitieren.
- Auf Hütten und in anderen Unterkünften Strom und Wasser sparen.

UNTERWEGS

- Wege benutzen und Abkürzer vermeiden.
- Sperrungen von Wegen und Schutzgebieten respektieren.
- Keine Blumen pflücken und keine Pflanzen entnehmen.
- Waldbrandgefahr beachten.
- Müll wieder mit nach Hause nehmen und dort entsorgen.
- Toilettengänge in freier Natur möglichst vermeiden.
- Lärm vermeiden.
- Hunde an die Leine nehmen.

ROTHER
BERGVERLAG

FLORA UND FAUNA

Tierwelt

Die in den steinzeitlichen Höhlen von Rouffignac oder Lascaux dargestellten Mammuts oder Wollnashörner sind zwar inzwischen ausgestorben, dennoch präsentieren sich Périgord und Quercy als ausgesprochen artenreich. Lediglich die Großtierfauna ist wegen der lange zurückreichenden Jagdtradition einigermaßen verarmt. In Wäldern und offenen Gebieten leben heute Wildschweine, Rot- und Rehwild, Füchse, Dachse, Wiesel, Marder und Hermeline. Auch Fledermäuse kommen reichlich vor: Von insgesamt 34 in Frankreich beheimateten Fledermausarten leben allein 26 im Regionalpark der Causses du Quercy. Alle Arten sind geschützt. Auch die dunklen, in der Steinzeit bewohnten Höhlen, Grotten und Abris entlang der Vézère beherbergen Fledermauskolonien.

An den Flüssen treffen wir häufig auf Graureiher, die im seichten Wasser stehend nach Fischen Ausschau halten. Mit etwas Geduld lassen sich Eisvögel beobachten, entweder auf überhängenden Ästen ansitzend oder wie fliegende Diamanten über das Wasser gleitend. Noch mehr Geduld braucht man für die Entdeckung der Wasseramsel, doch an schnellfließenden Gewässern wie der Auvézère im Norden des Périgord stehen die Chancen gut. Im Umfeld der Flüsse, insbesondere an toten Armen oder Altwassern, haben sich mancherorts komplexe Ökosysteme entwickelt, die eine Vielzahl zum Teil seltener Tier- und Pflanzenarten beheimaten. Häufig sind diese Gebiete als Naturschutzgebiete (frz. ENS = espace naturel sensible) ausgewiesen (vgl. Touren 19, 26, 32).

Die Wälder in Périgord und Quercy sind die Heimat von Spechten, verschiedenen Laubsängern, Kleibern und Baumläufern, diversen Finkenarten, Nachtigall und Pirol. Letzterer entzieht sich zwar gern dem Blick des Menschen, sein unverkennbarer Ruf zeigt ihn dennoch zweifelsfrei an. Schleiereulen und besonders Waldkäuze sind in jeder Nacht zu hören. Sehr häufig hört und sieht man zudem Eichelhäher, die in den vielen Schwarzeichenwäldern der Gegend ideale Lebensbedingungen finden. Jedes Mal ein prachtvoller Anblick sind die ebenfalls nicht seltenen Wiedehopfe, die zwar die Winter in Afrika verbringen, aber zwischen April und August in Périgord und Quercy brüten. Felder, Wälder, Weidelandschaften und Buschreihen in Dordogne und Lot sind zudem die Heimat von Fasanen, Schwarzkehlchen, diversen

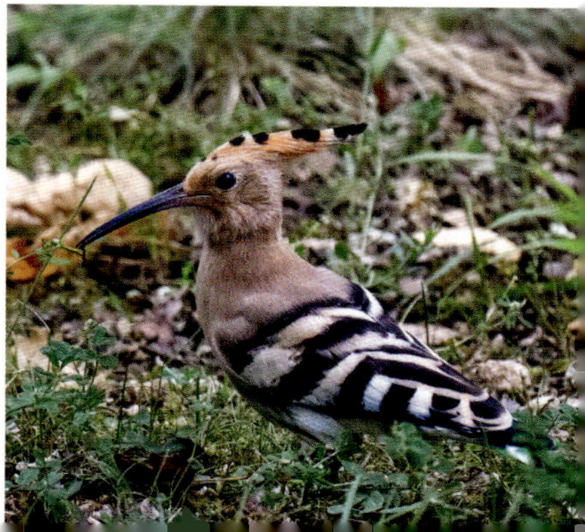

Wiedehopf.

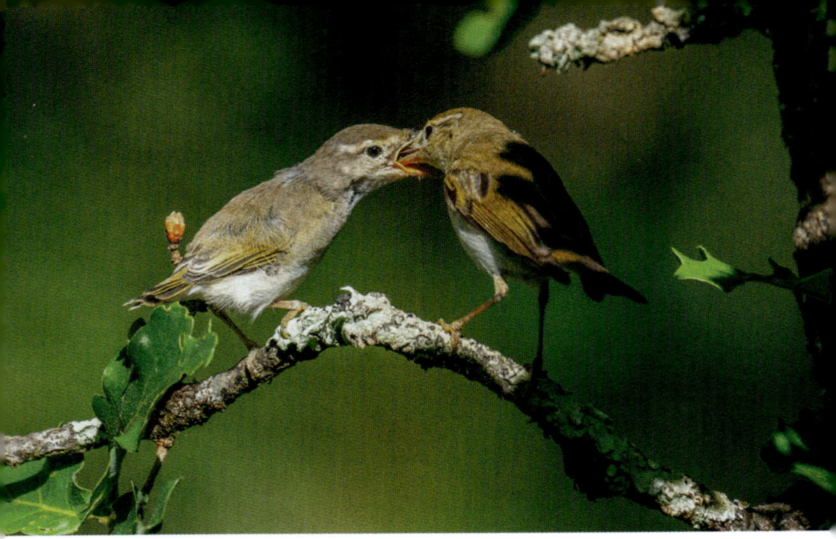

Waldlaubsänger auf einer Flaumeiche.

Grasmücken, Bach- und Gebirgsstelzen, Meisen, Laubsängern, Drosseln, Zaunammer, Bluthänfling, Raubwürger und Neuntöter. Die Gegend um Martel im Norden des Quercy wird zudem alljährlich von Orpheusspöttern besucht. Ab April/Mai sitzen sie ausdauernd rufend in Büschen und Bäumen und lassen sich auch durch Beobachter kaum stören. Spätestens im Oktober sind sie wieder verschwunden. Über den Steilfelsen von Dordogne und Vézère, Lot und Célé kreisen Schwarzmilane und Wanderfalken. Auch Rotmilane und Bussarde sind häufig zu sehen. Die Klippen selbst sind übersät mit Nestern von Schwalben und Mauerseglern. Gerne führen die kleinen Akrobaten ihre Kunstflüge auch in der Nähe der vielen alten Mauerwerke auf und gehören damit genauso selbstverständlich zum Périgord wie die Burgen von Beynac, Castelnaud oder Biron.

Vegetation

Das milde atlantisch-mediterrane Mischklima in Périgord und Quercy ist verantwortlich für den Artenreichtum der Vegetation in diesen Gebieten. Im Quercy ist der dominierende Baum die Flaumeiche, wegen der Farbe ihres Stammes auch als Schwarzeiche bekannt. Sie bildet lichte, nicht besonders hohe Wälder und verliert nie vollständig ihr Laub. Im Winter färbt es sich lediglich braun, um dann in der nächsten Saison ersetzt zu werden. Der allgegenwärtige Eichelhäher lebt in Symbiose mit der Flaumeiche: Er ernährt sich von ihren Eicheln und übernimmt so für den Baum die Verbreitung der Samen. Auf den warmen Kalkplateaus der Causses du

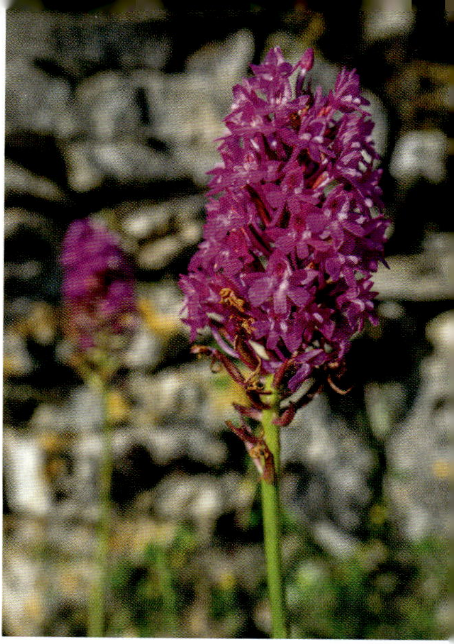

Pyramiden-Hundswurz.

Quercy finden sich Pflanzen, die man sonst eher mit mediterranem Klima in Verbindung bringt: Steineichen, Wacholder, Ginster und Zwergkoniferen. Auch der leuchtend gelbe Strauch-Jasmin ist hier zu Hause. Das kurvenreiche Tal des Lot zwischen Cajarc und Cahors ist überraschenderweise Lebensraum einer Flora, die sonst nur in den Mittelgebirgen Südfrankreichs zu finden ist. Im Frühjahr findet man an den steilen Hängen der Kalkfelsen beispielsweise die schönen weißen Polster von Gänsekresse oder Steinbrech-Leimkraut. Sind die Polster leuchtend rosa, ist es in der Regel Rotes Seifenkraut. Im Périgord dominiert die Flaumeiche ebenfalls die Wälder. An den Wurzeln kleinerer, verkrüppelter Exemplare kann der berühmte schwarze Trüffel wachsen. Je nach Bodenbeschaffenheit bestehen die Wälder zudem aus Buchen, Weißdorn, Robinien und Aleppo-Kiefern. Auch die Edelkastanie, deren Früchte man essen kann, kommt häufig vor. Einen deutlichen Einfluss auf das Landschaftsbild haben in Teilen des Périgord die vielen Walnussplantagen. Im Périgord vert im Norden, im Périgord noir rund um Sarlat, die Dordogne entlang bis Trémolat und die Vézère hinauf bis Montignac wird die für die Landwirtschaft der Gegend so wichtige Frucht geerntet. Die Sorten haben klangvolle Namen: Grandjean, Marbot, Corne und Franquette.
Neben der Vielfalt an Bäumen ist in Périgord und Quercy die Blumenpracht unübersehbar. Am spannendsten ist dabei sicherlich der Reichtum an wilden Orchideen. Mehr als 200 verschiedene Arten wurden bereits gezählt. Sie wachsen von Mai bis Juli an den Rändern der Wiesen und Weiden, gerne leicht beschattet am Wegesrand und in den Wäldern. Nahezu allgegenwärtig und unübersehbar ist dabei der Pyramiden-Hundswurz mit seinem charakteristisch geformten, pink bis purpurroten Blütenstand. Ebenso beeindruckend sind die hochwachsenden Bocksriemenzungen, das dunkle Purpur-Knabenkraut, der Fliegen-Ragwurz oder das Affen-Knabenkraut. Auch die Waldhyazinthe kommt häufig vor. Achtung! Wilde Orchideen stehen unter Naturschutz und dürfen nicht gepflückt werden!

Nächste Doppelseite: Das schönste Dorf am Lot, Saint-Cirq-Lapopie.

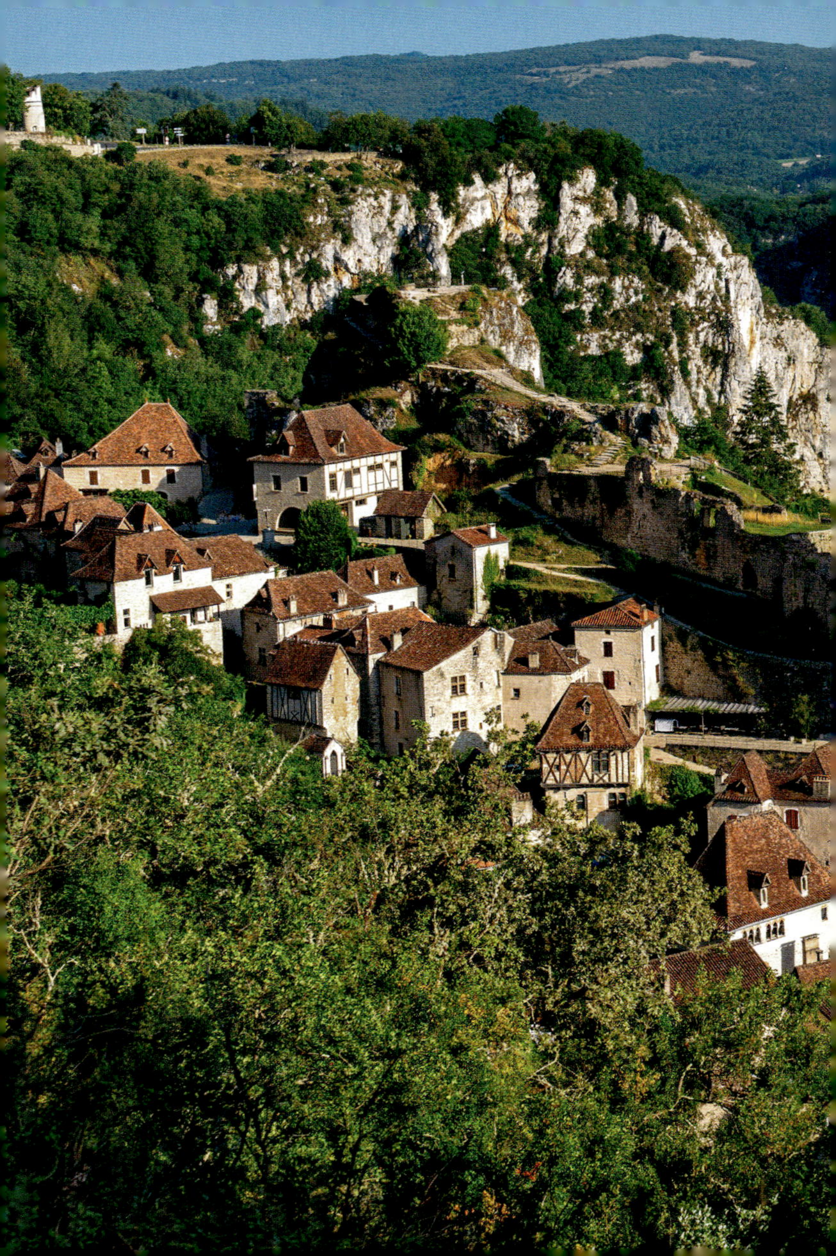

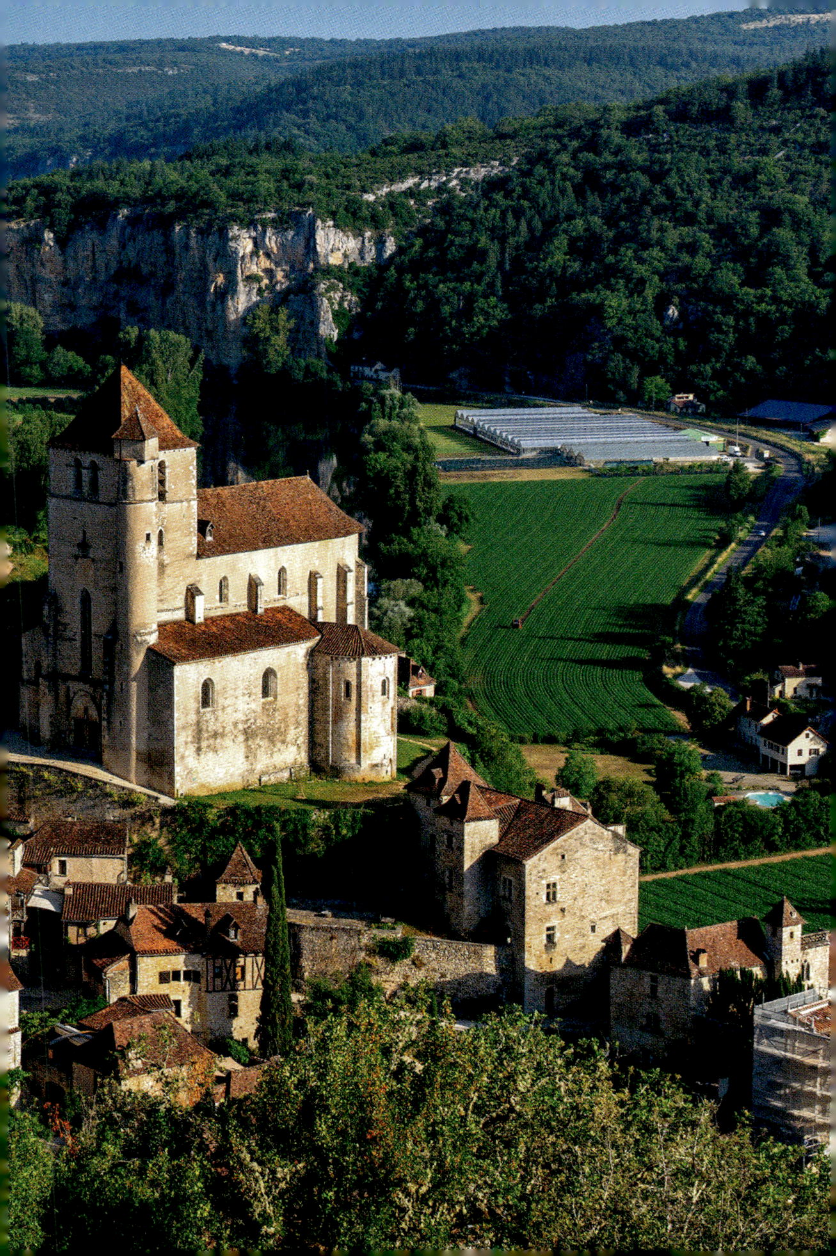

↗ 330 m | ↘ 330 m | 14.2 km

1 Le Périgord sucré – das süße Périgord

4.00 h

Von der Bastide Beaumont zum Château de Bannes

Die Bastide Beaumont-du-Périgord liegt ein wenig abseits der ausgetretenen Touristenpfade, ein Besuch lohnt sich aber unbedingt. Von hier aus lässt sich ein sehr schöner Rundweg im typisch périgordinischen Hügelland unternehmen. Er führt durch Wälder, Nussbaumfelder und die heimelige Landhaussiedlung La Vergne Basse zum Château de Bannes aus dem 14./15. Jh. Zurück in Beaumont lässt man den Tag mit einem petit café unter den Arkaden bei der historischen Markthalle ausklingen. La vie est belle!

Ausgangspunkt: Beaumont-du-Périgord, großer Parkplatz am Boulevard de la Résistance am östlichen Ortsrand (N44.76913 E0.76855).
Anforderungen: Gut markierte Rundwanderung auf Wald-/Feldwegen und kleinen Straßen.
Markierung: Gelbe Wegzeichen auf dem Rundweg, häufig als Holzpfähle mit gelber Kappe. Aufpassen zu Beginn: Um Beaumont-du-Périgord verlaufen mehrere Wege, die gelb markiert sind. Die für uns relevanten gelben Wegzeichen beginnen an der breiten Kreuzung unterhalb des Aussichtspunktes.
Einkehr: In Beaumont-du-Périgord.

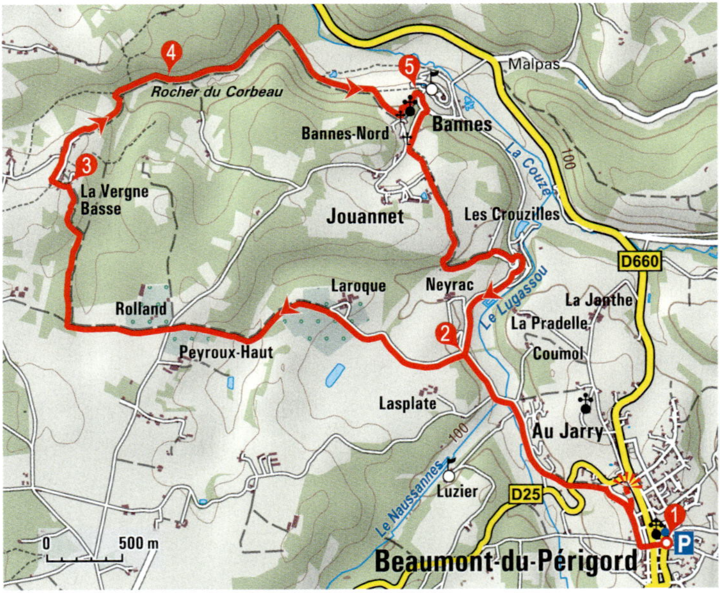

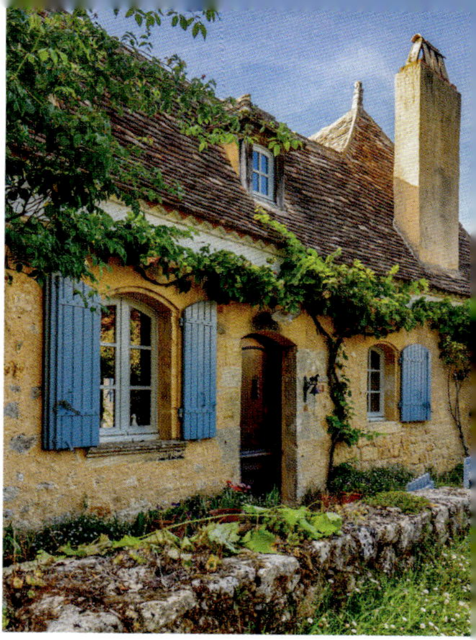

Heimeliges Wohnhaus in La Vergne Basse.

Von der Wanderwegtafel am Parkplatz in **Beaumont-du-Périgord** 1 an der Längsseite der Kirche entlang zum Platz mit der Markthalle. Weiter geradeaus unter den Arkaden hindurch und die Treppenstufen hinab durch das erste der beiden Stadttore. Unmittelbar hinter dem ersten Tor rechts. An der kleinen Kreuzung weiter geradeaus auf der Rue de la Tour de Bannes. Kurz bevor sie sich mit der Parallelstraße vereint, unternehmen wir über den rechts abzweigenden Weg einen Mini-Abstecher zu einem hübschen Aussichtspunkt, von dem aus wir auf die Lande blicken, in die wir gleich eintauchen. Dann zurück zur Rue de la Tour de Bannes, die sich mit der Parallelstraße vereint und weiter bis zur breiten Kreuzung. Hier noch vor der größeren Querstraße links in die kleine Zufahrt und geradeaus auf den Schotterweg. Es geht durch einen schönen Tunnel und weiter bis zur nächsten Straße. Auf ihr nach rechts. Nach gut 600 m erreichen wir hinter einer Brücke eine Weggabelung, hier rechts Richtung Laroque. Bei der nächsten **Gabelung** 2 mit Wegweisern steigen wir in den Rundweg ein, zu dieser Stelle kommen wir später von rechts zurück.
Wir gehen die Schleife im Uhrzeigersinn, also links die schöne Straße bergan durch Nussbaumfelder. Sie endet beim Weiler Laroque. Von hier können wir auf der Anhöhe hinter uns Beaumont liegen sehen. Es geht weiter geradeaus in den Wald, dann wieder durch Nussbaumfelder. Wir überqueren eine Straße. Knappe 10 Min. später, just wenn der Weg wieder in ein Waldstück eintritt, biegen wir rechts ab (Wegweiser »Boucle du Rocher du Corbeau«). Es geht bergab. Am tiefsten Punkt, an der Wanderwegkreuzung, nach links. Wir erreichen die ersten Häuser der kleinen Siedlung **La Vergne Basse** 3. Hier vor der Mauer nach links. Der Weg endet vor einem schönen Wohnhaus, jetzt nach rechts. Am Ende des Hauses lohnt ein Blick auf die

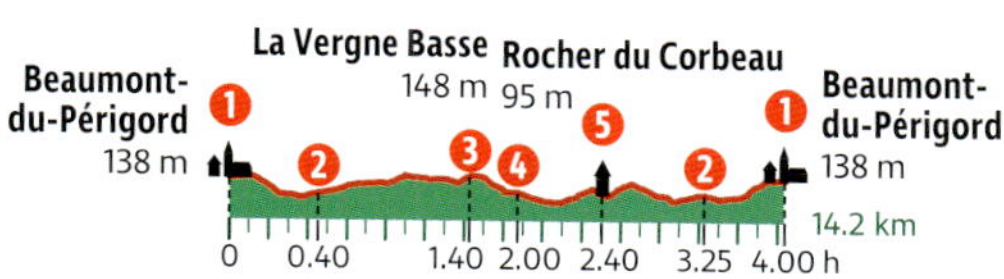

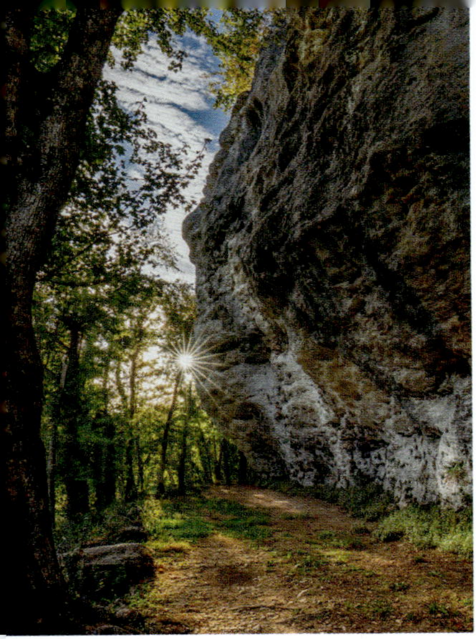

Rocher du Corbeau.

Rückseite des kleinen Turms, hier ist eine Schießscharte für Bogenschützen zu erkennen, von wo aus vor Jahrhunderten die Siedlung bewacht wurde.
Bei Haus Nr. 7 wird die Straße zu einem Wiesenweg. Wir passieren einen alten Backofen. Er hat bewegte Zeiten erlebt, während der Französischen Revolution wurden die Soldaten hier mit Brot versorgt. Weiter geradeaus in den von Trockenmauern gesäumten schmaleren Weg. Es geht bergab und an der beinahe tiefsten Stelle, am Querweg, nach rechts. Wir passieren den überhängenden Fels **Rocher du Corbeau** 4, halten uns weiter geradeaus auf dem Hauptweg und erreichen nach etwas mehr als 10 Min. am nördlichsten Punkt der Wanderung einen Querweg. Wir biegen nach rechts ab Richtung Beaumont. Nach einiger Zeit kommt das Château de Bannes in den Blick. Es geht eine Weile an den Ländereien entlang, dann bei einem Doppelhaus nach links. An der Mauer entlang bis zur hübschen Kapelle. Hinter der Kapelle rechts und die Stufen hinab. Jetzt links bis zur Einfahrt des **Château de Bannes** 5. Vor dem schmiedeeisernen Tor rechts die Einfahrt hinunter und an der Querstraße erneut rechts und leicht bergan. Nach 250 m zweigt ein Pfad nach links ab. Er führt an Nussbaumfeldern vorbei auf und über die Ebene. Anschließend geht es wieder bergab. Wir folgen dem Knick des Weges nach links, bleiben immer auf dem Hauptweg und erreichen eine kleine Straße. Auf ihr nach rechts. Sie trifft am Parkplatz der Campinganlage Moulin du Surier auf eine Querstraße, der wir nach rechts etwa 10 Min. bis zur nächsten Querstraße folgen. Hier endet der Rundweg, diese **Gabelung** 2 kennen wir bereits. Wir biegen links ab und gehen auf derselben Strecke wie beim Hinweg zurück nach **Beaumont-du-Périgord** 1.

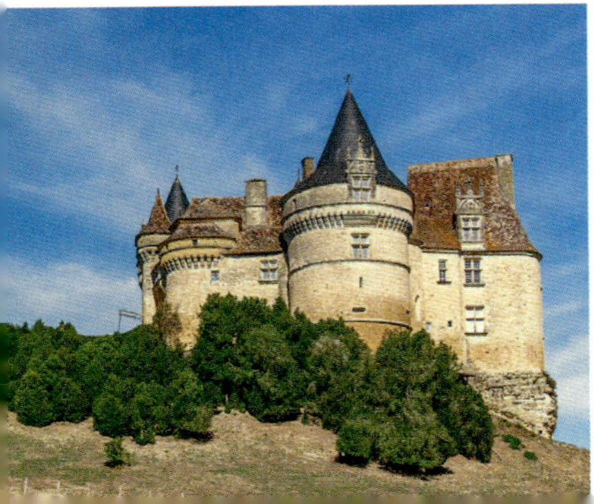

Château de Bannes.

↗ 240 m | ↘ 240 m | 7.9 km

2.15 h

Le Cingle de Trémolat 2

Berühmte Dordogneschleife mit herrlicher Aussichtskanzel

Nahe des Örtchens Trémolat liegt der Cingle de Trémolat, eine besonders prächtige Schleife der Dordogne. Der Fluss fließt hier in engem Bogen und hat so über Jahrmillionen die Kalksteinfelsen geformt. Die gemütliche Wanderung führt von Trémolat aus in einem Bogen auf die Klippe und zu einem herrlichen kleinen Felsvorsprung oberhalb der Dordogneschleife. Von ihm aus können wir uns kaum satt sehen am famosen Panorama aus Dordogne und dem Mosaik der angrenzenden Felder.

Ausgangspunkt: Trémolat, Parkplatz auf der Place de la Mairie (N44.87579 E0.83053).
Anforderungen: Leichte Rundwanderung auf Wegen, Pfaden und kleinen Straßen; Vorsicht Absturzgefahr am ungesicherten Felsvorsprung!
Markierung: Gelb bis ❷, weiß-rot bis ❸, danach durchgängig gelb.
Einkehr: In Trémolat; in der Nachsaison und im Winter in Le Bugue (13 km).

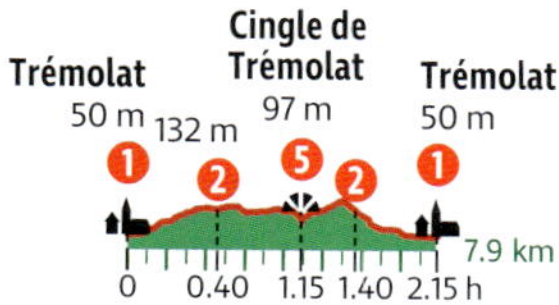

Tipp: In 10 Autominuten Entfernung liegt Limeuil, das zur Gruppe der schönsten Dörfer Frankreichs gehört.

Felsvorsprung am Cingle de Trémolat.

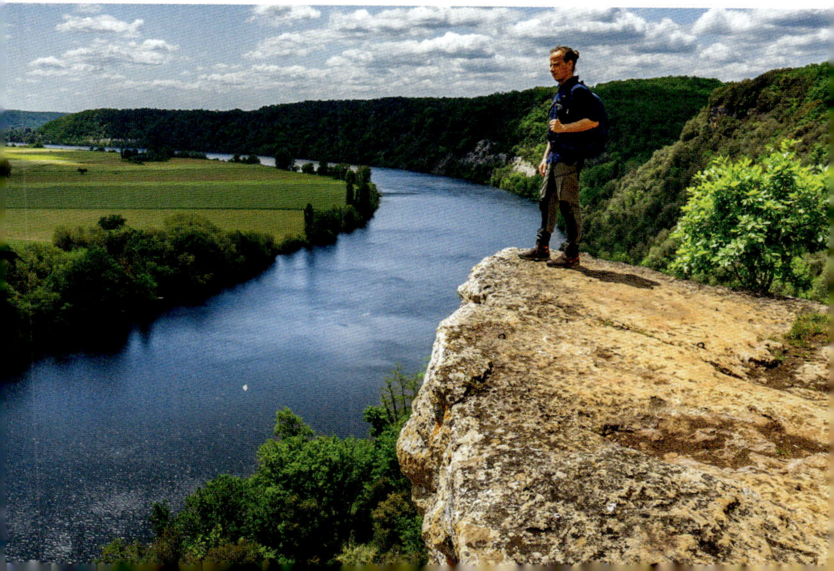

Vom Parkplatz in **Trémolat** ❶ aus schauen wir auf die Kirche und folgen der D30E (Rue Bertrand de Born) nach links Richtung Cingle de Trémolat. Kurz vor dem Ortsausgang rechts in die Rue Fenelon Richtung Les Cireys, danach links in die Route Charlemagne. Am Eisenkreuz in Les Cireys noch 80 m weiter geradeaus, dann rechts abbiegen (Chemin des Cireys). Wir wandern an einigen Anwesen vorbei, dann in eine steile Linkskurve und dahinter weiter geradeaus. Hinter den Briefkästen 307 und 320 auf dem schmalen Pfad geradeaus in den Wald. Am Ende auf dem breiteren Querweg nach rechts. Er vereint sich auf einer kleinen Ebene mit einem Schotterweg. Auf ihm nach links und keine 100 m weiter abermals nach links. Am höchsten Punkt erreichen wir ein Gipfelkreuz und genießen die Aussicht ein paar Schritte querfeldein. Dann weiter auf dem Weg und bergab bis zur **Kreuzung** ❷ bei einem Wohnhaus. Diese Stelle werden wir auch auf dem Rückweg wieder passieren.

Wir überqueren die Straße und gehen mit der weiß-roten Markierung geradeaus in den Waldweg. Nach 700 m erreichen wir vor zwei großen Weideflächen erneut eine **Kreuzung** ❸ und biegen links ab. Wir wandern geradeaus, bis der Weg ca. 10 Min. später aus dem Wald heraus tritt. Hier noch kurz geradeaus auf der Straße. Dann an beiden nacheinander folgenden T-Kreuzungen jeweils nach links. 50 m nach der zweiten T-Kreuzung erreichen wir den **Abzweig** ❹ nach »Belvédère et Calvaire de Rocamadou«. Diese Stelle merken wir uns, denn hier müssen wir gleich abbiegen.

Zunächst unternehmen wir aber unseren Abstecher zur Aussichtskanzel über der Dordogne. Dazu gehen wir noch 100 m geradeaus und dann rechts ins Gelände zum kaum lohnenden offiziellen Aussichtspunkt mit einigen runden Infotafeln. Von hier aus führt ein kleiner Pfad nach rechts

Cingle de Trémolat.

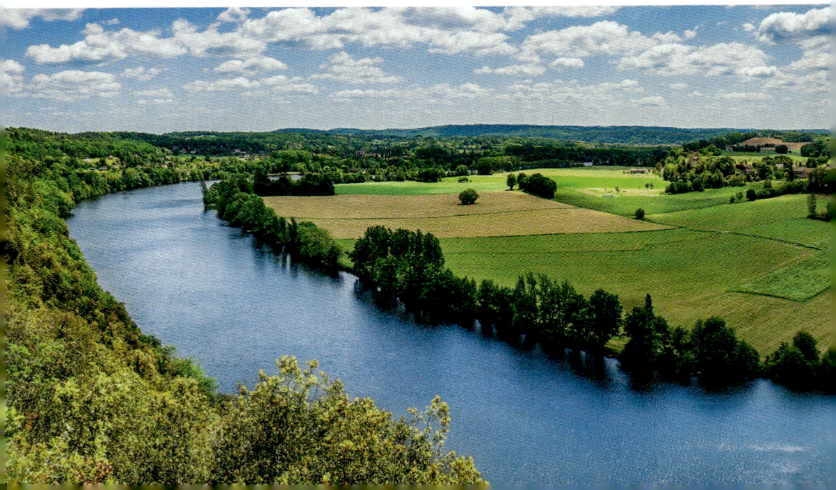

parallel zum Flusslauf ins Gebüsch und endet schließlich auf einem ungesicherten Felsvorsprung (Vorsicht Absturzgefahr!) hoch über dem **Cingle de Trémolat** 5. Auf demselben Weg geht es zurück zum **Abzweig** 4.

Wir biegen nun ab Richtung Rocamadou. Einige Meter weiter gabelt sich die Straße, hier rechts halten. Rechter Hand ergeben sich nun immer wieder wunderbare Ausblicke auf die Dordogne und die beiden Brücken von Trémolat. Wir erreichen die **Kreuzung** 2, die wir schon vom Hinweg kennen. Jetzt nehmen wir hinter dem Wohnhaus den Pfad nach rechts hinab in den Wald. Nach wenigen Minuten umrunden wir ein kleines Maschinenhäuschen des örtlichen Wasserversorgers und gehen geradeaus bergab, bis sich der Pfad vor einer kleinen halbrunden **Dachschräge** 6 gabelt.

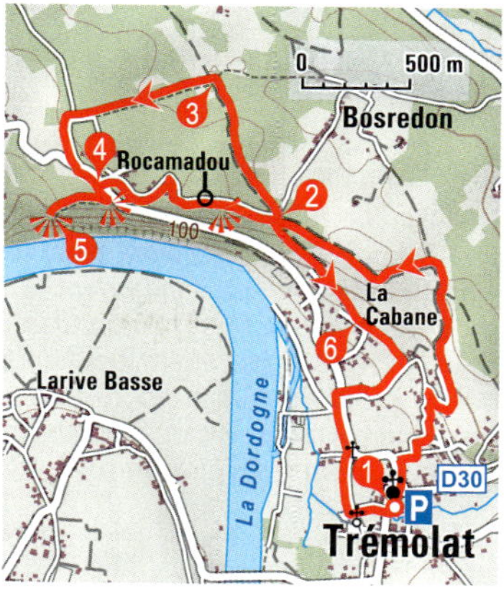

Hier den linken Abzweig wählen und am Waldrand oberhalb der Siedlung entlang. Bei einem Haus wird der Waldweg schließlich zu einem kurzen Grasweg und trifft dann auf ein Sträßchen. Hier rechts und bergab bis zur Querstraße. Nun nach links, dann bei der Verkehrsinsel mit Steinkreuz rechts in die Rue Saint-Hilaire. 250 m weiter bringt uns die Rue des Écoles zurück zum Parkplatz in **Trémolat** 1.

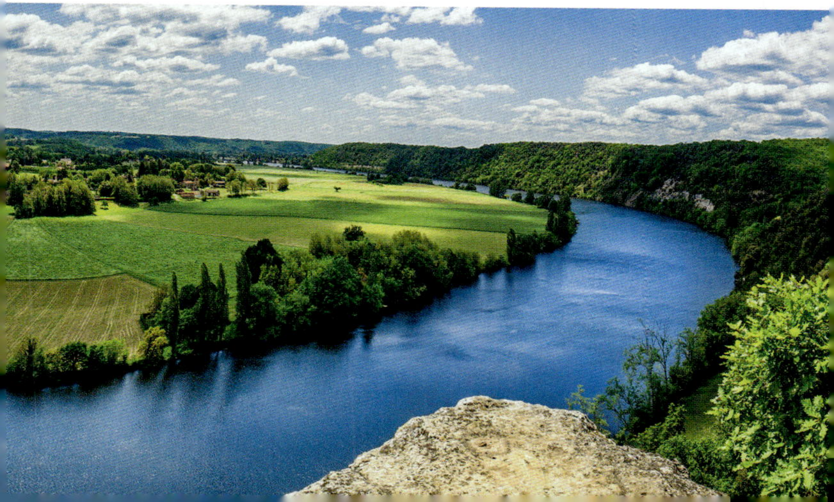

↗ 260 m | ↘ 260 m | 9.8 km

3 Die Trüffellande bei Sainte-Alvère

2.45 h

Unterwegs im Land der schwarzen Diamanten

Nur wenige Kilometer nördlich der bekannten Touristenmagnete Limeuil und Trémolat liegt das wunderschöne Dorf Sainte-Alvère. Die hübsch renovierten Häuschen sind einladend und Bon-vivre, das gute Leben, wird hier großgeschrieben. Die umliegenden Lande sind reich an Leckereien: Safran, Erdbeeren, aber vor allem Trüffel, die schwarzen Diamanten des Périgord, haben in Sainte-Alvère ein Zuhause. Von hier aus führt ein Rundweg durch die nahen Wälder, Weidelandschaften und einige alte Siedlungen, wo sich heute so manch périgordinischer Wohntraum erfüllt.

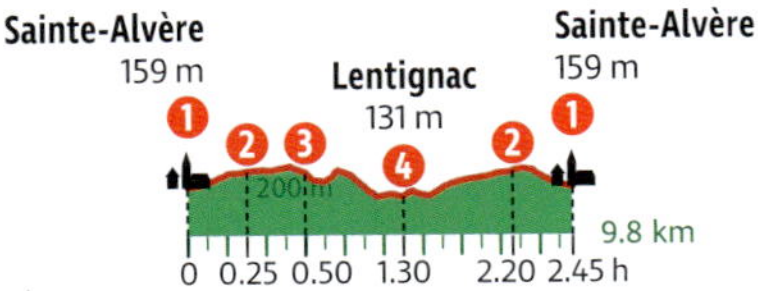

Ausgangspunkt: Sainte-Alvère, zur Gemeinde Val de Louyre et Caudeau gehörend, Parkplatz »Place des Quatre Saisons« an der Rue Jules Ferry / D2 (N44.94633 E0.80972).

Anforderungen: Leichte und gut markierte Rundwanderung auf Wald-/Feldwegen und kleinen Straßen; Wege z. T. steinig aber unkompliziert; offizielle französische Bezeichnung des Rundwegs: Boucle des truffières.

Markierung: Durchgängig gelbe Wegzeichen, häufig als Holzpfähle mit gelber Kappe.

Einkehr: In Sainte-Alvère.

Sainte-Alvère – Häuser in der Morgensonne.

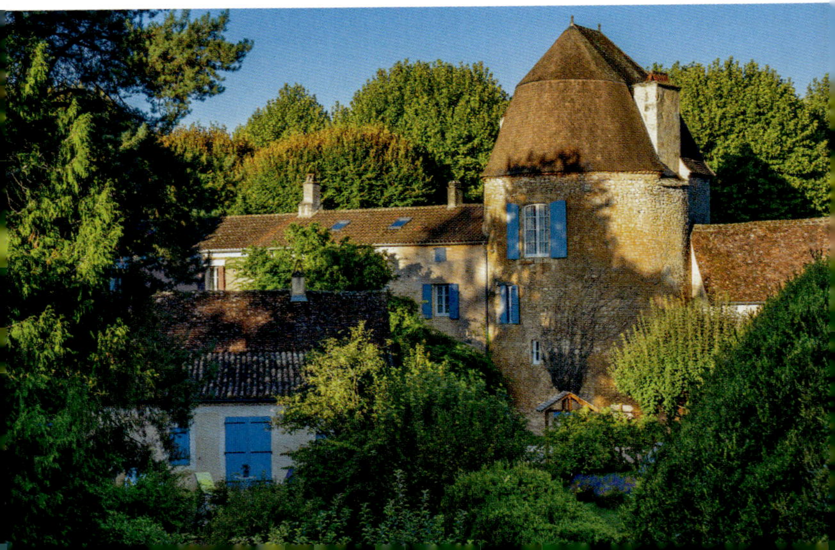

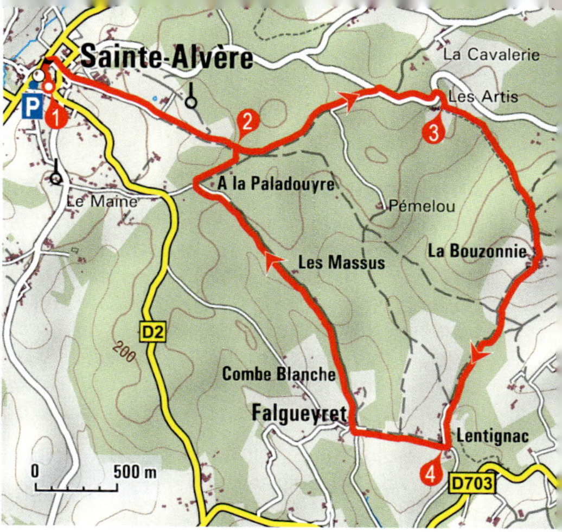

Vom Parkplatz in **Sainte-Alvère ❶** rechts die Straße hinunter am Donjon vorbei. An der Querstraße Rue de la République rechts, hinter Haus Nr. 32 erneut rechts (Rue Abbé de la chapelle). Die nächste Straße wird geradeaus überquert. Ab hier heißt der Weg Chemin Des Sadrots. Wir folgen ihm aus dem Ort hinaus und gut 1 km geradeaus. Auch wenn auf der Hälfte der Strecke der asphaltierte Teil nach links wegknickt, bleiben wir geradeaus auf dem Wiesenweg. Er führt uns zu einer **Weggabelung mit Doppelwegweiser ❷**. Wir wählen den linken Abzweig und steigen damit in den Rundweg ein. Bald trifft ein Weg von rechts hinten auf den unseren, wir beachten ihn nicht. Kurz darauf erreichen wir erneut eine Weggabelung – wieder wählen wir den linken Abzweig. Nach 500 m gehen wir weiter geradeaus auf dem Schotterweg. An seinem Ende auf der Straße nach rechts. Kurz nachdem wir zwei Häuser passiert haben, beschreibt die Straße eine Linkskurve. Mitten in der Kurve biegen wir in spitzem Winkel nach rechts in den Wanderweg ab (auf Wegzeichen achten). Am Zaun entlang und, sobald wir das **Haus ❸** erreicht haben, nach links. Der sehr schöne Pfad führt zunächst bergab durch den Wald, später wieder bergan. Er endet an einem Schotterweg, hier nach rechts. Bald ergeben sich Aussichten auf die umliegende Hügellandschaft.

Wir queren die kleine, alte Siedlung La Bouzonnie. Dahinter noch 350 m durch offenes Weideland, dann beim Querweg nach links und sofort wieder rechts in den schmalen Pfad. Er führt von Trockenmauern gesäumt zum nächsten Querweg, hier nach rechts. Wir passieren die ersten Häuser der Siedlung **Lentignac ❹** und folgen der kleinen Zufahrtsstraße bis ins Zentrum. Jetzt rechts (Chemin du Cros de la Bille), über den Buckel und an der Kreuzung vor der nächsten Siedlung nach rechts (Chemin du Marin). Nun einfach eine knappe halbe Stunde geradeaus, dann an der Querstraße rechts auf den Schotterweg. An der nächsten Kreuzung nach links. Kurz darauf stehen wir wieder an der **Weggabelung mit Doppelwegweiser ❷**, die wir bereits kennen.

Wir biegen links ab und wandern dieselbe Strecke wie beim Hinweg zurück nach **Sainte-Alvère ❶**.

↗ 250 m | ↘ 250 m | 13.0 km

4 Limeuil

3.45 h

Abseits touristischer Pfade im Umland von Limeuil

Am Zusammenfluss von Vézère und Dordogne siedelten schon vor 10.000 Jahren Menschen, denn das Wasser und die Lage am Südhang lieferten ideale Bedingungen. Später entstand hier eine gallische Festung, dann ein Oppidum der Römer. Seine Blütezeit erlebte Limeuil im 19. Jh., als Hafen, Handwerk und Handel florierten. Heute ist das steil am Hang aufragende, malerische Dorf ein beliebtes Ausflugsziel und klassifiziert als eines der schönsten Dörfer Frankreichs. Die Wanderung führt vom Dordogneufer Limeuils ins Umland, durch Wälder und Bauernland und an der Vézère entlang zurück.

Ausgangspunkt: Limeuil, großer Bade-, Paddel- und Picknickplatz am Südende des Ortes, nahe der Vézère-Brücke (N44.88267 E0.88953); zwei große Parkplätze an der D31 westlich und östlich des Ortes, jeweils 300 m entfernt.
Anforderungen: Leichte, aber längere Rundwanderung auf gut markierten Wegen, Pfaden und kleinen Straßen; längere Zeit unbeschattet.

Markierung: Durchgängig gelbe Wegzeichen; offizielle französische Bezeichnung des Rundwegs: Boucle de Limeuil.
Einkehr: In Limeuil, in der Nachsaison und im Winter u. U. geschlossen.
Tipp: An der höchsten Stelle im Ort wurden im 19. Jh. Panoramagärten im maurischen Stil angelegt, geöffnet April–Oktober, jardins-panoramiques-limeuil.com.

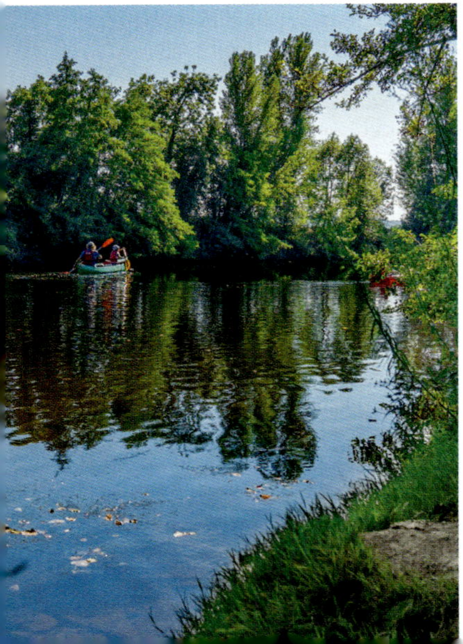

Vom Uferplatz in **Limeuil** ❶, einst Hafen des Dorfes, gehen wir durch das Stadttor und auf der Rue du Port durch den Ort. Sobald das Sträßchen sich gabelt, den rechten Abzweig nehmen. Es geht weiter bergan. Vor einem kleinen Haus mit Spitzdach gabelt sich die Rue du Port erneut, hier wieder rechts. An der Place des Fosses links in die Einbahnstraße, geradeaus über den nächsten Platz, dann vorbei an der Kirche und die Straße entlang bis zum nördlichen Stadttor. Durch das Tor verlassen wir Limeuil und bleiben noch eine knappe Viertelstunde auf dem Sträßchen. Dann links in

Der Weg führt ein Stück an der Vézère entlang.

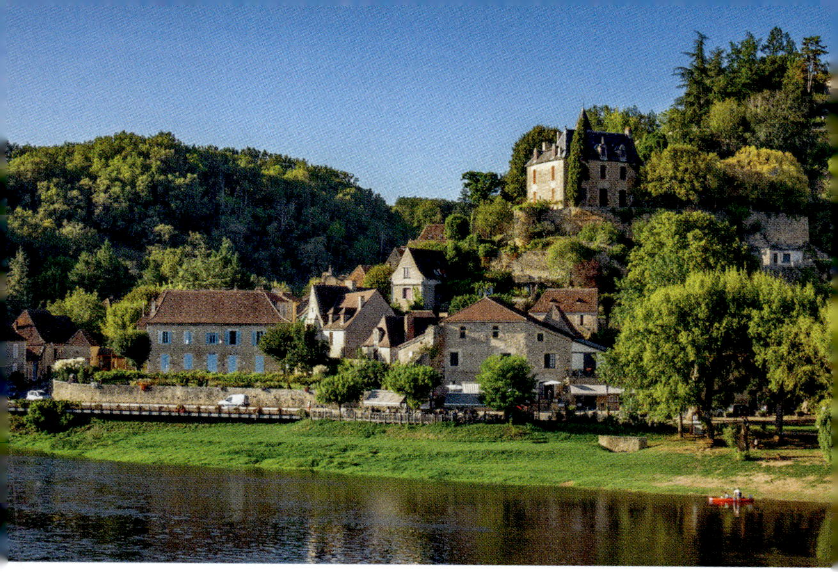

Blick auf Limeuil am Dordogneufer.

den **Karrenweg** 2 abbiegen, durch die gelbe Markierung kann man ihn nicht verpassen. Wir wandern durch Wald, an einer lang gestreckten Weide entlang und bei der nächsten Weggabelung nach links. Auf dem Hauptweg ignorieren wir alle Abzweige und erreichen so nach etwa 1 km eine kleine **Straße** 3. Hier links und der Straße gute 10 Min. bis zum großen hölzernen **Wegweiser** 4 folgen. Der Weg zweigt jetzt in spitzem Winkel nach rechts ab. An der nächsten Kreuzung mit Wegweisern wandern wir einfach geradeaus. Nicht weit dahinter rechts abbiegen in den schmaleren Weg Richtung Le Bugue. Er trifft nach einiger Zeit auf eine kleine Straße, der wir geradeaus folgen. Sehr bald erreichen wir den **Wegweiser** 5 »Bourg de Limeuil 7 km«. Hier dürfen wir uns nicht verwirren lassen, denn der Weg, der hier links von der Straße abzweigt, ist ebenfalls gelb markiert. Ihn bitte ignorieren, wir bleiben stur geradeaus auf der Straße.
Einige Minuten später kürzen wir ein Stück über den schönen Pfad nach links ab. Danach weiter auf der Straße und beim Haus mit Brunnen rechts abbiegen. Wir erreichen eine **Querstraße** 6. Hier nach rechts Richtung

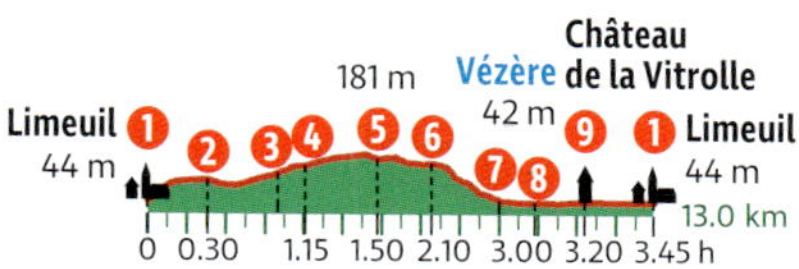

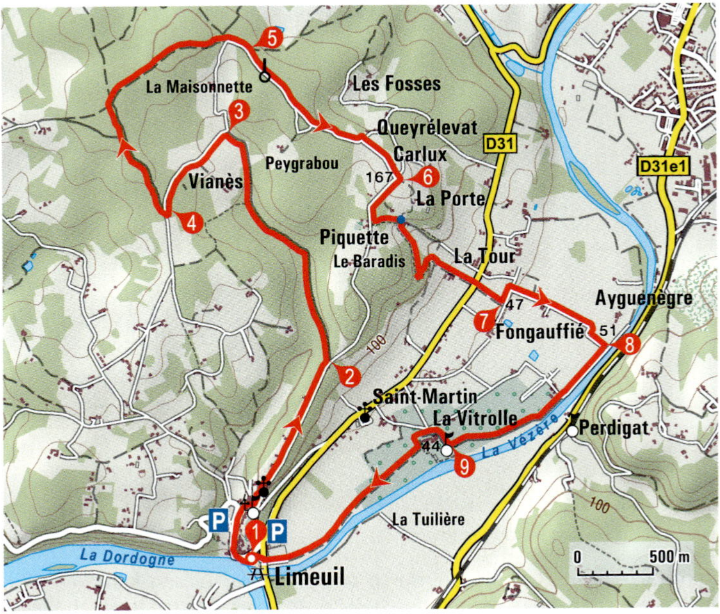

Limeuil Porte Marquisat. Nach knapp 400 m geht es bei einigen Häuschen recht unvermittelt links auf einem Pfad in den Wald. Dann beim Querweg nach rechts und an der Weide entlang. Später beschreibt der Weg eine Steilkurve, der wir nach links folgen. Er endet schließlich vor einem Feld. Wir überqueren es geradeaus, gehen am Gebäude des »Le Bois de la Tour« vorbei, die Einfahrt entlang bis zur großen D31 und geradeaus in den Pfad. Er endet an einem **Sträßchen 7**. Hier links und nach etwa 100 m wieder rechts Richtung Perdigat. Schließlich erreichen wir die **Vézère 8**, wo wir uns nach rechts wenden. Wir wandern nun 20 Min. am Fluss entlang – zuerst noch auf der Straße, dann auf einem Wirtschaftsweg. Auf der bewaldeten Hügelkette vor uns können wir schon wieder die Rückseite von Limeuil sehen. Wir erreichen das herrschaftliche **Château de la Vitrolle 9**. Um es zu umgehen, biegen wir rechts ab und gehen vom Fluss aus gesehen hinter den Haupt- und Nebengebäuden der Anlage entlang. Anschließend führt ein Ernteweg noch ein Stück durch die Felder des Château de la Vitrolle, nähert sich dabei aber bereits wieder der Vézère an und führt später erneut direkt am Fluss entlang. Wir erreichen die Vézère-Brücke von **Limeuil 1** und kommen am Uferplatz dahinter wieder zum Ausgangspunkt der Wanderung zurück.

↗ 260 m | ↘ 260 m | 12.7 km

3.30 h

Monpazier und Château de Biron

5

Unterwegs im Pays des Bastides

Eine bestens erhaltene Bastide ist Monpazier im Süden des Périgord. Sie wurde 1285 von den Engländern auf einer Anhöhe über dem Fluss Dropt gegründet. In den umliegenden Landen unternehmen wir eine Tour durch Weiden- und Kastanienwälder sowie Urwälder. Mit der Geschichte Monpaziers ist untrennbar die Burg von Biron verbunden. Sie gehört zu den Highlights des Périgord und kann über einen Abstecher in die Wanderung mit einbezogen werden.

Ausgangspunkt: Monpazier, Parkplatz auf der rechten Hälfte der Place du Foreil Nord direkt an der nördlichen Stadtmauer (N44.68227 E0.89437).
Anforderungen: Rundwanderung auf sehr gut markierten Wegen und Pfaden, die ersten 3 km zumeist auf kleinen Straßen.
Markierung: Durchgängig gelbe Wegzeichen, häufig als Holzpfähle mit gelber Kappe; ergänzend weiß-rot (GR36) von kurz nach dem Ausgangspunkt bis zum Doppelwegweiser, offizielle französische Bezeichnung des Rundwegs: Boucle des Potences. Achtung: Um Monpazier verlaufen auch andere gelb markierte Rundwege.

Einkehr: In Monpazier; in der Hauptsaison auch in Biron (Variante).
Variante: Fußweg zur Burg von Biron (je 45 Min. für Hin- und Rückweg). Dazu bei 4 Richtung Biron gehen, breiter Schotterweg, weiß-rote Markierung. Am Ende auf der Querstraße nach rechts. Dann auf der D53 erneut rechts. Hier noch nicht zur Burg aufsteigen, sondern der Straße bis zum Ort Biron folgen (»Entrée de Château de Biron dans le village«). Dort die erste links (Rue de la Porte Nord) und durch das Stadttor.
Tipp: Besuch der Burg von Biron: aufgrund der exponierten Position 360-Grad-Weitblicke auf Périgord und Agenais, chateau-biron.fr.

Typische Bastide-Arkaden in Monpazier.

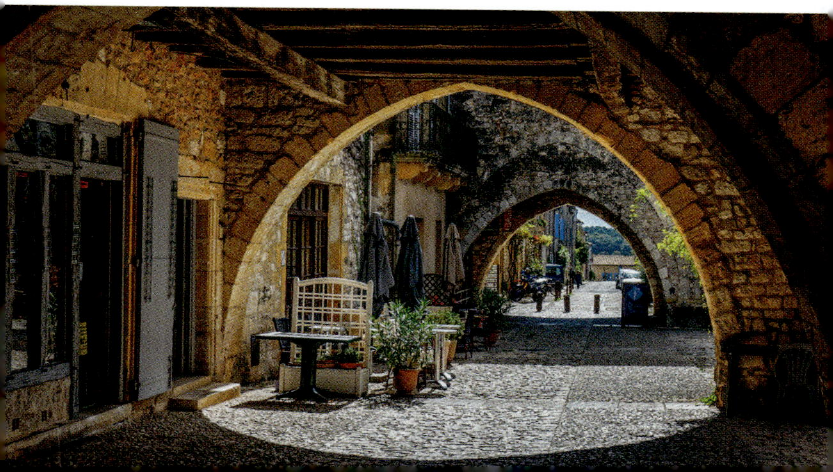

Vom Parkplatz in **Monpazier** ❶ auf der Place du Forail Nord an den Häuserfronten der Bastide entlang bis zum westlichen Ende des Platzes. Dort auf der kleinen Straße kurz nach rechts und sofort links den Chemin de la Tannerie bergab. Wir überqueren die Straße und wandern nun 2 km geradeaus (»Boucle des Potences«), Abzweige werden ignoriert. Dabei können wir schon recht bald links das Château de Biron über dem Wald aufragen sehen. Die Straße führt uns unterhalb des Weilers Neguebio und danach an der Einfahrt nach Péchalves vorbei. Wir verlassen sie schließlich, wenn sie eine Linkskurve beschreibt, hier setzt sich unser Wanderweg als schmaler **Pfad** ❷ weiter geradeaus fort. Er endet bei einem Holzkreuz an einem kleinen Sträßchen. Ihm folgen wir kurz nach links. Wo es dann bei einem Haus nach links wegknickt, halten wir uns geradeaus auf dem breiten Waldweg. Bereits nach 70 m zweigt unser Wanderweg nach rechts ab. An einem Holzkreuz trifft er schließlich auf die große D2. Auf ihr für 150 m nach links und bei erster Gelegenheit rechts abbiegen. Wir erreichen Hof und Mühle von **La Rousselle** ❸. Bald danach von der Straße nach rechts abbiegen. Es geht in ein größeres Waldstück. Hier knickt der Weg nach knapp 200 m rechtwinklig nach links ab (Wegzeichen). Wir folgen ihm weiter durch den Wald, dann ins Freie und an einer großen Weide entlang. Er endet an einer kleinen Straße (Tafel mit Landkarte). Wir gehen auf ihr noch 50 m geradeaus und erreichen einen **Doppelwegweiser** ❹. Hier können wir einen Abstecher zur Burg von Biron unternehmen (→ Variante). Der Weg dorthin ist wenig spektakulär, die Burg dafür um so mehr.
Für die zweite Hälfte unseres Rundwegs nehmen wir den Weg Richtung Les Potences / La Vézelle. Wir folgen ihm über die Weide, biegen dann jedoch nicht nach La Vézelle ab, sondern halten uns geradeaus in den Wald. An

Monpazier, Place des Cornières.

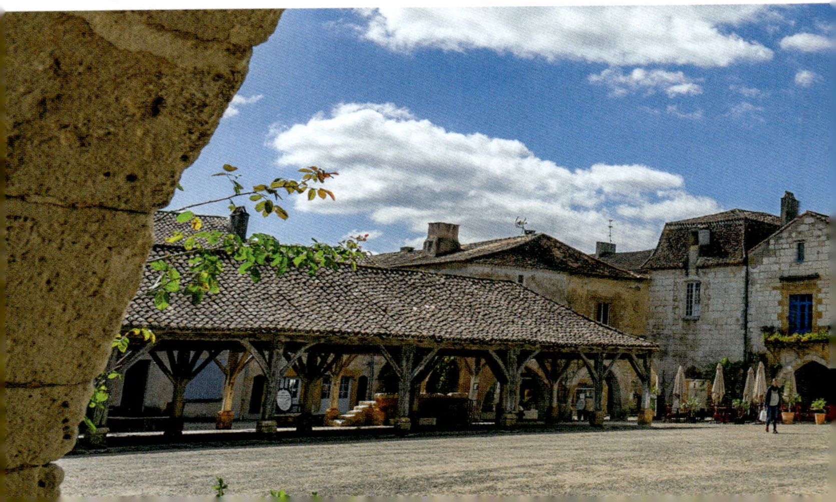

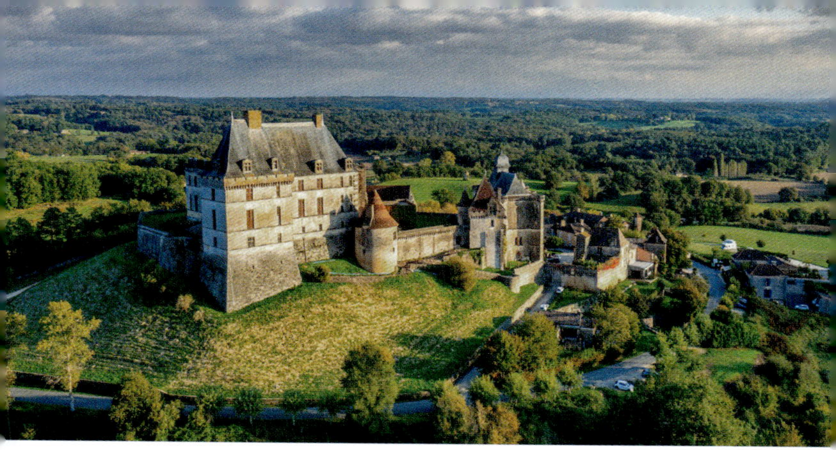

Château de Biron in der Abendsonne.

der Gabelung den rechten Abzweig wählen. Wir orientieren uns nun an den gelben Wegzeichen: Es geht an einer Weide vorbei, danach biegen wir wieder in den Wald ab, im weiteren Verlauf nimmt der Farnbewuchs zu und der Pfad wird schmaler. Er endet schließlich an einem breiten ockerfarbenen Weg, wo wir links abbiegen. Nach knapp 400 m müssen wir aufpassen, damit wir den richtigen Abzweig finden: Wir erreichen eine Kreuzung, wo ein breiterer Weg nach rechts abzweigt. Ihn ignorieren wir, halten uns noch wenige Meter weiter geradeaus und biegen dann rechts in den unscheinbaren schmalen **Pfad 5** ab. Es geht ein Stück durch Wald, an einer noch recht jungen Nussbaumplantage entlang, dann wieder durch Wald. Wir

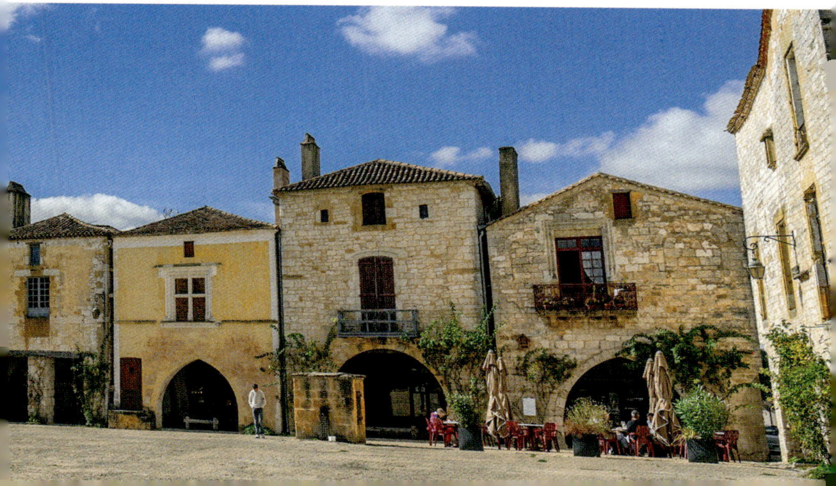

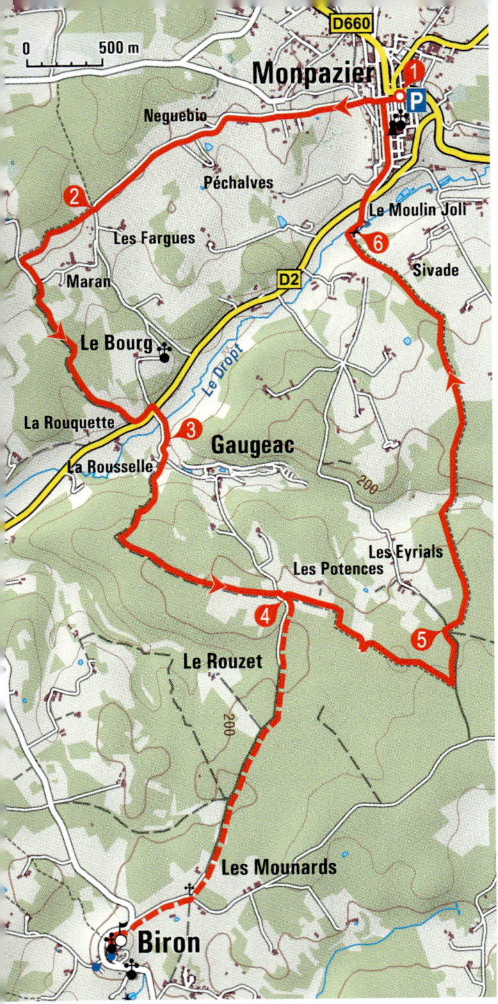

halten uns die ganze Zeit auf dem gelb markierten Pfad. Er tritt schließlich aus dem Wald heraus, führt uns an einer Weide mit Scheune für Tabak und Heu vorbei und verläuft bald danach am rechten Rand eines nächsten Waldstücks und an riesigen Weideflächen entlang. Über der Kuppe ist bereits der Kirchturm von Monpazier erkennbar.

Über eine kleine Holzbrücke queren wir den **Dropt 6**, heute eher ein Bach als ein Fluss. Dahinter setzt sich bei der kleinen Ölmühle von Joli unser Weg als schmale, asphaltierte Zufahrt fort. Ihr folgen wir hoch bis zur D2 und überqueren sie geradeaus in die Rue de la Croix Blanche. An der Gabelung nach 100 m verlassen wir den offiziellen Wanderweg und halten geradeaus auf das südliche Stadttor zu. Wir betreten die Bastide und gehen geradeaus, dann am westlichen Rand der Place des Cornières mit der historischen Markthalle entlang und bis zum nördlichen Stadttor. Hier verlassen wir **Monpazier 1**, der Parkplatz liegt rechts vor uns.

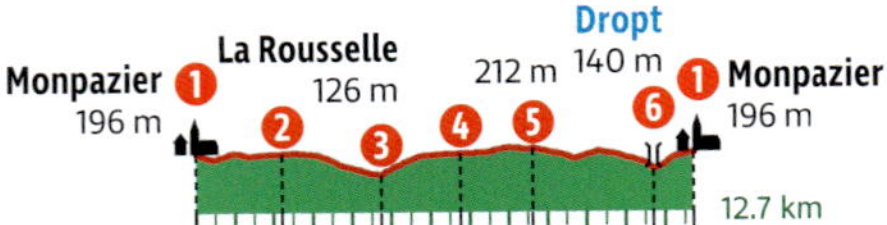

↗ 260 m | ↘ 260 m | 9.5 km

2.30 h

Belvès 6

Spaziergang im Umland eines der schönsten Dörfer Frankreichs

Belvès im Südwesten des Périgord ist trotz mittelalterlicher Kulisse nach wie vor sehr lebendig. Das ehemalige Castrum wurde im 11. Jh. in strategisch günstiger Lage auf einem Felsvorsprung über dem Nauze-Tal erbaut. Von hier aus führt die leichte und beschauliche Wanderung ins umliegende Bauernland und die Wälder im Westen, wo zahlreiche Flüsse entspringen.

Ausgangspunkt: Belvès, Parking de la Brèche an der D52 am nördlichen Rand der Altstadt (N44.77696 E1.00788)
Anforderungen: Leichte Rundwanderung; zu Beginn durch Belvès, dann auf gut markierten Wald- und Feldwegen.
Markierung: Durchgängig gelbe Wegzeichen, offizielle französische Bezeichnung des Rundwegs: Boucle de la Pierre.
Einkehr: In Belvès.

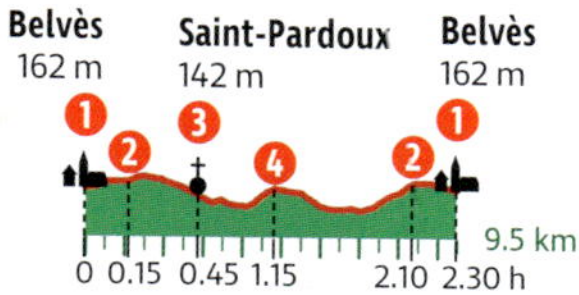

Tipp: Höhlenwohnungen (maisons troglodytiques) an der Place d'Armes in Belvès.

Vom Parkplatz in **Belvès ❶** gehen wir nach dem Zebrastreifen die Treppe hinauf und auf der Rue de la Brèche zur Markthalle auf der Place d'Armes. Hier rechts in die Fußgängerzone Rue Jacques Manchotte und am Ende geradeaus auf der Rue du Barris. Dann nach rechts auf die Kirche zu und dahinter weiter geradeaus auf der D54 aus dem Ort hinaus. Wir wandern am Friedhof vorbei und auf das Sackgassenschild bei der **Weggabelung ❷** zu. Hier werden wir auf dem Rückweg wieder ankommen.
Den linken Abzweig wählen (D54) und direkt hinter dem Ortsausgangsschild in die Sackgasse von Le Pech Haut. Wir gehen an einer Weinparzelle entlang, dahinter rechts in den Wiesenweg. Er endet an einer kleinen

Historische Markthalle an der Place d'Armes.

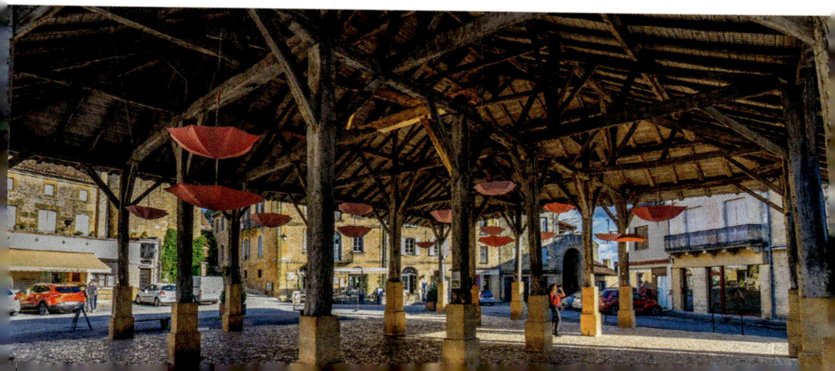

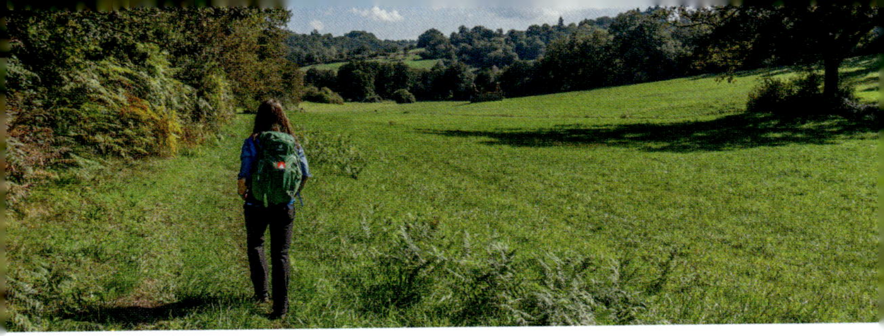

Der Pfad führt entlang saftiger Weiden.

Straße, hier abermals rechts auf das Holzkreuz zu. Wir durchqueren eine Neubausiedlung. Dahinter verlassen wir gegenüber dem Lavoir de Grimaudoux die Straße und gehen parallel zu ihr links hinauf, vorbei an der Kirche von **Saint-Pardoux** ❸. Dann überqueren wir bei der Wanderwegtafel die Straße geradeaus und folgen dem Pfad bergab. Er endet bald an einer kleinen Straße. Hier nach rechts und 300 m später auf dem Schotterweg geradeaus. An der Straßenkreuzung biegen wir links ab und folgen der D54 für wenige Minuten. Die Rechtskurve kürzen wir ab und nehmen den Weg geradeaus am Waldrand entlang. Er trifft erneut auf die D54, jetzt auf ihr weiter geradeaus und bald rechts in die **Sackgasse** ❹ Richtung Duravel. Gute 200 m weiter biegen wir rechts in den Wald ab.

Nach einiger Zeit geht es bergab, dann treffen wir auf einen Querweg. Hier rechts. Wir erreichen eine lang gezogene Weide. Der Weg verläuft zunächst am Rand, dann mittig über die Weide. Am Ende der Weide rechts auf Heuschober und Haus zu, über eine winzige Brücke und vor dem Heuschober nach links. Der Weg endet an einer kleinen Straße, hier weiter nach links. Wir gehen vor bis zur größeren Querstraße (D52), auf ihr kurz nach rechts, und wechseln nach 120 m auf den Feldweg parallel zur Straße. Er führt im weiteren Verlauf bergan und so lange geradeaus, bis wir die **Weggabelung** ❷ erreichen, die wir schon vom Hinweg kennen. Von hier aus auf derselben Strecke zurück zum Parkplatz in **Belvès** ❶.

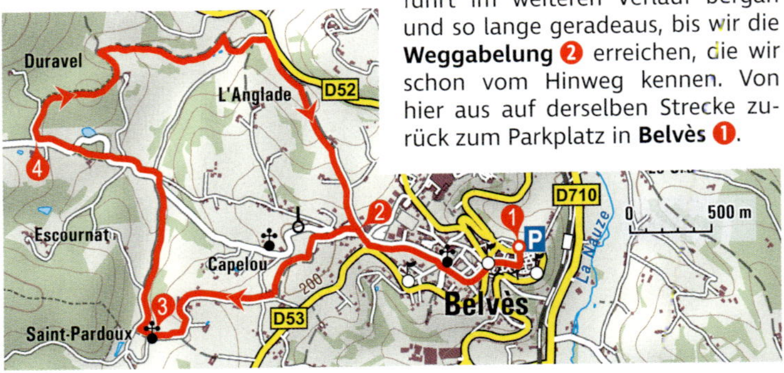

↗ 170 m | ↘ 170 m | 4.8 km

1.30 h

Die Einsiedlerschleife von Saint-Cyprien

7

Auf den Spuren des Eremiten Cyprien: Höhlen, Schloss und Bauernland

Der hübsche Ort Saint-Cyprien liegt einladend auf einem Hang rechtsseitig der Dordogne. Augustinermönche errichteten hier im frühen Mittelalter auf dem Grab des Heiligen Cyprien eine Abtei. Besagter Cyprien soll an gleicher Stelle bereits ein Kloster gegründet und sich im Jahr 620 als Eremit in eine Höhle oberhalb des Ortes zurückgezogen haben. Die kleine, auch für Familien bestens geeignete Wanderung führt zu ebendiesen Höhlen und durch die Hügellandschaften nördlich von Saint-Cyprien. Sie wurde vom Conseil Départemental Dordogne als besonders schöne Wanderung im Périgord ausgezeichnet.

Ausgangspunkt: Saint-Cyprien, Parkplatz Place Jean Ladignac (N44.86929 E1.04674).
Anforderungen: Kurze Rundwanderung auf sehr gut markierten Wegen und Pfaden, Rückweg auf einer kleinen Straße.
Markierung: Grüne Wegzeichen ab Parkplatz, ab ❷ durchgängig gelb; offizielle französische Bezeichnung des Rundwegs: Chemin de l'Ermite.
Einkehr: In Saint-Cyprien (Hauptsaison).

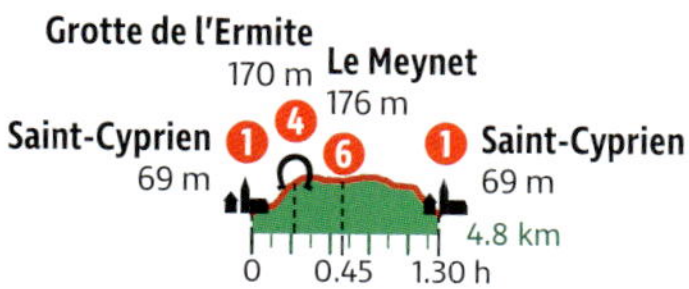

In **Saint-Cyprien** ❶ am westlichen Ende des Parkplatzes beim hölzernen Wegweiser »Chemin de l'Ermite à 270 m« den kleinen Weg hinauf zur Straße. Dort kurz nach rechts, sofort wieder links in die Rue de la Gravette, dann erneut links in den Chemin de Fages. Auf ihm erreichen wir den offiziellen Startpunkt der **Einsiedlerschleife** ❷. Die ab hier gelbe Markierung begleitet uns auf der gesamten Wanderung.
Wir gehen einen Weg mit Geländer entlang (Carreyrou du Sol), dabei genießen wir zur Linken wunderbare Blicke über die Dächer des Ortes. Nahe des wuchtigen Turms der Abtei schräg nach rechts weiter und

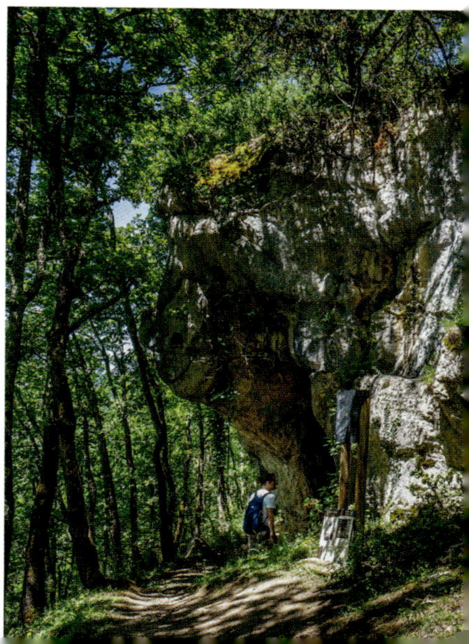

Grotte de l'Ermite.

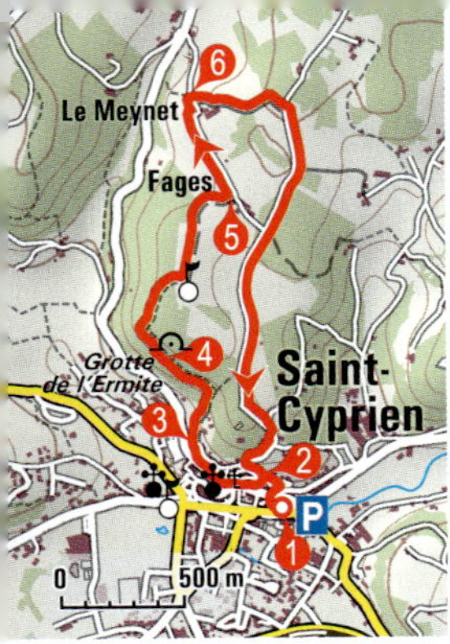

nach 40 m bei Haus Nr. 7 die Treppenstufen hinauf. Dann am Querweg nach links. Er führt uns zum Ortsrand. Bei **Haus Nr. 3** **3** rechts bergan. Aus dem Sträßchen wird ein Wiesenweg. Unmittelbar vor dem Wald zweigt ein Pfad nach links ab und führt am Hang entlang. Wir erreichen nacheinander zwei sehr schöne Grotten, in beide kann man etwa 25 m weit hineingehen. In der zweiten Grotte, der **Grotte de l'Ermite** **4**, hauste der Legende nach Cyprien. Sie ist weit verzweigt und verwinkelt. Direkt vor dieser zweiten Grotte zweigt unser Pfad rechts ab und führt bergan. Mithilfe der gelben Markierung finden wir nun sehr einfach unseren Weg durch den Wald. Wir erreichen die Außenmauer des Château de Fages und stehen schon bald vor dem verbarrikadierten Haupttor. Wir folgen dem breiten Zufahrtsweg und kommen nach **Fages** **5**, dem zum Château gehörenden Bauernhof. Beim letzten Gebäude geht es nach links und auf dem Sträßchen bis zum Weiler **Le Meynet** **6**. Wir gehen zwischen den mehr als 250 Jahre alten Häusern hindurch und biegen dahinter beim Wegweiser rechts ab in den Schotterweg. Er wird zu einem Ernteweg, der um die Felder herum und am Waldrand entlang führt. Wir erreichen eine kleine Straße, dort nach rechts. Nun geht es in gut 20 Min. entspannt und einigermaßen unspektakulär nur noch geradeaus über sanfte Hügel und saftige Weiden nach Saint-Cyprien zurück. Bei den ersten Häusern vollführt die Straße eine Spitzkehre nach links und 100 m weiter erreichen wir an bekannter Stelle das Ende der **Einsiedlerschleife** **2**. Abschließend gehen wir auf demselben Weg zurück zum Parkplatz in **Saint-Cyprien** **1**.

Felder bei Fages.

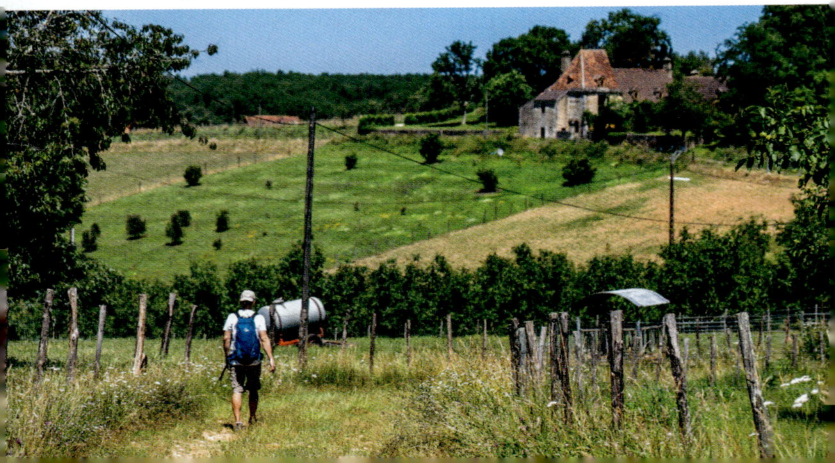

↗ 350 m | ↘ 350 m | 14.0 km

3.45 h

Aubas – Schlösser- und romantisches Bauerland

8

Auf der Route de la Noix

Im Nordosten des Périgord noir liegt am Fluss Vézère, umgeben von Nussbaumfeldern, das kleine Dorf Aubas. Von hier aus führt die schöne Tour am Château de Sauvebœuf vorbei auf eine Hochebene mit Panorama-Aussichtspunkt. Anschließend geht es durch lichte Wälder, Weiler und altes Bauernland bis zum Stadtrand von Montignac, dem Ort, der durch die Höhle von Lascaux zu Weltruhm gelangte.

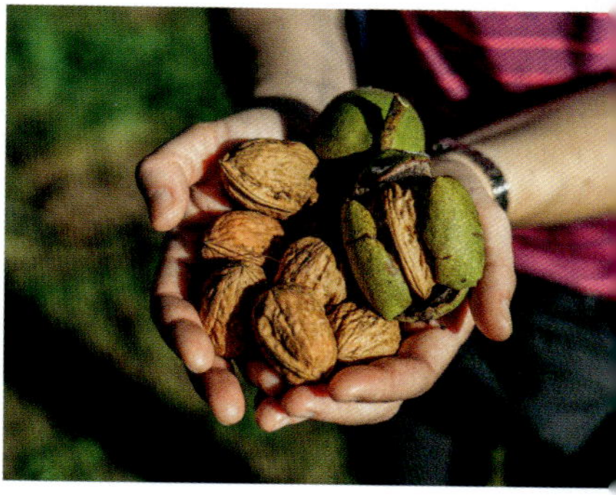

Ausgangspunkt: Aubas, zentraler Dorfplatz und Parkplatz (N45.08234 E1.19048).
Anforderungen: Leichte, aber längere Rundwanderung auf Wald-/Feldwegen und kleinen Straßen.
Markierung: Durchgängig gelbe Wegzeichen; offizielle französische Bezeichnung des Rundwegs: Boucle des Châteaux.
Einkehr: In Aubas nur in der Hauptsaison, ganzjährig in Montignac.
Tipp: Höhle von Lascaux in Montignac, lascaux-ii.fr; Centre International d'Art Pariétal, lascaux.fr.

Am nördlichen Ende des Dorfplatzes in **Aubas** ❶ gehen wir beim Steinkreuz in die Rue de la Mairie. Wir überqueren nach 300 m eine Straße und befinden uns nun auf der Route de Sauvebœuf, der wir zunächst geradeaus und dann in einem weiten Rechtsbogen etwa 20 Min. durch die Ländereien des **Château de Sauvebœuf** ❷ folgen. Beeindruckend ist das wuchtige Taubenhaus des Schlosses, vor Zeiten Ausdruck von Einfluss und Wohlstand. Die Route de Sauvebœuf führt dann durch Nussbaumplantagen und endet an einer Querstraße. Hier geradeaus und

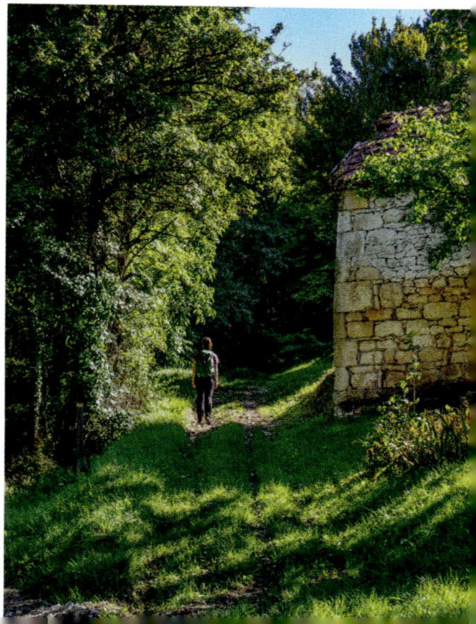

Wegstück bei Péchany.

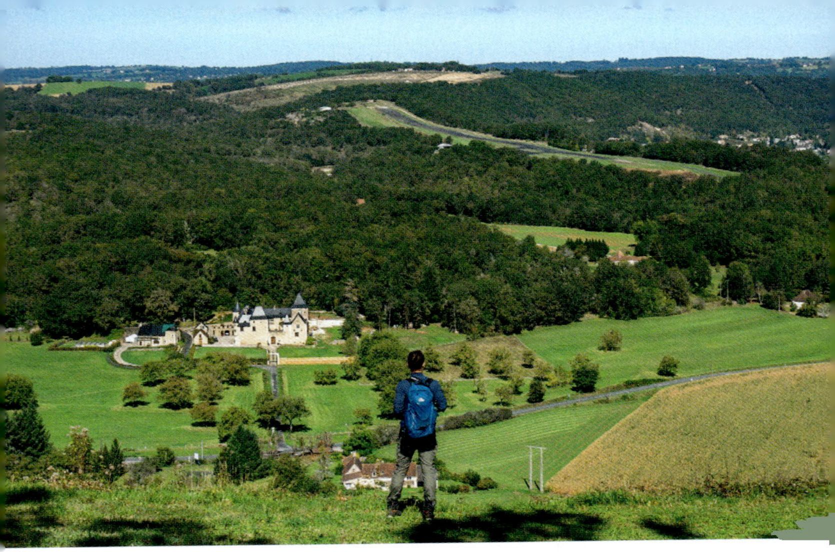

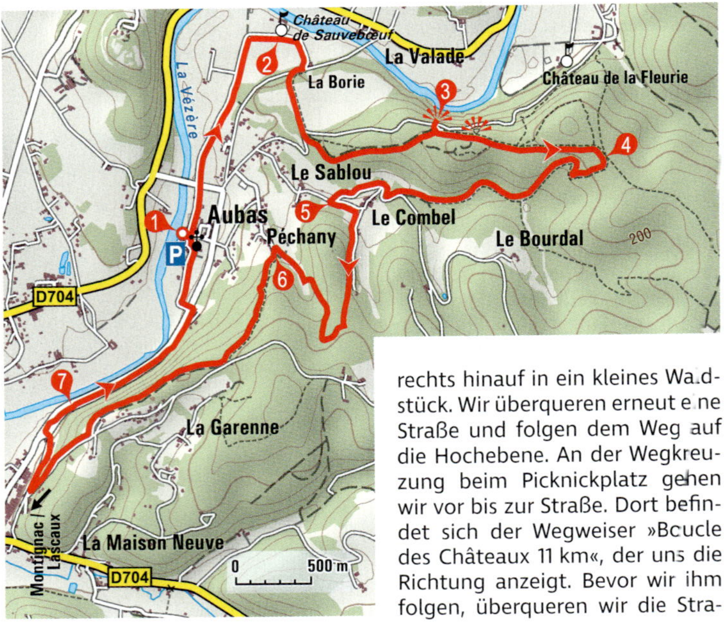

rechts hinauf in ein kleines Waldstück. Wir überqueren erneut eine Straße und folgen dem Weg auf die Hochebene. An der Wegkreuzung beim Picknickplatz gehen wir vor bis zur Straße. Dort befindet sich der Wegweiser »Boucle des Châteaux 11 km«, der uns die Richtung anzeigt. Bevor wir ihm folgen, überqueren wir die Stra-

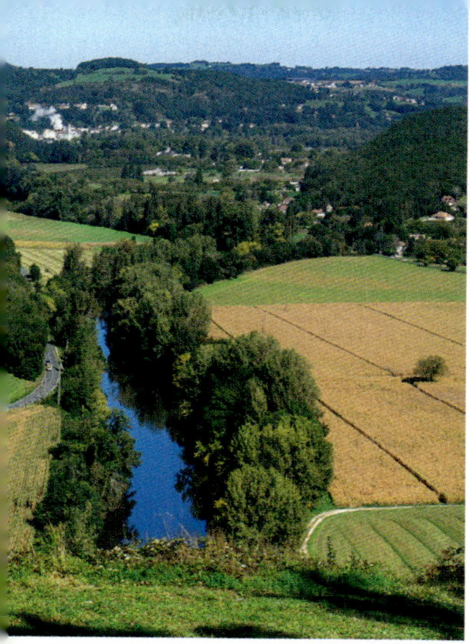

Vézère-Tal mit Château de la Petite Filolie.

ße und genießen die Aussicht vom Aussichtspunkt **L'Escaleyrou 3** auf das Vézère-Tal und die drei von hieraus sichtbaren Schlösser. Anschließend zurück zum Wegweiser und dem Wanderweg weiter folgen. Einige Minuten später passieren wir einen zweiten herrlichen Aussichtspunkt, gleichzeitig Startplatz für Gleitschirmflieger. Von hier aus bleiben wir noch knapp 1 km auf dem Schotterweg, Abzweige werden ignoriert. Wir erreichen an einer Weggabelung zwei sich gegenüber stehende Wegweiser. Wir wählen den rechten **Abzweig 4** (»Boucle des Châteaux 9,6 km«). Durch lichten Eichenwald geht es hinab. Der Weg trifft nach einer lang gezogenen Weide auf eine Straße, der wir geradeaus folgen. Beim Ortsschild des Weilers **Le Combel 5** biegen wir links ab in die Route du Combel. Es geht hinauf zum Hof, dann rechts und leicht bergan. Nach 15 Min. durch lichten Mischwald biegen wir rechts auf den breiteren Weg ab, dem wir bergab durch den Wald folgen. Abzweigen nach links oder rechts schenken wir keine Beachtung. Kurz vor den ersten Häusern des Weilers **Péchany 6**, genau an der Stelle, wo die Asphaltierung beginnt, müssen wir scharf links abbiegen und wieder leicht ansteigen. Dann an der Straße nach rechts und sofort wieder rechts in den Wirtschaftsweg. Wir passieren einen Aussichtspunkt mit Blick auf Aubas. Der Weg endet schließlich an einem kleinen Sträßchen. Hier links und bald darauf an der Querstraße nach rechts ins Tal. Wir erreichen die letzten Ausläufer der Stadt Montignac. Beim Stoppschild scharf nach rechts. Am Ende der Straße links und beim Durchfahrtverboten-Schild sofort wieder rechts. Es geht geradeaus auf der D45E2, bald können wir einen Großteil des Wegs parallel zur Straße direkt am Ufer der **Vézère 7** entlanggehen. An der Kreuzung biegen wir schließlich links ab und folgen der Straße durch **Aubas 1** zurück zum Dorfplatz.

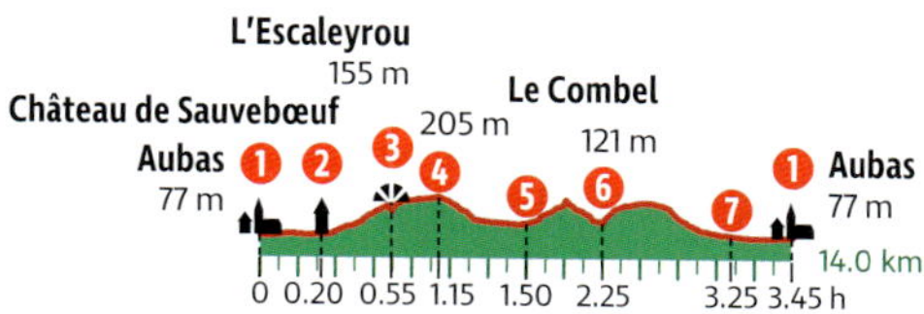

9 Zeitreise: Saint-Léon-sur-Vézère

5.00 h

Durch Felsen, durch Wälder und durch die Zeit

Auf halbem Weg zwischen Montignac und Les Eyzies liegt das malerische Saint-Léon-sur-Vézère. Die Wanderung ab hier gleicht einer Zeitreise in unterschiedliche Epochen. Sie führt unter prähistorischen Abris am Fluss Vézère entlang. Anschließend liegen die mittelalterliche Wehrkirche von Sergeac und zwei schöne Cabanes am Weg. Dann wird es erneut steinzeitlich, denn wir passieren den Roque-Saint-Christophe, einen riesigen Kalkfelsen, der als Behausung diente. Wir streifen das Örtchen Le Moustier, wo Knochen eines Neandertalers gefunden wurden, folgen einem historischen Treidelpfad an der Vézère entlang und genießen zu guter Letzt die herrliche Aussicht an einem Startplatz für Gleitschirmflieger – nach all der Geschichte ein geradezu modernes Vergnügen.

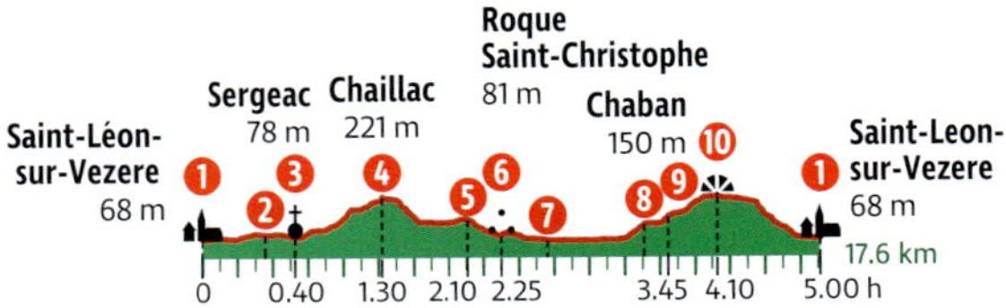

Ausgangspunkt: Saint-Léon-sur-Vézère, Parking Saint Léon 2 im Nordosten des Ortes (N45.01140 E1.08978)
Anforderungen: Lange Rundwanderung auf Wanderwegen und Pfaden; Weg an zwei Stellen kurz ausgesetzt; Orientierung im Wald bei Chaillac kurze Zeit knifflig.
Markierung: Gelb von Sergeac bis Chaillac und von 7 bis 8 (Boucle du Roc), ansonsten unmarkiert oder Markierungen gehören zu anderen Wegen.
Variante: Abkürzung von Chaillac zurück nach Saint-Léon-s/V. Dazu in Chaillac beim Wegweiser »Peyzac Le Moustier 4,6 km« rechts abbiegen. Der Weg führt zu einer Straße. Hier rechts und für die nächsten 2 km die Straße bergab. Sie folgt dem GR36 (weiß-rote Markierung) und ist die meiste Zeit asphaltiert. Hinter dem Wald geradeaus durch die Siedlung La Malénie und weitere 400 m geradeaus bis zum Stoppschild. Hier rechts und auf der D66 zurück nach Saint-Léon-sur-Vézère. Dort über die Brücke, dahinter links und an der Touristeninformation vorbei zurück zum Parkplatz.
Einkehr: In Saint-Léon-sur-Vézère.
Tipp: Besuch des Roque Saint-Christophe, roque-st-christophe.com.

Vom Parkplatz in **Saint-Léon-sur-Vézère** 1 folgen wir den Wegweisern zur Touristeninformation und überqueren die Vézèrebrücke. Direkt dahinter links in den Pfad, der parallel zum Fluss verläuft. Auf ihm bleiben wir für die nächsten 1,7 km, Abzweige beachten wir nicht. Wir passieren dabei die Grotte du Jugement und wandern entlang von Felswänden und beein-

Saint-Léon-sur-Vézère.

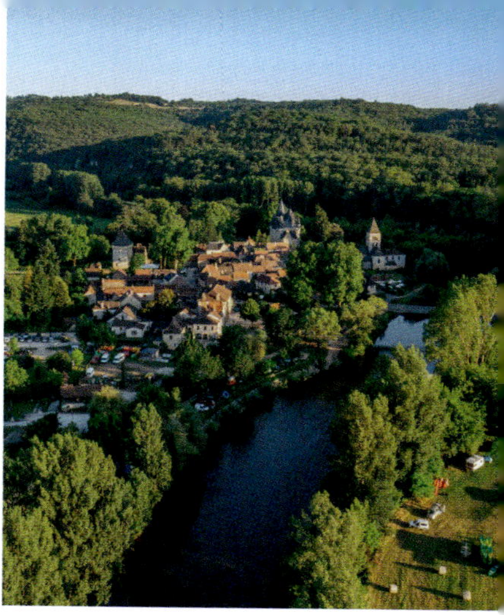

druckenden Abris. Zuletzt passieren wir den **Abri Labattut** ❷ mit schöner Quelle und biegen 150 m dahinter am zugewachsenen Blautopf und noch vor dem Hinweisschild auf Castel-Merle links ab. Der Pfad bringt uns auf die links von uns liegende Straße. Ihr folgen wir nach links und umrunden den Fels. 250 m weiter zweigt steil nach rechts der Chemin du Pechao ab. Diese Stelle merken wir uns, denn gleich müssen wir hier abbiegen. Zunächst folgen wir jedoch der Straße weiter geradeaus für einen kurzen Abstecher ins hübsche Örtchen **Sergeac** ❸ mit seiner Wehrkirche Saint-Pantaléon aus dem 12. Jh. Anschließend auf demselben Weg zurück und nun den Chemin du Pechao bergan. Er teilt sich bald, wir nehmen den linken Abzweig (»Rando«). Dann beim kleinen Hotel in den Wanderpfad »Boucle des Cabanes«. Bis Chaillac helfen uns nun gelbe Wegzeichen: an der ersten kleineren Weggabelung nach rechts, anschließend beim größeren Querweg erneut nach rechts. Er führt uns nun oberhalb des Geländes von Castel-Merle entlang, danach an zwei schönen Cabanes. Wir bleiben die ganze Zeit auf dem Hauptweg. Er führt das letzte Stück am Waldrand entlang und wir erreichen ein kleines Sträßchen. Hier rechts und auf die zerstreut auf der Hochebene liegende Siedlung **Chaillac** ❹ zu. Dort beim Wegweiser »Peyzac Le Moustier 4,6 km« rechts ab. Der Weg bringt uns erneut zu einer Straße. Hier haben wir die Möglichkeit abzukürzen und direkt nach Saint-Léon-sur-Vézère zurückzugehen (→ Variante).

Für die Wanderung in voller Länge auf der Straße nach rechts. Wir müssen nun einige Zeit gut aufpassen: Nach nur 120 m auf der Straße zweigt am Ende eines Privatgrundstücks links zwischen zwei hölzernen Pfeilern ein steiniger Pfad ab. Der Einstieg ist sehr unscheinbar. Es geht 50 m am Zaun entlang über die Fläche, danach wird der Pfad deutlicher, verbreitert sich und führt geradeaus auf den Wald zu. Direkt am Waldrand zweigt ein schmalerer Pfad nach rechts ab. Er führt bergab und gabelt sich nach etwa 150 m. Hier den linken Abzweig wählen. Der Pfad schlängelt sich durch den Wald und trifft dann auf einen etwas breiteren, steinigen Querweg aus roter Erde. Hier nach rechts und weiter bergab. Wir überqueren schließlich einen kleinen Bachlauf (je nach Jahreszeit ausgetrocknet) und gehen auf dem Weg unmittelbar dahinter nach rechts, zunächst parallel zum Bach.

An der Kreuzung einige Minuten später einfach geradeaus. 500 m weiter, wo der Wanderweg rechts nach Peyzac Le Moustier abknickt, verlassen wir ihn, gehen weiter geradeaus über die Weide und dahinter bis zur Straße. Hier kurz nach rechts und sofort wieder links in den **Pfad** ❺ oberhalb der Wiese entlang. Einige Minuten später am Querweg nach rechts. Hinter dem großen Parkplatz des Roque Saint-Christophe trifft der Weg auf die Straße. Ihr folgen wir nun nach links und am Eingang vorbei. Die Straße verläuft nun genau zwischen **Roque Saint-Christophe** ❻ und Vézère. Auch wenn es sich nicht vermeiden lässt, wegen des Verkehrs aufmerksam zu sein, ist dieser Abschnitt wegen der Wucht des Felsens beeindruckend. An der großen D706 rechts und über die Brücke. Hinter dem Ortseingangsschild von Le Moustier erneut rechts in den Schotterweg, der zum Vézèreufer führt. Wir nehmen den Treidelweg flussaufwärts (nach links) am Ufer entlang.

200 m weiter beginnt der mit gelber Markierung gekennzeichnete örtliche Rundweg **»Boucle du Roc«** ❼. Ihm folgen wir die nächsten 3 km. Dazu gehen wir zunächst weiter an der Vézère entlang, bis wir nach etwa 25 Min. den Rand des Campingplatzes Le Paradis erreichen. Wir verlassen den Ufer-

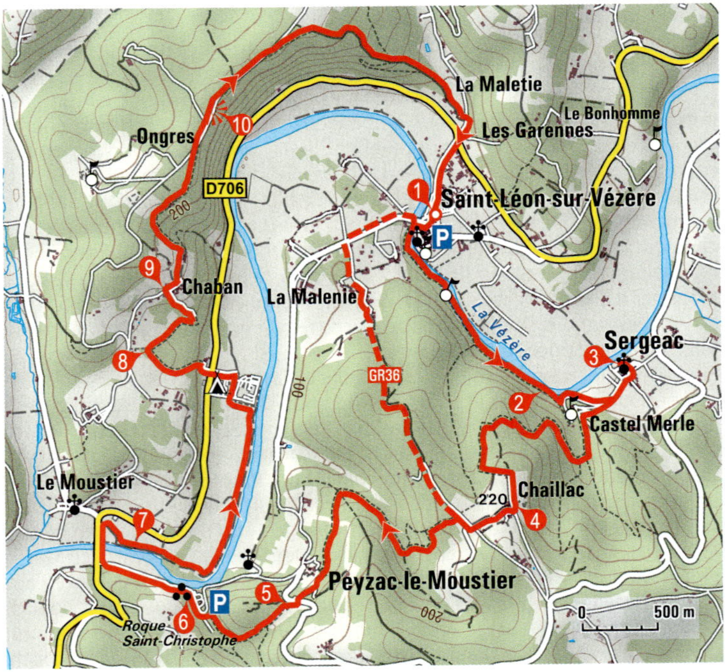

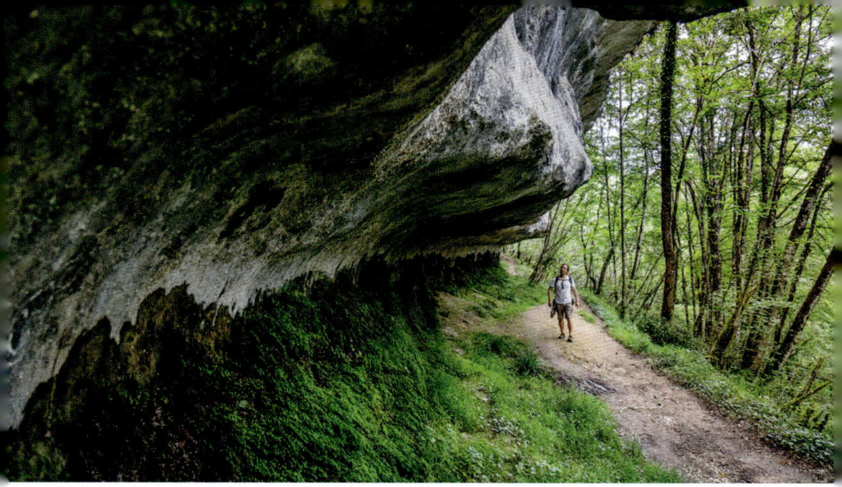

Der Weg verläuft entlang eindrucksvoller Felsüberhänge (Abris).

weg nach links an der Hecke entlang. An ihrem Ende rechts und quer über den Campingplatz. Der Weg endet vor einem Feld. Hier links und weiter über das Campingplatzgelände zwischen Kirschlorbeerhecken hindurch bis hinauf zur D706. Wir überqueren die Straße geradeaus und folgen dem Schotterweg in den Wald hinein. Wir wandern bergan, bis wir bei einer Wiese zwei kleine Häuschen erreichen. Hier verlassen wir den »Boucle du Roc« wieder und biegen beim Wegweiser rechts ab in den etwas unscheinbaren **Pfad** 8. Er führt uns an der Wiese entlang und durch lichten Wald bis zu einem Ferienhaus. Dort wird der Pfad zu einer Zufahrtsstraße, der wir bergan folgen. Dann auf der Querstraße nach rechts und durch die wunderschöne Siedlung **Chaban** 9 hindurch. Hinter dem letzten Haus tritt der Weg in den Wald ein und gabelt sich. Hier links und bergan.
Nach einiger Zeit erreichen wir eine Straße. Geradeaus in Richtung **Parapente** 10, dem Startplatz für Paraglider. Von hier aus haben wir eine traumhafte Sicht über die Ebene, mit der Vézère im Vordergrund und Saint-Léon-sur-Vézère etwas weiter in der Ferne. Knapp 100 m hinter dem Startplatz zweigt ein kleiner Pfad rechts von der Straße ab, der zunächst parallel zu ihr verläuft. Es geht am wenig spektakulären Aussichtspunkt Côte de Jor vorbei. Dann weiter auf schmalem Pfad durch lichten Wald am Hang entlang. Am Waldrand trifft der Pfad schließlich auf einen etwas breiteren Querweg. Hier rechts und bis ins Tal auf diesem Weg bleiben, Abzweige werden nicht beachtet. Am Ende erreichen wir eine kleine Straße. Rechts gehen und beim Stoppschild die große D706 überqueren. Die Straße führt uns zurück nach **Saint-Léon-sur-Vézère** 1. Vor der Touristeninformation biegen wir nach links ab zum Parkplatz.

↗ 170 m | ↘ 170 m | 9.2 km

10 Les Eyzies

2.30 h

Steile Felsüberhänge und dunkle Wälder

Les Eyzies im Tal der Vézère gehört zu den Hotspots des Périgord. Hier wurde 1868 das weltweit erste Skelett eines Cro-Magnon-Menschen gefunden. Der Ort und sein Umland sind umgeben von gigantischen Felsüberhängen und Grotten, die seit der Jungsteinzeit bewohnt waren. Heute sind sie alle gut erschlossen. Abseits der Touristenpfade kann man in Les Eyzies eine interessante Wanderung durch die umliegenden (Ur-)Wälder unternehmen. Sie beginnt in der sogenannten »Höllenschlucht« (Gorge d'Enfer), einem kurzen dunklen Tal. Später passiert man den hübschen Weiler Le Peuch, wo die Menschen auch im 21. Jh. noch in voller Symbiose mit den Felsen leben. Weiteres Highlight am Weg ist ein mittelalterliches Cluzeau: ein tief in den Fels geschlagener Unterschlupf zum Schutz bei Bedrohung. Der Rundweg gehört laut eigener Aussage zu den Lieblingswegen des Schriftstellers Martin Walker, heute wohnhaft im Périgord und bekannt für seine Krimireihe um den périgordinischen Polizisten Bruno.

Ausgangspunkt: Les Eyzies, Parking de la Vezère (N44.93744 E1.01061); mehrmals täglich Anfahrt mit dem Zug von Périgueux möglich: TER Ligne 34 Périgueux–Agen/Sarlat, transports.nouvelle-aquitaine.fr; der Bahnhof liegt 150 m Luftlinie von der im Text beschriebenen Brücke über die Vézère entfernt.
Anforderungen: Rundwanderung auf gut markierten Waldwegen, Pfaden und kleinen Straßen.
Markierung: Durchgängig gelbe Wegzeichen; offizielle französische Bezeichnung des Rundwegs: Boucle de Gorge d'Enfer.
Einkehr: In Les Eyzies.
Tipp: Taschenlampe zum Erkunden des Cluzeau mitnehmen, Lampe am Smartphone nur zur Not ausreichend. In der Hauptreisezeit sind für den Besuch der Grotten und Abris rund um Les Eyzies Reservierung oder Vorab-Ticketkauf empfohlen. Ferner lohnt sich ein Besuch des exzellenten Prähistorischen Nationalmuseums, musee-prehistoire-eyzies.fr.

In der dunklen Gorge d'Enfer.

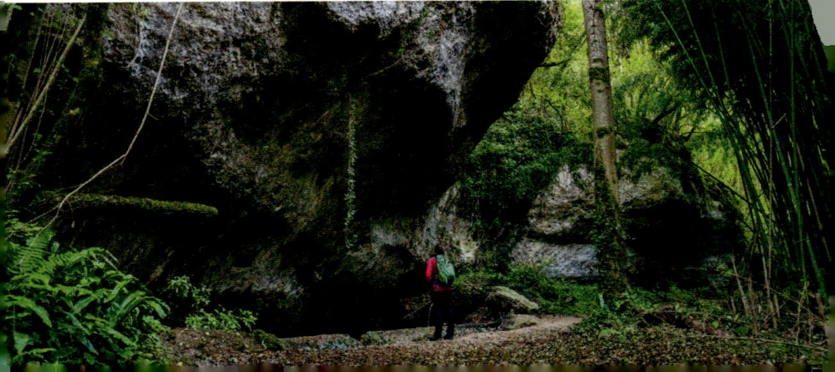

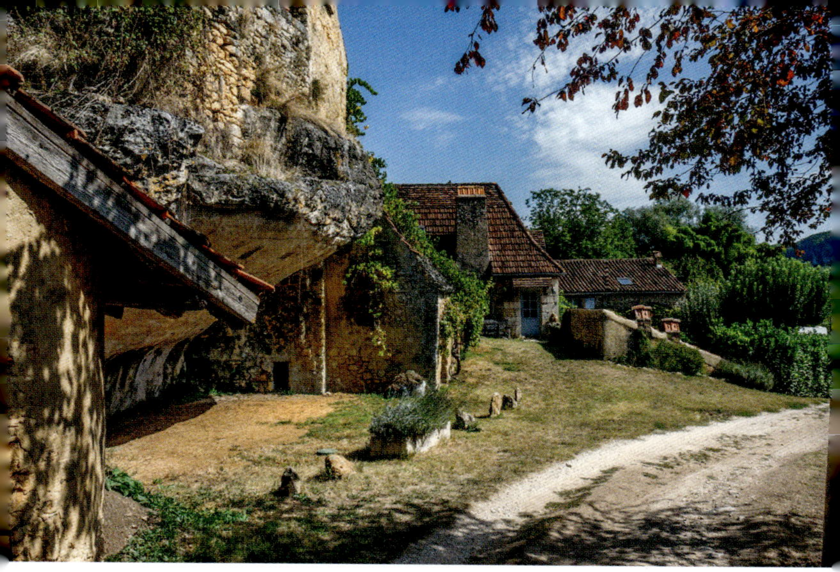

In Le Peuch sind die Häuser direkt an die Felsen gebaut.

Vom Parking de la Vezère in **Les Eyzies** ❶ nach rechts unter der Eisenbahnbrücke hindurch. Bei einem überdachten Infostand beginnt der offizielle Wanderweg »Boucle de Gorge d'Enfer«. An der Vézère entlang wandern wir bis zur nächsten Brücke und über den Fluss.
Direkt hinter der Brücke links den kleinen Schotterweg hinunter und unter der Brücke hindurch. Auf diesem Weg bleiben. Er verläuft später ein Stück parallel zur Straße. Wir passieren den eindrucksvollen Felsüberhang des Fort de Tayac. Unmittelbar dahinter über den Zebrastreifen und hinein in die Schlucht **Gorge d'Enfer** ❷. Der Wanderweg ist gut präpariert, trotzdem hat man hier kurzzeitig das Gefühl, im Urwald zu sein. Wir wandern durch die Schlucht bergan. Am höchsten Punkt geht der Weg in einen Schotterweg über, der uns zwischen Weiden hindurch zu einer kleinen Straße bringt. Auf ihr nach links, dann hinter der Linkskurve steil nach rechts in den Weg abbiegen. Er führt abwechselnd steinig und sandig die ganze Zeit durch Wald. An seinem Ende an der Querstraße nach links. Nach gut 200 m erreichen wir ein **Wohnhaus** ❸, hier rechts in den Wanderweg abbiegen. Wir wandern erneut durch Wald. Auf halber Strecke ignorieren wir den Weg von links und halten uns weiter geradeaus. Am Querweg mit hölzernem Doppelwegweiser biegen wir links ab und kommen an zwei Teichen vorbei. Dahinter auf der Straße weiter geradeaus, bis links der Chemin du Peuch Saint Sour abzweigt. Er bringt uns zum Weiler **Le Peuch** ❹ mit seinen auf und unter den Fels gebauten Häusern. Kurz vor dem Bahnübergang links

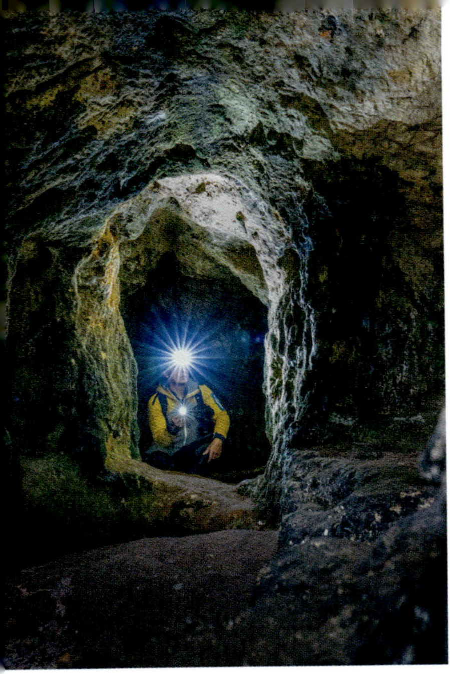

Im Cluzeau ist es finster und eng.

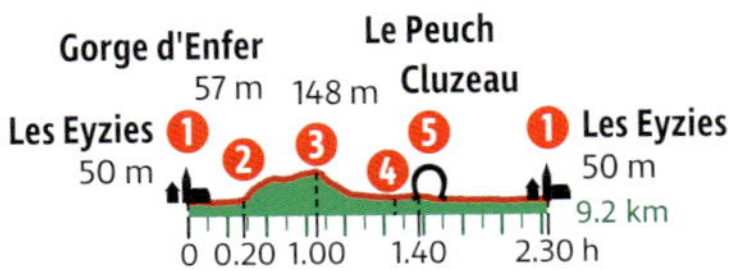

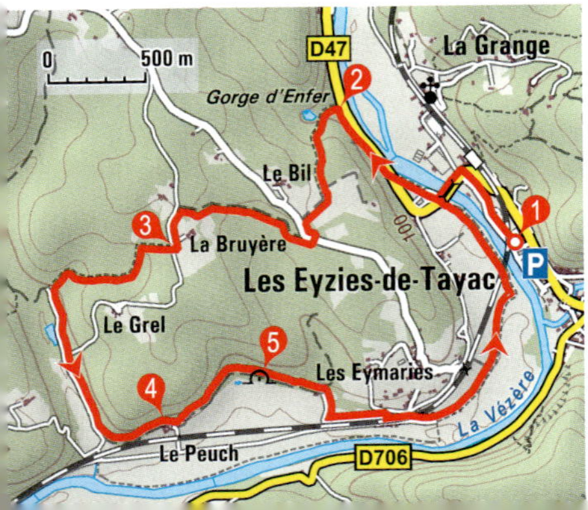

abbiegen (Chemin des Eymaries). Wir passieren die Reitschule Ferme des Eymaries und lassen den Blick über die weite Ebene mit dem bezeichnenden Namen »Vallée des chevaux« (Tal der Pferde) schweifen. Dann geht es weiter auf unserem Weg an den Zäunen entlang.

Jetzt heißt es aufpassen: Je nach jahreszeitlicher Vegetation nicht sofort zu erkennen, passieren wir etwa 150 m nach der Ferme des Eymaries den unscheinbaren Eingang zu einem mittelalterlichen **Cluzeau** ❺. Nehmen Sie sich einige Minuten Zeit, um es zu erkunden (Taschenlampe). Die enge Treppe links hinter dem Eingang bringt Sie hinunter zu einem Gang mit Sitznischen.

Nach dem kleinen Abenteuer weiter den Weg entlang. Vor der Domaine des Eymaries auf der Zufahrtsstraße nach rechts. Vor den Gleisen auf der Straße nach links. Bei der nächsten Querstraße rechts über den Bahnübergang und dahinter links (Chemin du Pecheyrou). Wir wandern entspannt mit Blick auf höhlendurchzogene Felswände durch die Felder auf Les Eyzies zu. Der Weg erreicht das Ufer der Vézère und verläuft nun parallel zum Fluss. Wir gehen unter der Eisenbahnbrücke hindurch und immer weiter am Ufer entlang, bis wir die zweite Brücke erreichen. Wie schon auf dem Hinweg überqueren wir hier die Vézère und gehen auf dem bereits bekannten Weg zurück zum Parkplatz in **Les Eyzies** ❶.

↗ 360 m | ↘ 360 m | 14.7 km

4.15 h

TOP

11

Weg der Könige I: Rundweg Castelnaud–Cénac

Der südöstliche Teil des berühmtesten Dordogneabschnitts

Die zahlreichen Burgen und Bastiden an der Dordogne sind heute sichtbares Zeichen der jahrhundertelangen Auseinandersetzung zwischen Frankreich und England im Mittelalter. Diese Rundwanderung führt uns wie Zeitreisende durch malerische Landschaften, am Fluss entlang von Castelnaud-la-Chapelle nach La Roque-Gageac und danach auf die oberhalb von Cénac liegende Bastide Domme zu. Um nach Domme aufzusteigen, muss zusätzliche Zeit eingeplant werden.

Ausgangspunkt: Castelnaud-la-Chapelle, großer Parkplatz Tournepique an der D57 nahe der Dordognebrücke (N44.81310 E1.15240).
Anforderungen: Leichte, längere Rundwanderung auf kleinen Straßen, Wald- und Feldwegen; längere Passagen unbeschattet.
Markierung: Keine bis Cénac, grüne Markierung bis Saint-Julien, danach bis zum Schluss weiß-rot.
Einkehr: In La Roque-Gageac, Cénac und Castelnaud-la-Chapelle.
Kombinationsmöglichkeit: Mit Tour 13, dort ist auch eine Kurzvariante zum Aufstieg nach Domme beschreiben.
Tipp: Besichtigung von Castelnaud-la-Chapelle, dessen historisches Zentrum oberhalb des Parkplatzes liegt. Das Dorf gehört zur Gruppe der schönsten Dörfer Frankreichs. Ein Besuch der Burg lohnt sich wegen des traumhaften Panoramas und der interessanten Ausstellung, castelnaud.com.

Die meistbesuchte Burg Südfrankreichs: Castelnaud (11. Jh.).

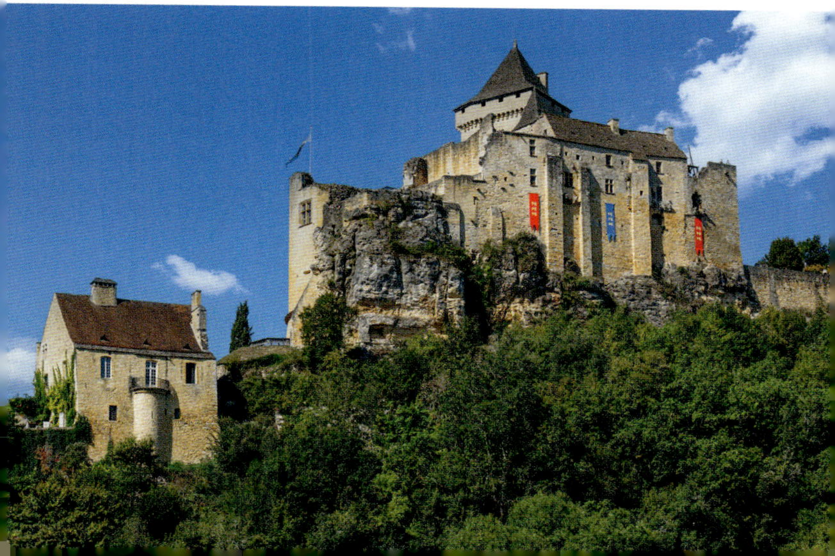

Vom Parkplatz in **Castelnaud-la-Chapelle** ❶ gehen wir über die Dordognebrücke und 30 m dahinter auf dem Pfad nach links hinunter zum Fluss. Dort unter der Brücke hindurch und geradeaus durch den hölzernen Durchlass. Jetzt auf dem Grasweg zwischen Nussbaumfeld und Fluss am Ufer entlang. Im weiteren Verlauf folgt der Pfad einem schmalen Dordogneseitenarm, den wir wenige Minuten später auf ins Wasser versenkten Steinen überqueren. Dahinter links und weiter auf dem Weg am Seitenarm entlang. Er vereinigt sich bald mit einem Feldweg von links. Wir halten uns geradeaus durch die noch junge Nussbaumplantage. Links von uns auf den Felsen liegt das Château de Marqueyssac und vor uns sehen wir bereits La Roque-Gageac, unser erstes Etappenziel.
Wir wandern über die Ebene, an der hölzernen Scheune vorbei und bis zum Campingplatz. Dort folgen wir dem Weg weiter geradeaus über den Campingplatz. Er endet schließlich an der D703. Jetzt rechts an der Leitplanke entlang, dann über den Zebrastreifen und in den Chemin des Choucas. Er verläuft mit traumhafter Aussicht oberhalb der D703. 300 m weiter an der Kreuzung geradeaus, vorbei am kleinen Parkplatz und leicht bergan ins Zentrum von **La Roque-Gageac** ❷. Es liegt malerisch als langer Streifen mehrerer Häuserreihen unterhalb mächtiger Felsen. Schon bald auf der Querstraße (Rue Abel Maradène) nach rechts. Nun einfach auf diesem Hauptweg geradeaus. Nach wenigen Minuten passieren wir einen freistehenden Torbogen und erreichen kurz darauf das Château de Tarde mit Rundturm. Wir nehmen die kleine Passage unter dem Château hindurch und gehen direkt dahinter (vor Haus Nr. 108) in die schmale Gasse links

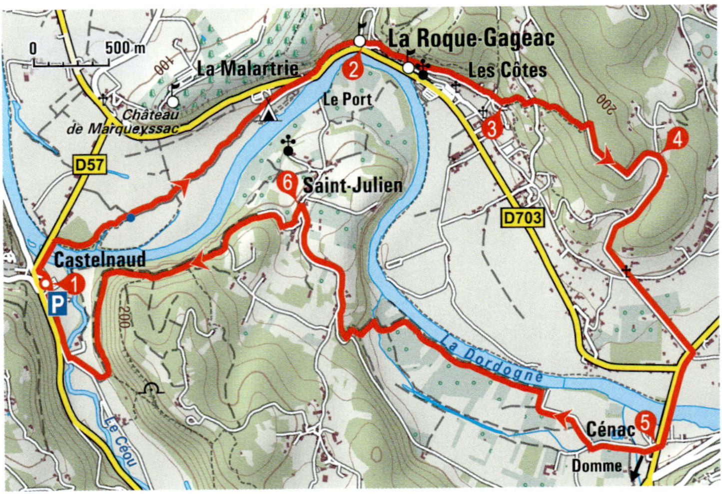

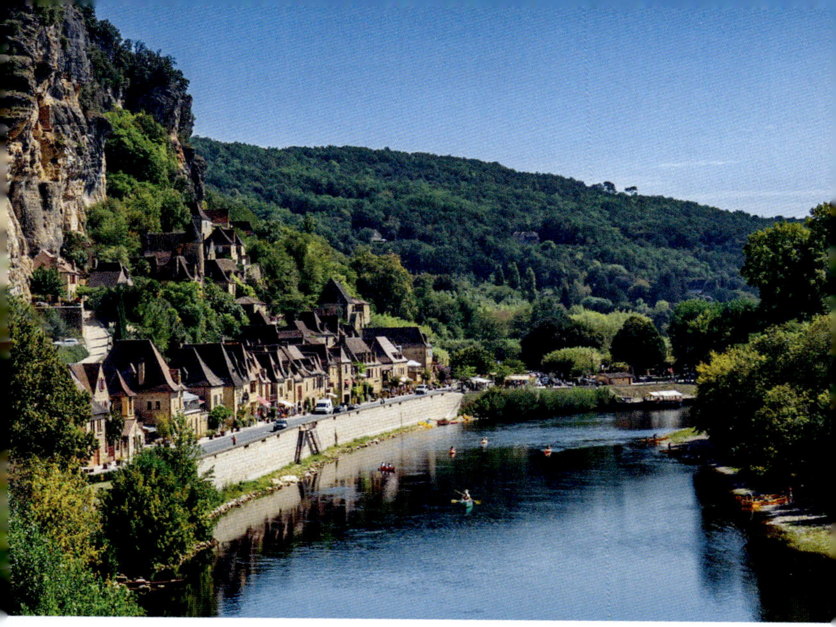

La Roque-Gageac.

bergan. So verlassen wir La Roque-Gageac, das nun beinahe fließend in die Nachbarsiedlung Les Côtes übergeht. Dort gabelt sich die Straße. Wir nehmen den rechten Abzweig leicht bergab, vorbei an einer hübschen Häuserzeile, und gehen vor bis zur Kreuzung bei der Gîte Les Palmiers. Hier links und sofort wieder rechts hinauf zur Unterkunft **Les Hauts de Gageac** 3. Vor ihrer Einfahrt den kleinen Pfad links davon einschlagen. Wir überqueren im weiteren Verlauf eine Straße und erreichen anschließend einen breiten Schotterweg. Hier rechts. 10 Min. später an der **Querstraße** 4 erneut rechts und auf die Häuser zu. Es geht nun entspannt auf der Straße immer leicht bergab und nach einem weiten Linksbogen schnurgeradeaus auf das malerisch vor uns auf einem Felsvorsprung gelegene Domme zu. Schließlich erreichen wir bei einem Stoppschild die größere D703. Hier gehen wir rechts und anschließend auf der D46 Richtung **Cénac** 5 über die Dordognebrücke. Es besteht nun die Möglichkeit, nach Domme

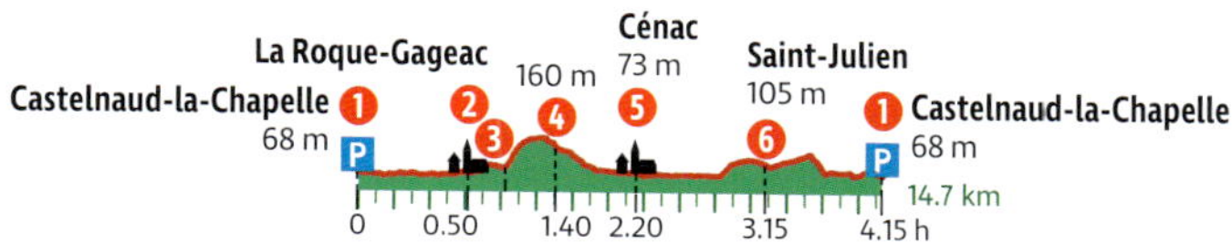

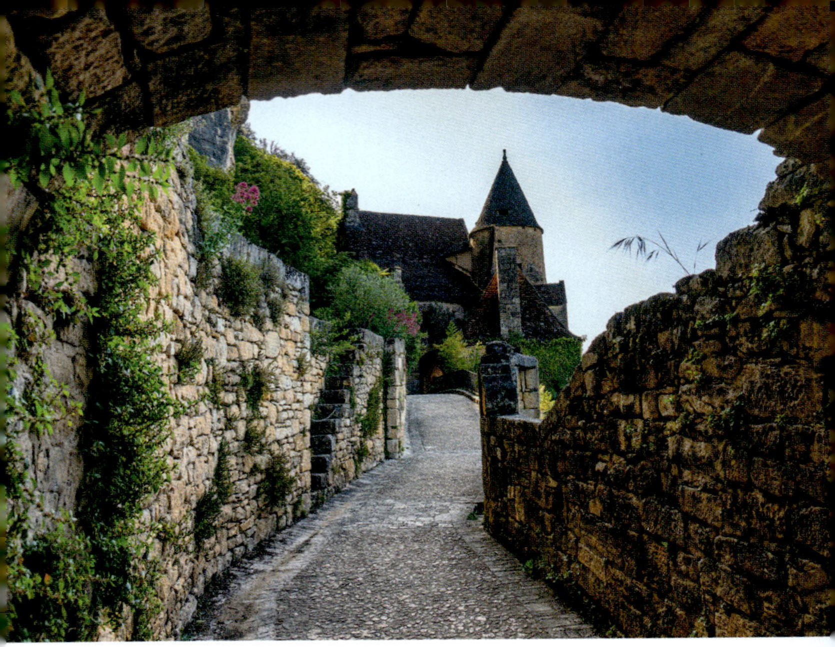

Blick auf das kleine Château de Tarde in La Roque-Gageac.

aufzusteigen. Der Blick über die Ebene vom sensationellen Belvédère des Ortes lohnt die Mühen, er gehört zu den schönsten Dordogneaussichtspunkten überhaupt (→ Kombinationsmöglichkeit).
Von der Brücke aus gesehen hinter dem Ortseingangsschild von Cénac die erste Straße rechts nehmen. Es geht geradeaus am Kanustartplatz vorbei. Nach 450 m beim Durchfahrt-verboten-Schild (Sauf Riverains) nach rechts in die Felder. Hier orientiert man sich an den Holzpfählen mit grüner Kappe. Sie führen zum Dordogneufer. Dort geht es 1 km am Fluss entlang, danach weiterhin mithilfe der grünen Wegzeichen im Zickzack aus dem Gelände heraus und rechts in ein Waldstück bis hinauf zur Straße. Hier gehen wir nach rechts bis ins pittoreske Dörfchen **Saint-Julien 6**. Mitten im Ort biegen wir gegenüber dem Briefkasten links ab in die Sackgasse. Wir können uns nun bis zum Ende der Tour an den weiß-roten Wegzeichen orientieren. Oberhalb der Dordogne wandern wir durch Eichenwald. Durch die Bäume lassen sich immer wieder die Burg von Beynac und das Château de Marqueyssac erspähen. Am Ende des Waldes führt unser Weg in einer Schleife zurück zur D57. Sobald wir die Straße erreichen, gehen wir parallel zu ihr auf dem rechts unterhalb verlaufenden Radweg zurück zum Parkplatz in **Castelnaud-la-Chapelle 1**.

↗ 450 m | ↘ 450 m | 14.6 km

4.30 h

TOP **12**

Weg der Könige II: Sieben-Schlösser-Schleife

Der nordwestliche Teil des berühmtesten Dordogneabschnitts

Der Abschnitt der Dordogne zwischen Domme und Milandes übertrifft in puncto Sehenswürdigkeiten alles: Wie die Perlen einer Kette sind die unzähligen mittelalterlichen Schlösser und Burgen hier aufgereiht. Immerhin sieben davon, drei kleine und vier große, begegnen uns auf dieser Tour, die aber noch viel mehr zu bieten hat: Fernblick von den Klippen, traumhafte Dordognepanoramen und gleich drei Orte, die zur Gruppe der schönsten Dörfer Frankreichs zählen. Auch der Weg selbst bietet Abwechslung – steinige und steile Passagen wechseln sich mit langen entspannten Abschnitten am Ufer der Dordogne ab.

Weithin sichtbar thront die Burg von Beynac oberhalb der Dordogne.

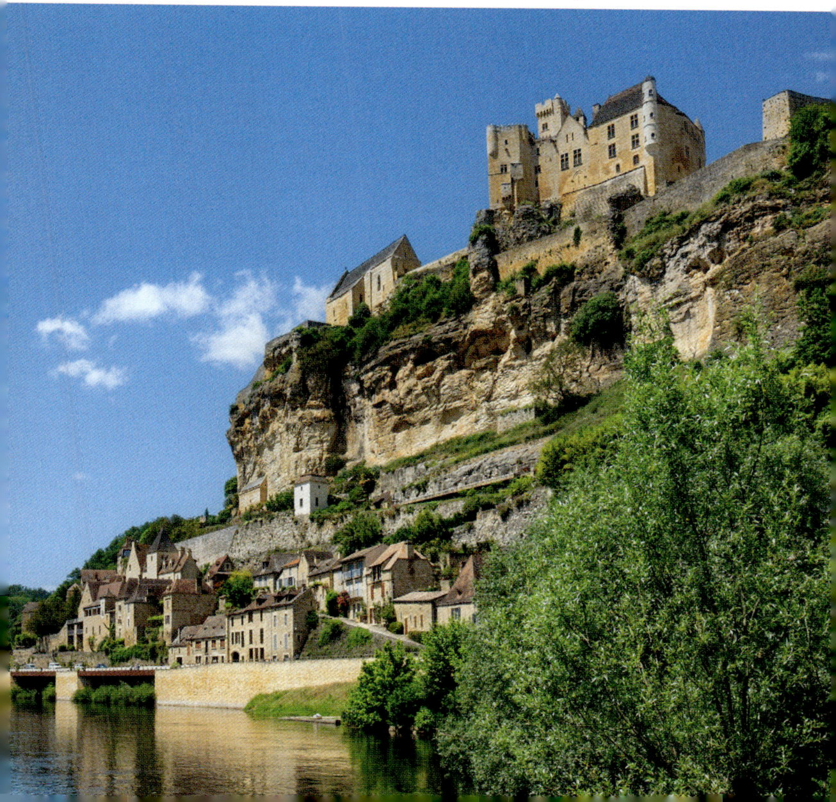

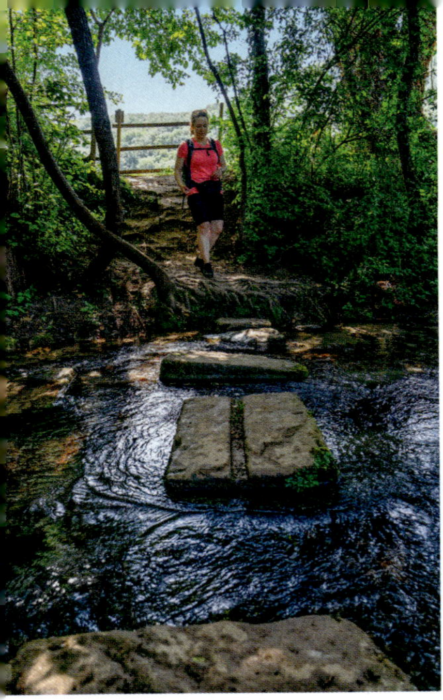

Weg über das Wasser.

Ausgangspunkt: Vézac, Parkplatz Place Régis Magnol nahe der Mairie direkt an der D57 (N44.83408 E1.16518).
Anforderungen: Längere Rundwanderung auf Feldwegen sowie zum Teil steinigen und steilen Pfaden; Trittsicherheit erforderlich; vor allem bei La Roque-Gageac unmittelbare Nähe zu ungesicherten Abhängen; Orientierungssinn hilfreich.

Markierung: Keine; Wege entweder unmarkiert oder Wegzeichen gehören zu anderen Rundwegen.
Einkehr: In La Roque-Gageac, Castelnaud-la-Chapelle und Beynac.
Variante: Wer Castelnaud oder die Burg mit geradezu unverschämt schöner Fernsicht auf die Dordogne und toller Ausstellung mittelalterlicher Waffen besuchen will, nimmt bei 5 den Weg auf die Brücke, überquert sie und folgt den Hinweisschildern in den Ort (je 1 km für Hin- und Rückweg).
Hinweise: 1. Sollte der Grasweg zum Manoir de Rochecourbe hinter der Infotafel unpassierbar sein, auf der Straße weiter geradeaus. Nach 120 m dem Knick der Straße nach links folgen (gelbe Wegzeichen). In 5 Min. erreicht man den Weiler Le Roc. Ab den Briefkästen 789/791/795 weiter wie im Text beschrieben. 2. Sollte der Uferweg bei Fayrac wegen Brückenbauarbeiten gesperrt sein, ist in der Regel eine kurze Umleitung »Itineraire Provisoire P.R.« beschildert. Man biegt 200 m vor der Brücke nach rechts ab und folgt dem breiten Schotterweg hoch zur Straße D703. Auf ihr nach links und geradeaus bis zur Kurve. In der Kurve bei Haus Nr. 292 links in den kleinen Grasweg zwischen den Gärten abbiegen. Er führt zurück zum Dordogne-Uferweg.
Tipp: Burgen von Castelnaud-la-Chapelle, castelnaud.com; Beynac, chateau-beynac.com.

Den Parkplatz in **Vézac** 1 in Richtung D57 verlassen und links in die Rue Soumdedouye-lacoste. Beim Steinkreuz rechts (l. de la Maison Forte) und bis zum letzten Haus. Der Weg gabelt sich vor einem Nussbaum. Hier steigen wir in den Rundweg ein und nehmen den Feldweg nach rechts. Am Ende rechts die Straße hinauf, beim Stoppschild die D57 geradeaus überqueren und in die Rue André Roque. 170 m weiter biegen wir links ab (gelbe Wegzeichen) und gehen auf der kleinen Straße an der Hecke entlang. Was die Burgen und Schlösser auf dieser Wanderung angeht, steigern wir uns langsam von klein nach groß: Als erstes kommt links das Manoir de Rochecourbe in den Blick. Hinter der Infotafel biegen wir vor der Mauer links auf

den Grasweg ab und gehen auf das Manoir zu. Je nach Saison kann dieser Weg als Privatweg gesperrt sein (Ausweichstrecke → Hinweis 1).
Der Grasweg führt unmittelbar rechts am **Manoir de Rochecourbe** ❷ vorbei und gabelt sich dort. Wir nehmen den rechten Abzweig, gehen in enger Kurve nach rechts um die Büsche herum und weiter auf Gras den Hang hinauf auf eine Mauer zu. Wo sie sich öffnet, führt der Grasweg auf die nächste Ebene. Dort links durch den kleinen Mauerdurchbruch. Wir suchen uns den unscheinbaren Trampelpfad, der uns in wenigen Schritten durch weitere Mauern hindurch auf einen schönen Wanderweg etwas oberhalb bringt. Auf ihm nun nach rechts und gemütlich steigend durch den Wald – je nach Jahreszeit kann der Weg ein wenig zugewachsen sein. Unmittelbar vor dem Strommast bei den Hausruinen nach links den Pfad hinauf. Er führt bald zwischen zwei bewohnten Häusern des Weilers Le Roc hindurch. Dann auf der Zufahrt links und leicht bergan, bis wir bei den Briefkästen 789/791/795 die Straße erreichen. Hier nach links. Wir gewinnen weiter an Höhe. An

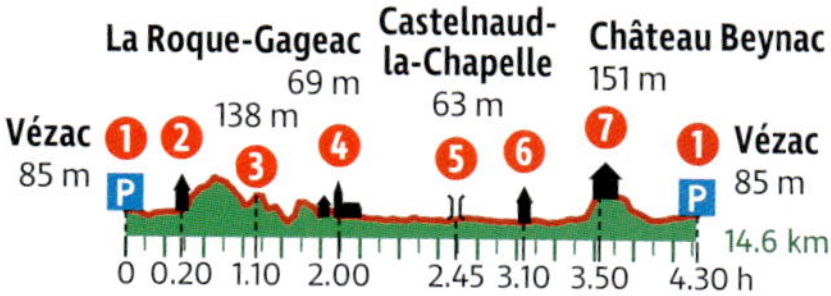

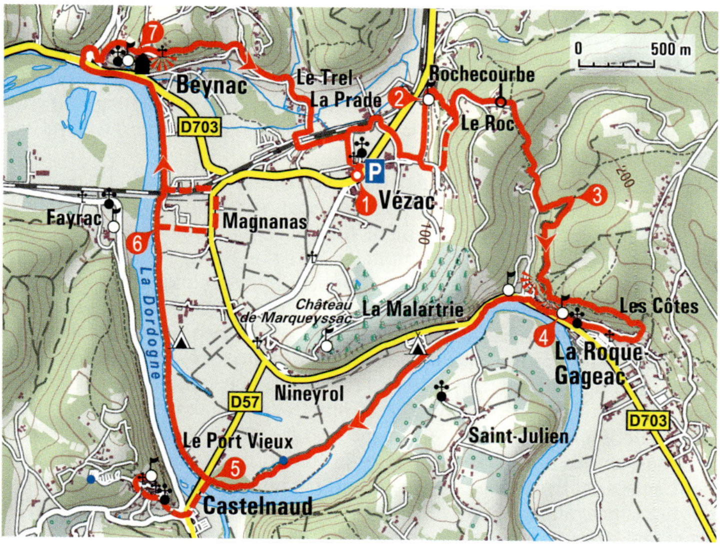

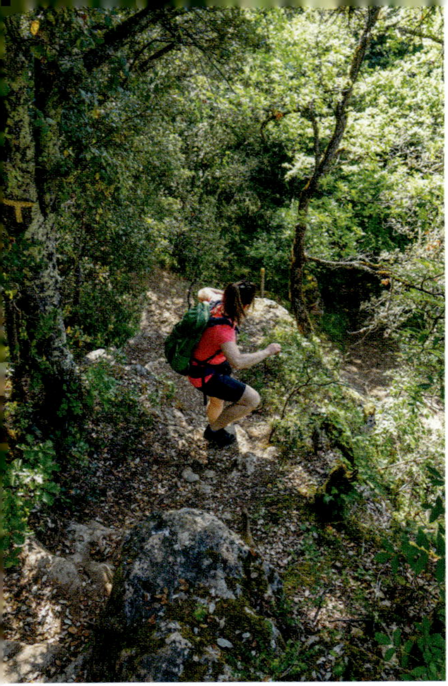

Es geht die Felsstufen hinab.

der Gabelung links (I. Arnaud Beltrame). Nach einigen Minuten endet der Asphalt. Hier rechts an den Trockenmauern entlang Richtung La Roque-Gageac. Der schöne Pfad führt durch den Wald bergab. Er endet schließlich an einem von oben kommenden Querweg, hier nach links. Bald darauf auf der kleinen Straße nach rechts. Nach 200 m beim hölzernen Wegweiser links abbiegen (Ch. de la Carriette). An der **Wanderwegkreuzung** ❸ auf halber Höhe steil nach rechts auf dem als privat gekennzeichneten Weg am Hang entlang. Nun heißt es aufpassen: Nach knapp 500 m zweigt nach rechts ein unscheinbarer Pfad ab, nur gekennzeichnet durch einen kleinen handgeschriebenen Wegweiser und ein gelbes Wegzeichen. Hier biegen wir ab. Wer findet, dass die Wanderung verhalten begonnen hat, kann sich freuen, denn nun folgt ein Highlight auf das nächste. Auf dem Pfad kommt durch die Bäume die Dordogne in den Blick. Wir erreichen einen herrlichen Aussichtspunkt, von wo aus schon das Château de la Malartrie und in der Ferne die Burg von Castelnaud-la-Chapelle zu sehen sind.

Kurz darauf führt der Pfad ein paar Felsstufen hinab. Direkt dahinter den unteren der beiden Wege nehmen. Nach nur 50 m führt er in einem Rechtsbogen bergab – jedoch nicht für uns. Wir nehmen an dieser Stelle geradeaus den unscheinbaren schmalen Pfad den Hang hinauf. Er führt auf die Klippe oberhalb von La Roque-Gageac und zu einigen fantastischen Aussichtspunkten (Vorsicht ungesichert! Absturzgefahr!). Sehr bald gabelt sich der Pfad bei einem altem Metallgeländer. Wir nehmen den linken Abzweig (ohne Geländer) und halten uns nun die ganze Zeit auf dem Pfad an der Klippe entlang. Der Blick ist zumeist durch Bäume und Sträucher verstellt und die Orientierung nicht immer einfach, aber Klippe bzw. Dordogne geben uns die grobe Richtung vor. Der Pfad steigt noch eine kurze Weile an. Ab und zu müssen wir die Hände zur Hilfe nehmen. Danach geht es wieder bergab, erst etwas holprig, dann gemächlich. Wir passieren ein buckliges, altes Caselle aus Bruchsteinen. Bald darauf endet der Pfad an einem etwas breiteren Querweg. Hier nach rechts auf das Haus zu. Es

markiert das östliche Ende der kleinen Siedlung Les Côtes, die bereits zu La Roque-Gageac gehört. Für uns geht es geradeaus, zunächst auf einem schmalen Weg, dann auf einem kleinen Sträßchen. Gemütlich erreichen wir **La Roque-Gageac** 4. Unser Weg endet unmittelbar am Château de Tarde. Wir wenden uns nach rechts, nehmen die kurze Passage durch das Château und gehen weiter geradeaus die Straße entlang. Die Blicke auf die Dordogne sind herrlich. An der Weggabelung vor dem schmalen Haus Nr. 95 die linke Gasse bergab. Dann am kleinen Parkplatz vorbei aus dem Ort hinaus und geradeaus auf dem für Fußgänger gekennzeichneten Weg unterhalb des Château de la Malartrie. Am Ende des Weges über den Zebrastreifen und auf dem Pfad hinter der Leitplanke entlang.
Wir wandern nun knappe 2 km geradeaus auf die vor uns liegende Burg von Castelnaud-la-Chapelle zu: Nach dem Pfad hinter der Leitplanke gehen wir weiter auf der Zufahrtsstraße zum Campingplatz. Dann den hölzernen Durchlass passieren und über das Campingplatzgelände. Dahinter auf dem Feldweg an der Scheune vorbei. Rechts vom Weg auf der Klippe sind Mauer und Kapelle des Château de Marqueyssac zu sehen. Gut 300 m weiter den breiteren Ernteweg geradeaus überqueren. Nach einer noch jungen Nussbaumplantage gabelt sich schließlich der Weg vor einem schmalen, von Bäumen und Sträuchern versteckten Dordogneseitenarm. Wir nehmen den linken Abzweig und erreichen bald einen hölzernen Durchlass. Hier können

Auf der Klippe von La Roque-Gageac.

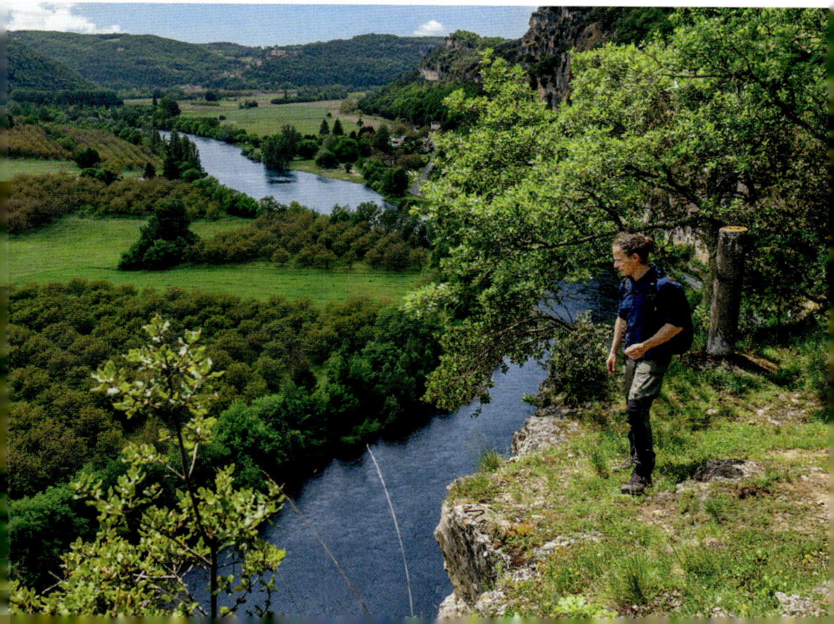

wir den Seitenarm auf ins Wasser versenkten Steinen überqueren. Dahinter weiter Richtung Dordogneufer. Dort angekommen am Rand des großen Nussbaumfeldes entlang zur Brücke unterhalb der Burg von **Castelnaud-la-Chapelle** 5. Wir wandern unter der Brücke hindurch und weiter am Ufer entlang (Besuch von Castelnaud oder der Burg → Variante).
Wir bleiben für die nächste halbe Stunde auf dem Uferweg, alle Abzweige werden ignoriert. An Stellen mit lichter Vegetation ergeben sich nach rechts erneut schöne Blicke auf das Château de Marqueyssac. Nach einiger Zeit kommt am gegenüberliegenden Ufer das weniger bekannte **Château de Fayrac** 6 in den Blick. Kurz dahinter erreichen wir die Brücken von Fayrac, die wir geradeaus am Wasser entlang unterqueren. Wegen Bauarbeiten kann der Uferweg an dieser Stelle gesperrt sein, eine Umleitung ist dann in der Regel beschildert (→ Hinweis 2).
Weiter geht es auf dem Uferweg auf die letzte und zugleich größte Burg am heutigen Tag zu: Beynac. Unterhalb angekommen führt der Weg zur Straße D703 hinauf. Wir überqueren sie beim Zebrastreifen und nehmen beim Sackgassenschild die Rue Costa del Port. Dann vor Haus Nr. 5 die schmale Gasse mit Treppen hinab. Am Ende noch 50 m auf der D703 geradeaus, dann rechts abbiegen. Hinter dem Office de Tourisme links in die Rue de la Laicite, an der Querstraße vor Haus Nr. 4 nach rechts. Am Ende

Castelnaud-la-Chapelle.

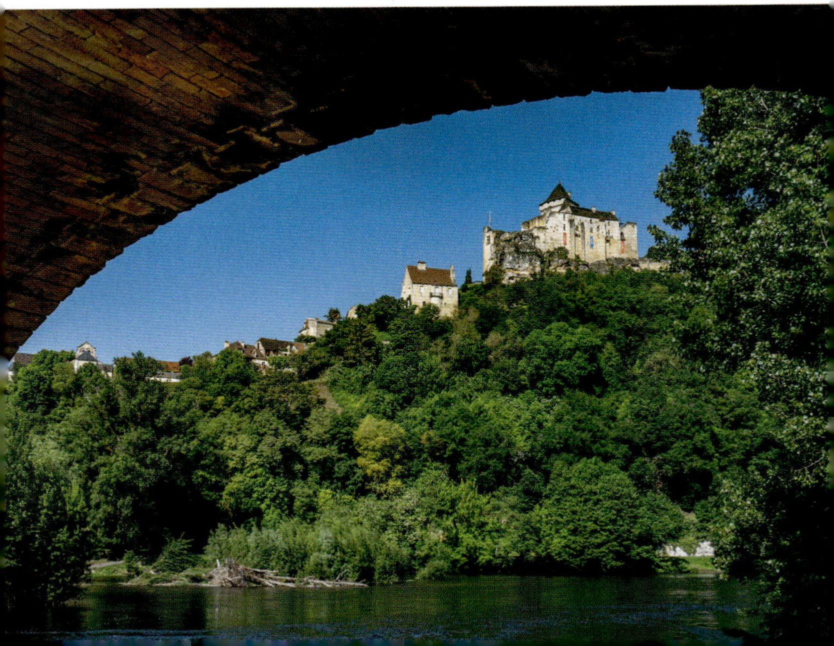

Porta Veuva in Beynac.

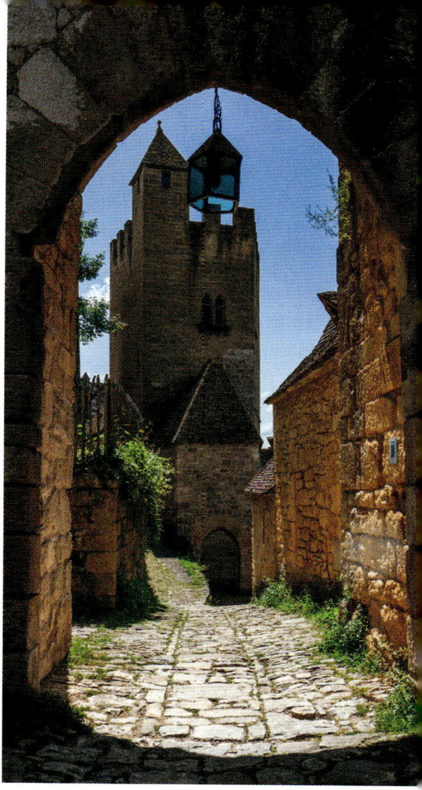

auf der gegenüberliegenden Straßenseite die Rue Tibal hinauf. An der nächsten Querstraße nach links Richtung Château. Nach zwei Windungen geht es sehr steil bergan. Dann auf den Treppenstufen weiter Richtung Château. Wir passieren den Torbogen der Porta Veuva – dahinter unbedingt kurz umdrehen und eines der berühmtesten Fotomotive aus Beynac genießen: den Blick auf den Turm durch das Tor mit Laterne.

Bald haben wir es geschafft und gehen an der Außenmauer der Burg weiter bergan bis zum Haupttor des **Château Beynac 7**. Dann weiter geradeaus (Rue Cap de Baïnac) und die Anlage durch das Stadttor wieder verlassen. Nun sofort nach rechts abbiegen und an der Friedhofsmauer entlang. Dahinter zweigt nach rechts ein schmaler Weg mit Treppenstufen ab. Bevor wir ihn einschlagen, gehen wir noch wenige Meter weiter geradeaus zum Aussichtspunkt beim Kruzifix, der ein letztes Mal herrliche Blicke über die Dordogne eröffnet und von dem aus wir Teile des heutigen Weges von oben nachvollziehen können. Dann zurück und auf dem Weg mit Treppenstufen bergab, vorbei an den auf Stelzen gebauten Häusern unterhalb des Aussichtspunktes. Er verengt sich zu einem sehr schönen Pfad. Wir passieren eine hübsche Grotte. Bald geht es merklich steiler bergab. Am Ende auf der Straße kurz geradeaus, dann an der Gabelung beim hölzernen Wegweiser nach rechts (Route du Treil). Die Straße führt an einigen schönen Anwesen vorbei. Am tiefsten Punkt erreichen wir den Weiler Le Trel und folgen unserer Straße nach rechts. Nach gut 400 m an der Querstraße nach rechts, dann auf der Brücke die Bahnschienen überqueren. Dahinter nach links und weiter geradeaus auf dem Karrenweg an der Mauer entlang. Wir erreichen die Stelle mit Nussbaum, an der wir zu Beginn in den Rundweg eingestiegen sind. Von hier aus auf gleicher Strecke wie beim Hinweg zurück zum Parkplatz in **Vézac 1**.

↗ 200 m | ↘ 200 m | 7.0 km

13 Hinauf nach Domme

2.00 h

Genusswandern zu einem der schönsten Dörfer Frankreichs

Von allen Bastiden in der Region ist Domme die höchstgelegene. Spektakulär auf einem Felsvorsprung errichtet, gehört die »Akropolis des Périgord« heute zwingend zur Gruppe der schönsten Dörfer Frankreichs. Und man versteht warum: Die mittelalterlichen Gassen, in denen heute kulinarische Spezialitäten und Kunsthandwerk feilgeboten werden, die vielen Blumen, die alten Gärten und der sensationelle Aussichtspunkt oberhalb der Dordogne verbreiten einen unwiderstehlichen Charme. Ein Tipp: Legen Sie diese leichte Wanderung auf die frühen Abendstunden. Denn wegen seiner exponierten Lage ist Domme der letzte Fleck, den die untergehende Sonne in ihr goldenes Licht taucht, während die Welt ringsum schon im Schatten liegt. Es wird dann still im Ort und die Stimmung ist magisch.

Ausgangspunkt: Cénac-et-Saint-Julien, Parkplatz an der Mairie (N44.80111 E1.20339).
Anforderungen: Leichter Aufstieg auf kleinen Straßen und breiten Wegen nach Domme, dort Spaziergang durch die alten Gassen.
Markierung: Keine bis zum Belvédère am nördlichen Rand von Domme, dann weiß-rot.
Einkehr: In Cénac und Domme.
Kombinationsmöglichkeit: Mit Tour 11: Wer von Tour 11 (Weg der Könige I: Rundweg Castelnaud–Cénac) kommt, folgt hinter der Dordognebrücke von Cénac der D46 weiter geradeaus in den Ort. Dann über die Kreuzung mit der D49/D50 und 100 m dahinter zur Mairie. Man hat nun zwei Möglichkeiten: Wenn Zeit und Kondition reichen, kombiniert man diese Wanderung in Gänze dazu. Wer einfach nur Domme erkunden und einen Blick vom sensationellen Belvédère werfen will, kann auch abkürzen (→ Variante).

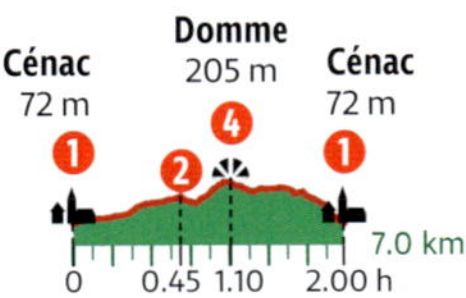

Variante: Abkürzung zwar weniger attraktiv, dafür deutlich kürzer (4 km, 75 Min): Gegenüber des Parkplatzes der Mairie von Cénac nimmt man das kleine Sträßchen links bergan. An der ersten Gabelung wählt man den linken Abzweig durch die Einbahnstraße, an der zweiten Gabelung ebenso. Nun steigt man über eine schmale Anwohnerstraße direkt bis zur Porte del Bos nach Domme auf. Dort in den Ort und sich treiben lassen oder einfach so lange weiter bergan gehen, bis man den Aussichtspunkt (Belvédère) erreicht, er ist nicht zu verfehlen. Zurück nach Cénac geht es ab der Porte del Bos auf demselben Weg.
Tipp: Domme liegt am bekanntesten Dordogneabschnitt, wo die Sehenswürdigkeiten dicht an dicht liegen. In unmittelbarer Nachbarschaft befinden sich mit Beynac, La Roque-Gageac und Castelnaud-la-Chapelle noch drei weitere Orte, die ebenfalls als schönste Dörfer Frankreichs klassifiziert sind. Nahebei sind zudem die Schlösser Les Milandes und Marqueyssac.

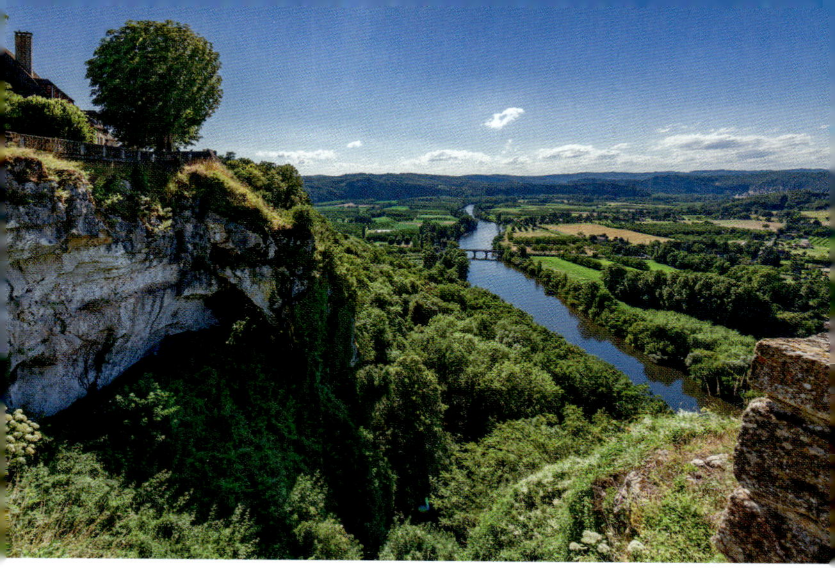

Belvédère von Domme.

Gegenüber des Parkplatzes an der Mairie von **Cénac** ❶ nehmen wir das kleine Sträßchen bergan und wählen schon bald an der Gabelung den rechten, unteren Weg. Dann an der Schule schräg nach rechts Richtung Stade de Rugby. Beim Ortseingangsschild »La Borie« am Stadion halb links in die kleine Straße abbiegen. Sie wird schon sehr bald zu einem breiten Schotterweg und schlängelt sich S-förmig und gut beschattet den Hügel hinauf. Schließlich erreichen wir eine Straße, hier nach links. An der **Weggabelung** ❷ den linken Abzweig wählen. Am Croix de Cargamesh geradeaus Richtung Bastide / Porte des Tours. Die kleine Straße knickt unterhalb der etwas größeren Hauptstraße links ab und vereint sich mit ihr vor dem mächtigen Stadttor **Porte des Tours** ❸. Durch dieses Tor betreten wir Domme.

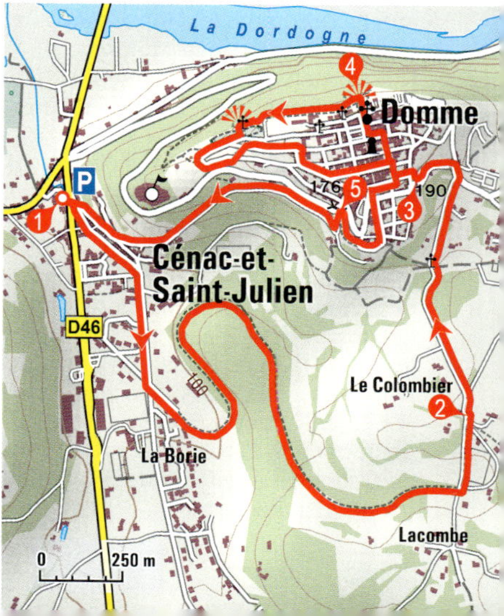

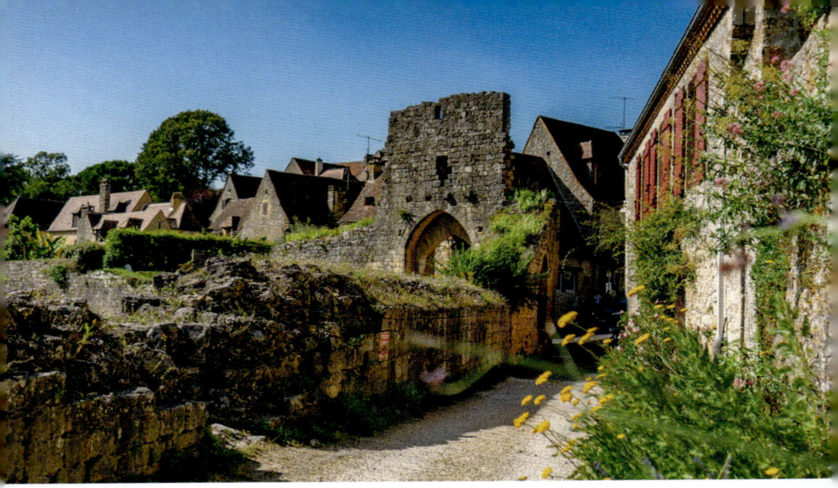

Promenade des Remparts mit Stadttor Porte del Bos.

Wie genau wir von hieraus das Dorf erkunden, bleibt jedem selbst überlassen. Eine Empfehlung ist, direkt hinter der Porte des Tours nach rechts und sofort wieder links in die Rue Eugène le Roy abzubiegen. Dort ist an der Wand ein Stadtplan mit einem Vorschlag abgebildet, dem auch unsere Route folgt. Sich treiben zu lassen ist aber ebenso schön. Das wichtigste Ziel ist ohnehin kaum zu verfehlen: der gigantische Belvédère am nördlichen Rand von **Domme** 4, der einen spektakulären und weiten Ausblick auf die Dordogne und ihr Umland bietet. Die Blicke reichen bis nach Vitrac und zum Château de Montfort im Nordosten bzw. La Roque-Gageac im Nordwesten. Vom Belvédère aus führt ein Weg an der Klippe entlang bis zu einer weiteren Aussichtsplattform, von hier aus ist zusätzlich die Burg von Beynac zu sehen.
Nachdem wir das Dorf ausführlich erkundet haben, finden wir uns wieder an der Porte des Tours ein, es ist gut beschildert. Von dort aus nehmen wir schräg rechts gegenüber die Rue Eugène le Roy. Sie endet an der hübschen Place de la Rode. Dort sofort links die Treppenstufen hinunter und die Straße hinab auf das Stadttor Porte de la Combe zu. Unmittelbar vor dem Stadttor nach rechts und über die Promenade des Remparts zur Porte del Bos. Vom Weg aus hat man eine schöne Sicht über die Lande südwestlich von Domme. Durch die **Porte del Bos** 5 verlassen wir die Stadt und halten uns geradeaus, den weiß-roten Wegzeichen folgend auf das Schild »Le Capiol« zu. Die Straße beschreibt eine scharfe Rechtskurve und führt dann bergab. Eine gute Viertelstunde später erreichen wir **Cénac** 1 und bald darauf die D46 mit dem Parkplatz an der Mairie auf der gegenüberliegenden Straßenseite.

↗ 290 m | ↘ 290 m | 8.9 km

2.30 h

Von Veyrines-de-Domme nach Milandes

14

Weite Hügel, Bauernland und verstreute Weiler

Acht Kilometer westlich der berühmten Bastide Domme liegt der winzige Ort Veyrines-de-Domme. Hier beginnt eine bezaubernde Tour, die durch offene Weidelandschaften, verwunschene Hohlwege und vorbei an vielen kleinen Siedlungen führt. Gemütlich und niemals wirklich steil geht es bergauf und bergab. Immer wieder genießt man Fernsichten auf das Umland der Dordogne und die sie umgebenden Hügel und Klippen. Auf halber Strecke ist ein Abstecher zum Château des Milandes möglich, einem der bekanntesten Dordogneschlösser, das einst der Schauspielerin Josephine Baker gehörte und durch sie zu Ruhm gelangte.

Ausgangspunkt: Veyrines-de-Domme, Parkplatz an der Salle des fêtes gegenüber der Mairie (N44.79443 E1.10489).
Anforderungen: Gut markierte Rundwanderung auf Feld-/Wanderwegen und kleinen Straßen.
Markierung: Durchgängig gelbe Wegzeichen; offizielle französische Bezeichnung des Rundwegs: Boucle Lapeyre.
Variante: Abstecher zum Château des Milandes (zzgl. je 1,25 km für Hin- und Rückweg): Dazu bei 3 zunächst nicht links abbiegen, sondern weiter geradeaus dem Weg folgen (Markierung weiß-rot). Es geht am lang gezogenen Schlossparkplatz vorbei und bis nach Milandes. Auf derselben Strecke zurück. Der Abstecher lohnt sich, wenn man vorhat, Schloss und Gärten tatsächlich zu besuchen (kostenpflichtig). Von außen ist die Anlage kaum einsehbar, hohe Zäune versperren den Blick.
Einkehr: Keine.
Tipp: Besuch des Château des Milandes, milandes.com.

Weiler Le Peytol.

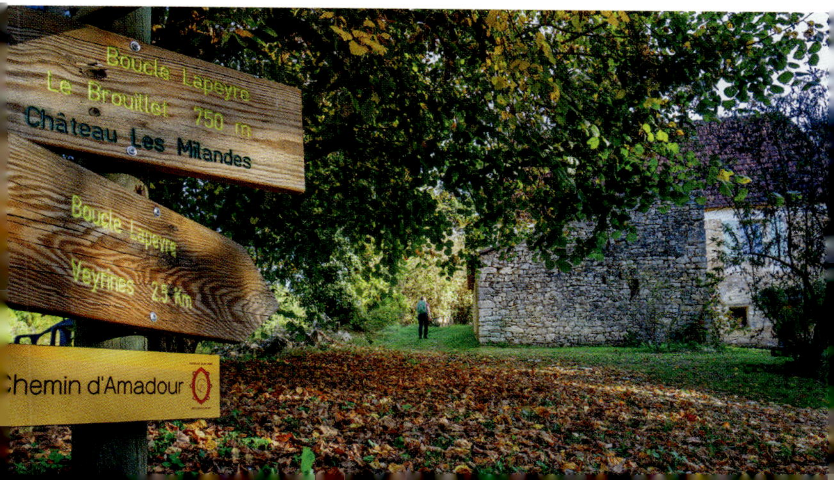

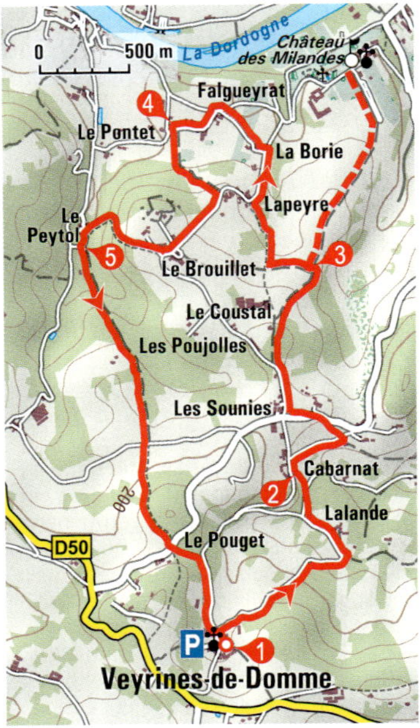

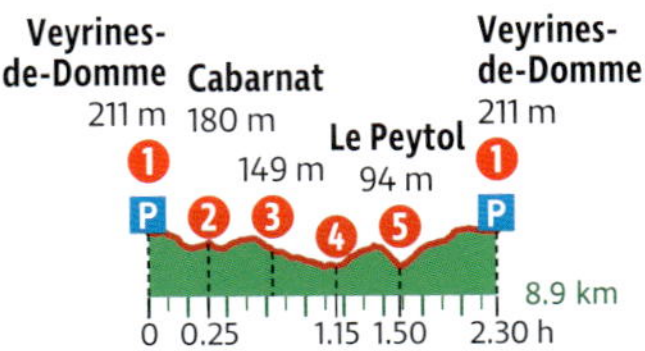

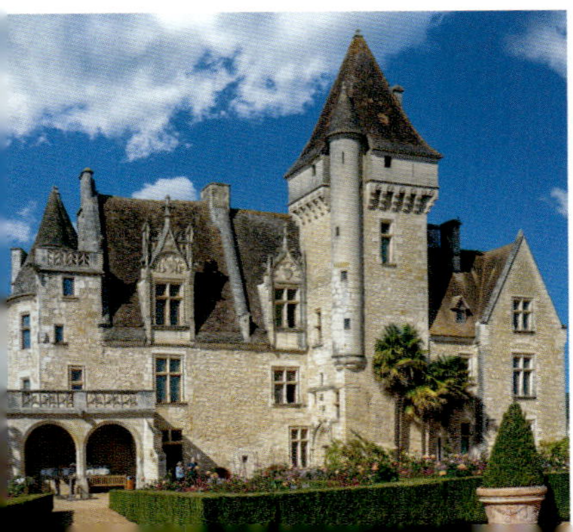

Vom Parkplatz in **Veyrines-de-Domme ❶** halb rechts auf der Straße an Mairie und Rückseite der Kirche entlang zur kleinen Kreuzung. Hier geradeaus Richtung Norden aus dem Ort heraus und sehr bald beim Eisenkreuz in den Feldweg nach rechts abbiegen. Nach 170 m den Schotterweg geradeaus überqueren. Einige Minuten später erreichen wir den Weiler La Lande. Hier beim kleinen Steinkreuz auf der Straße nach links. Dann biegen wir hinter der Weinparzelle rechts ab und wechseln nach wenigen Schritten schräg links auf den schönen Pfad. Er endet beim Weiler **Cabarnat ❷**. Dort auf der Straße kurz nach rechts und bei erster Gelegenheit wieder rechts in den Grasweg. Dieser geht über in eine Zufahrtsstraße. Nur wenige Schritte nach Beginn des Asphalts links bergan, erneut auf einem Grasweg. Auf der Straße geradeaus bis zur Kreuzung. Wir biegen rechts ab und wandern durch Les Sounies hindurch, dann direkt beim Ortsausgang rechts in den Schotterweg. Am höchsten Punkt führt dieser zu einem Haus, darum kurz vorher auf den Wanderweg wechseln. Er führt wieder bergab, wir sehen bereits die Spitzen des halb verdeckt liegenden Château des Milandes. Bald erreichen wir eine T-Kreuzung mit großem **hölzernem Wegweiser ❸**. Geradeaus geht es zum Château des Milandes (→ Variante).
Für unseren Rundweg müssen wir hier jedoch links abbiegen. Der Weg führt zwischen Weiden hindurch.

Château des Milandes.

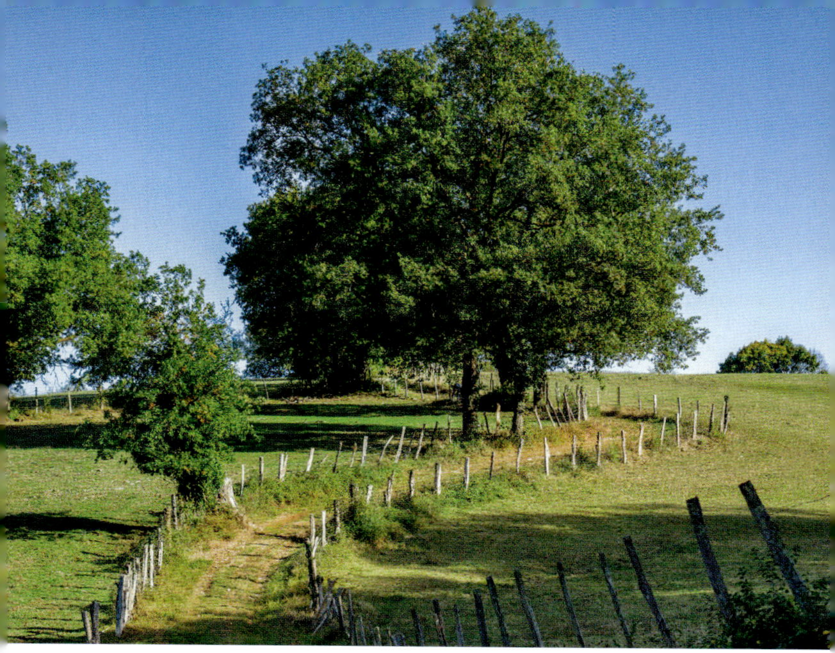

Romantische Feldweg bei Lapeyre.

Nach nur wenigen Minuten gehen wir direkt hinter der Baumreihe nach rechts abwärts. Beim Weiler Lapeyre auf der kleinen Straße nach rechts, sie führt bergab. Auf halber Höhe biegen wir links Richtung La Borie ab. An der Querstraße links und sofort wieder links (Richtung Saint-Cyprien, Belvès). Nach 270 m verlassen wir die Straße in den **Grasweg** ❹ zwischen den Weiden. Der sehr schöne Weg führt von Eichen gesäumt bergan und wir erreichen nun die rückseitigen Ausläufer von Lapeyre. Hier auf der Straße nach rechts. Sie führt am Campingplatz Les Pastourels und direkt dahinter an den wenigen Häusern des kleinen Weilers Le Brouillet vorbei. Hier rechts in das Sträßchen Richtung Le Fournil abbiegen und sofort links in den Pfad. Er führt die ganze Zeit bergab. Am tiefsten Punkt erreichen wir einige Häuser, die zum Weiler **Le Peytol** ❺ gehören. Hier vor der Hauseinfahrt nach links und auf dem Grasweg bergan. Wir wandern die nächsten 2 km immer geradeaus. Währenddessen überqueren wir zwei Straßen: bei der ersten auf halber Strecke einfach weiter geradeaus auf dem Wanderweg am Rand der Nussbaumplantage entlang. Und bei der zweiten geradeaus auf dem Grasweg in ein kurzes Waldstück. Dann tritt der Weg bei einer (dritten) Querstraße aus dem Wald heraus, hier biegen wir rechts ab und erreichen schon bald **Veyrines-de-Domme** ❶.

↗ 30 m | ↘ 30 m | 1.5 km

15 Die Altstadt von Sarlat-la-Canéda

1.00 h

Ein Juwel historischer Stadtbaukunst

Sarlat-la-Canéda gilt als die schönste Stadt des Périgord und ist zugleich sein touristisches Zentrum. In keiner anderen europäischen Stadt ist die Dichte denkmalgeschützter Gebäude so hoch wie hier.

Ausgangspunkt: Sarlat-la-Canéda, Parking La grande Rigaudie (N44.88786 E1.21732) am südlichen Rand der Altstadt; mehrmals täglich Anfahrt mit dem Zug möglich: TER Ligne 33 Bordeaux–Bergerac–Sarlat, transports.nouvelle-aquitaine.fr; vom Bhf. Sarlat zu Fuß ca. 15 Min. bis zur historischen Altstadt (»Sarlat centre ville«).
Anforderungen: Spaziergang durch die historische Altstadt.
Einkehr: Zahlreiche Möglichkeiten.

Auf Höhe der Statue des Schriftstellers Étienne de La Boétie an der nördlichen Längsseite des Parking **La grande Rigaudie** 1 beginnt die Rue Tourny und mit ihr die historische Altstadt. Wir folgen der Straße bis zum Ende, dann gehen wir nach rechts und an der Touristeninformation vorbei. Dahinter betreten wir rechts durch das Hauptportal die Kathedrale **Saint-Sacerdos** 2 (geöffnet tägl. 9–18 Uhr). Vor dem Altar geht es nach rechts und durch den Ausgang neben der Sakristei hinaus in den klösterlichen Innenhof. Wir spazieren unter dem Torbogen hindurch und biegen auf dem dahinter liegenden Platz vor der Haus-Nr. 3 links ab zum nächsten Platz. Hier nehmen wir den halben Torbogen schräg gegenüber, gehen am Ende der kurzen Passage vor der Mauer links um die Ecke und erreichen an der Chorseite der Kathedrale den ältesten Friedhof der Stadt, den Jardin des Enfeus. Er kann je nach Saison durch eine Zuschauertribüne verdeckt sein. Wir steigen die Treppen empor zur berühmten, einer überdimensionalen Bleistiftspitze gleichenden Totenleuchte **Lanterne des Morts** 3 und gehen den Weg entlang bis zur steinern eingefassten hölzernen Tür. Dahinter direkt gegenüber in die kleine Gasse Rue Sylvain Cavaillez. An ihrem Ende links und sofort wieder rechts in die Rue d'Albusse. An der Gabelung nach ca. 40 m nach links in die Rue de la Salamandre. Sie führt geradeaus und unter einem Torbogen hindurch zur zentralen **Place de la Liberté** 4 mit ihren vielen Cafés und Restaurants. Wir wenden uns

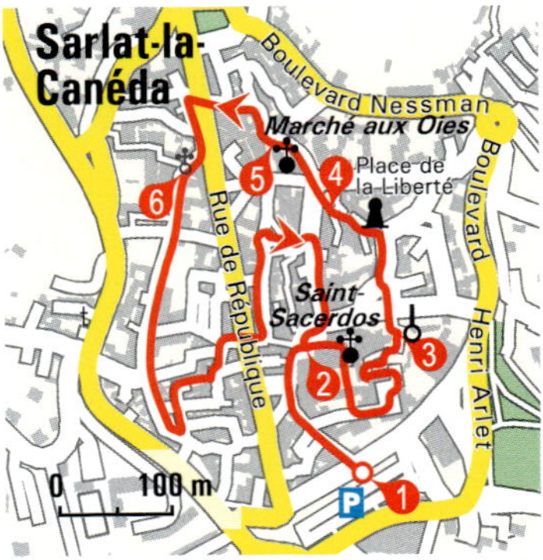

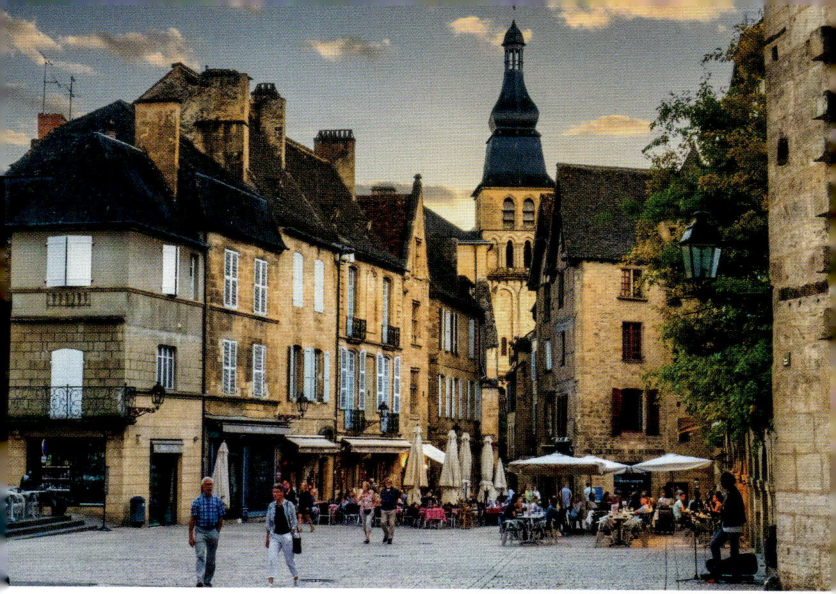

Place de la Liberté in Sarlat-la-Canéda.

nach rechts und gehen auf die große Markthalle mit ihrem gigantischen anthrazitfarbenen Tor zu. Dahinter führt der Weg zum **Marché aux Oies** 5. Hier erinnern drei bronzene Gänse an die lange Tradition der Geflügelzucht in der Region. Quer über den Platz nach rechts, durch die Rue des Consuls am Brunnen Fontaine Sainte Marie vorbei und schließlich vor der Épicerie Périgorde nach links. Wir überqueren die größere Rue de la République geradeaus und gehen nach nur wenigen Metern links das Gässchen Ruelle des Armes hinauf. Nach einem Rechtsknick geht es auf die **Chapelle des Pénitents Blancs** 6 zu. Dann auf der Rue J. J. Rousseau an der Längsseite der Chapelle entlang und im Anschluss einige Minuten geradeaus bis zu einem größeren Torbogen mit metallener Straßenlaterne. Dahinter führt am Hôtel de Cerval (17. Jh.) die Rue des Trois Conils nach links. Wir folgen ihr bis zum Ende, gehen dann rechts unter der Unterführung hindurch, an der Place Beauvau links in die Rue de Cordil und an der T-Kreuzung an ihrem Ende nach rechts. Nun überqueren wir abermals die große Rue de la République, halten uns anschließend sofort links in die Rue Albéric-Cahuet und erreichen nach 80 m einen Torbogen. Ein kurzer Tunnel führt direkt zum Ende der Place de la Liberté, die wir zuvor einige Meter weiter nördlich von der anderen Seite aus betreten haben. Wir halten uns rechts, vor der Kathedrale Saint-Sacerdos abermals rechts und vorbei an der Touristeninformation zurück zum Parking **La grande Rigaudie** 1.

↗ 190 m | ↘ 190 m | 9.3 km

2.45 h

16 Die Abtei von Léobard

Unterwegs im Grenzgebiet von Périgord und Quercy

Die Abtei von Léobard war ein Zisterzienserkloster. Mönche aus Aubazine (Corrèze) errichteten es im 13. Jh. am Flüsschen Céou genau auf der Grenze der historischen Provinzen Périgord und Quercy. Im Hundertjährigen Krieg wurde die Abtei stark beschädigt und war danach lange nur von einem einzigen Mönch bewohnt. Heute ist von ihr eine eindrucksvolle Ruine übrig.

Ausgangspunkt: Léobard, Besucherparkplatz (N44.72155 E1.30917); dazu in Léobard rechts an der Kirche vorbei, unter der engen Durchfahrt hindurch und rechts auf den Parkplatz.
Anforderungen: Leichte Rundwanderung auf Waldwegen und kleinen Straßen.
Markierung: Durchgängig gelbe Wegzeichen.
Einkehr: Keine; Picknickplätze an der Abtei; zahlreiche Restaurants und Cafés in Gourdon, 10 Autominuten von Léobard.

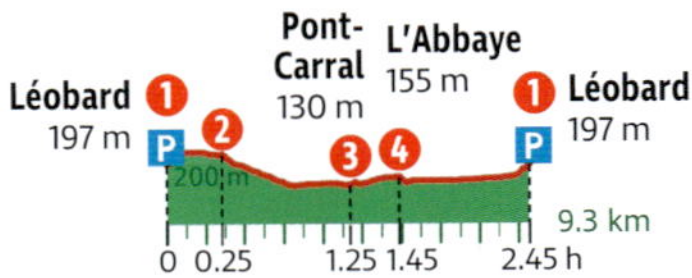

Vom Besucherparkplatz in **Léobard** ❶ gehen wir die Straße bergan und bald an der Querstraße rechts. Nach mehreren Kurven erreichen wir bei einigen Häusern eine Kreuzung, dort rechts abbiegen. Mithilfe der gelben Wegzeichen navigieren wir sodann sicher geradeaus auf der Straße (abzweigende Waldwege beachten wir nicht). Nach 500 m gehen wir links in den breiten Schotterweg, anschließend beim Schild **»Circuit de l'Abbaye«** ❷ links in den Feldweg.
Der Weg führt uns etwa 1 km geradeaus durch Eichenwald. Er trifft dann in einer Spitzkehre auf eine Straße, der wir nach links hinab bis zur Départementstraße folgen.

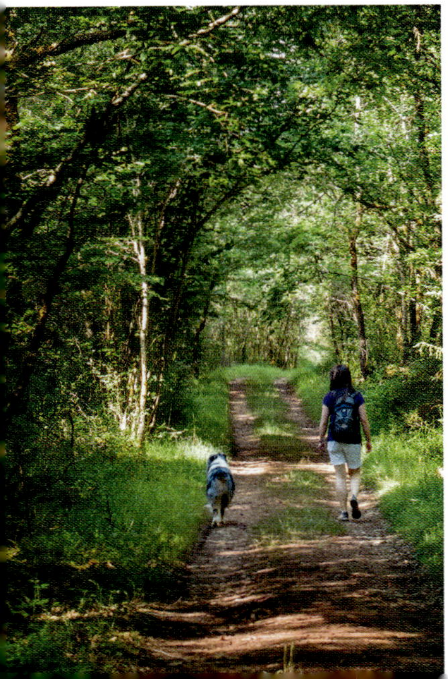

Der Weg verläuft entlang der Grenze von Périgord und Quercy.

Nur ein Teil der Abteikirche ist noch erhalten.

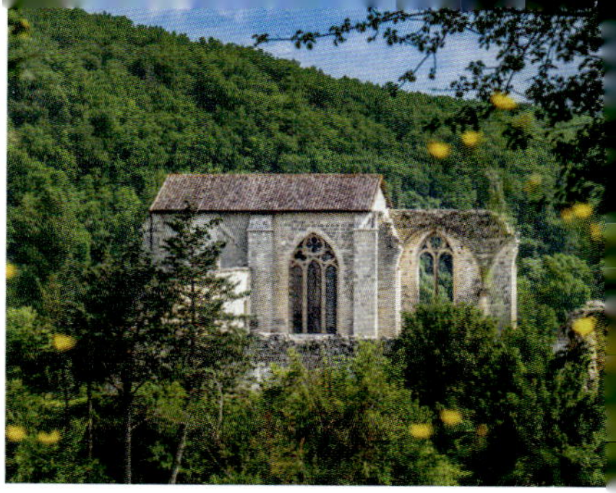

Dass wir bereits seit einiger Zeit exakt auf der Grenze zwischen den Départements Lot und Dordogne gewandert sind, tritt hier erstmals sichtbar zutage: Ihre Willkommensschilder liegen sich an der Straße genau gegenüber. Wir überqueren die Straße und gehen geradeaus in Richtung Jardel-Bas. An der folgenden Dreifach-Weggabelung nach links. Wir halten uns 1 km geradeaus und dann abermals links, bis wir hinter einer kleinen Brücke die Siedlung **Pont-Carral** ❸ erreichen. Nach den ersten Häusern gehen wir auf der rechten Seite einer Blumeninsel in der Mitte der Siedlung vorbei und hinauf zur D673. Wir überqueren diese Départementstraße, gehen einige Meter parallel zu ihr nach rechts, dann am hölzernen Wegweiser »L'Abbaye 1.3 km« nach links und an der Mauer entlang, über den kleinen Buckel und nach rechts hinab ins Tal. Der Weg führt jetzt zunächst am Waldrand entlang, später durch den Wald bis zur Siedlung **L'Abbaye** ❹.
Direkt vor den ersten Häusern zeigen die Wegzeichen an, dass wir uns links halten mögen. An der Querstraße einige Meter weiter wieder nach links und hinunter bis zur Ruine der Abtei. Wir umrunden sie im Uhrzeigersinn und nehmen direkt hinter der Längsseite mit dem großen scheibenlosen Fenster die linke der beiden Straßen geradeaus aus der Siedlung hinaus. Am letzten Haus biegen wir beim Wegweiser links ab Richtung Payrignac. Wir überqueren die kleine Brücke und treffen beim Stoppschild wieder auf die große D673. Ihr folgen wir für 200 m nach links (Vorsicht, Verkehr!), danach geht es rechts in die D47 Richtung Léobard. Nach einem weißen Trafohäuschen entscheiden wir uns für den Feldweg, der rechts von der Straße abgeht und parallel zu ihr leicht unterhalb verläuft. Ihm folgen wir entspannt knappe 20 Min. geradeaus. Links können wir gegen Ende bereits Léobard liegen sehen. An den folgenden beiden T-Kreuzungen geht es jeweils nach links, dann hinauf zur Kirche von **Léobard** ❶ und zurück zum Parkplatz.

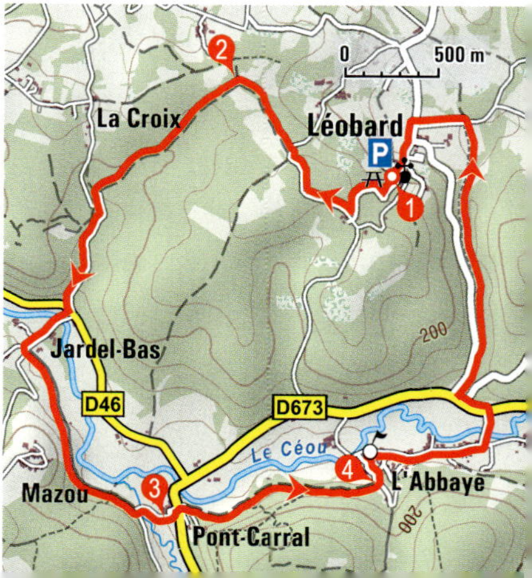

↗ 190 m | ↘ 190 m | 12.7 km

17 Die Cluzeaux von Saint-Pardoux

3.30 h

Höhlen, Schloss, Trockenmauern, Orchideen – es gibt viel zu entdecken

Die kleine, auf einem Hügel erbaute Siedlung Saint-Pardoux de Mareuil im Norden des Périgord birgt eine geheimnisvolle Besonderheit: Vermutlich vor knapp 2000 Jahren haben die Menschen hier »Cluzeaux« in die Kalksteinfelsen des Hügels gehauen: kleine Höhlen, die bei Gefahr Schutz boten – unter Umständen auch für längere Zeit, denn einige dieser Höhlen enthalten zusätzliche Löcher im Boden für Vorräte. Auch steinerne Sarkophage finden sich in Saint-Pardoux, weshalb vermutet wird, dass sich im Altertum eine Nekropole (Totenstadt) auf dem Hügel befand. Die Wanderung führt vom belebten Ort Mareuil durch Wälder, Täler und alte Trüffelfelder nach Saint-Pardoux. Wer Pflanzen liebt, kann zusätzlich am Weg zahlreiche unterschiedliche Orchideen und Flechten entdecken.

Ausgangspunkt: Mareuil-en-Périgord, Place de la Victoire (N45.45134 E0.45234); Parken am Château de Mareuil, dann auf der D939E1 Richtung Ortsmitte, erste Straße rechts, dann links zur Place de la Victoire.
Anforderungen: Leichte, aber längere Rundwanderung auf gut markierten (Wald-)Wegen, Pfaden, und kleinen Straßen.
Markierung: Durchgängig gelbe Wegzeichen, fast ausschließlich als Holzpfähle mit gelber Kappe; offizielle französische Bezeichnung des Rundwegs: Boucle des Cluzeaux.
Einkehr: In Mareuil.

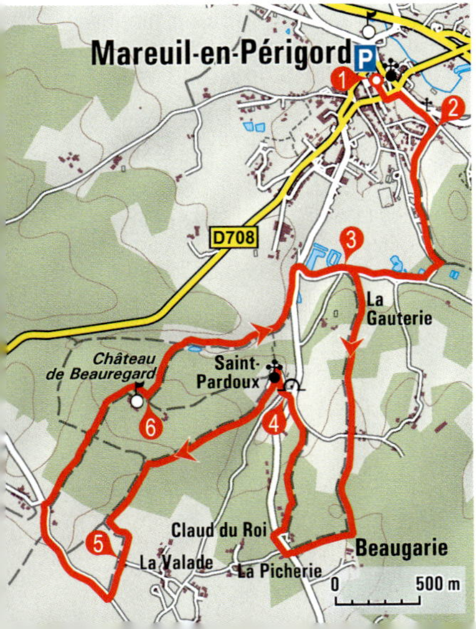

Von der Place de la Victoire in **Mareuil** ❶ gehen wir am Kriegerdenkmal vorbei zur Rue Pierre Degail. Hier links hoch, dann rechts auf der Rue du Périgueux ortsauswärts. Beim Steinkreuz rechts (Route de Montbreton). Vor dem Ortsausgangsschild erneut rechts in die **Allée des Rochers** ❷. Wir folgen dem alten Sträßchen, vorbei an gepflegten Gärten. Es wird später zu einem Karrenweg und trifft dann auf einen Querweg. Hier rechts und sehr bald weiter geradeaus auf der Straße. Wir queren einen Bachlauf und biegen dahinter rechts ab. Bald gabelt sich die Straße, hier den rechten Abzweig nehmen (Rue du Château la Gauterie). Wir erreichen

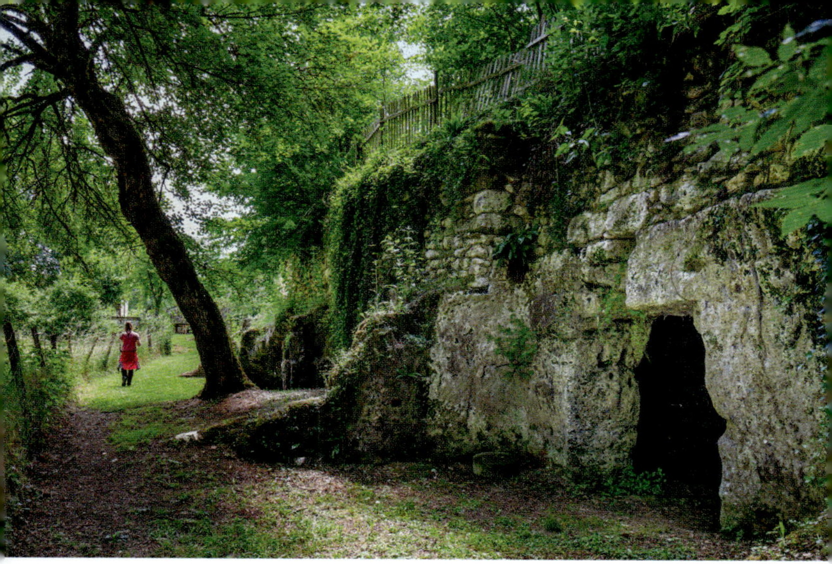

In einer Reihe liegen die Cluzeaux im Fels.

zwei nicht zu übersehende hölzerne **Wegweiser ❸**. Diese Stelle merken wir uns, denn auf dem Rückweg kommen wir wieder hier vorbei. Wir folgen den Wegweisern nach links in den Wanderweg. Er führt zuerst durch Wald, dann durch Weideland. Auf halber Strecke können wir zur Rechten bereits den Kirchturm von Saint-Pardoux sehen, das Etappenziel unserer Wanderung. Wir überqueren eine kleine Straße und halten uns weiter geradeaus durch lichten Wald. Nach knapp 10 Min. knickt der Weg rechts ab, passiert im weiteren Verlauf zwei Ferienanwesen und endet an der D99. Hier kurz nach rechts und nach 90 m sofort wieder rechts. Direkt hinter dem ersten Grundstück links abbiegen Richtung Saint-Pardoux. Der hübsche Wanderweg führt durch Eichenwald und endet an einem kleinen Sträßchen. Wir biegen nach links ab, queren bald die D99 und erreichen bei der Weggabelung am Steinkreuz die Cluzeaux von **Saint-Pardoux ❹**. Sie zu erkunden macht Spaß. Auf der größeren Infotafel können wir erkennen, dass eines der Cluzeaux weit in den Felsen hinein reicht – es lohnt sich, eine Taschenlampe bereit zu halten. Zudem lässt sich einiges über die Notbehausungen

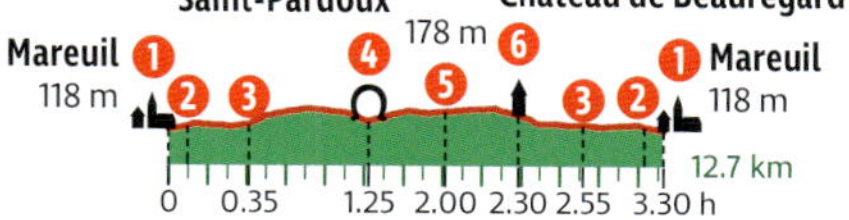

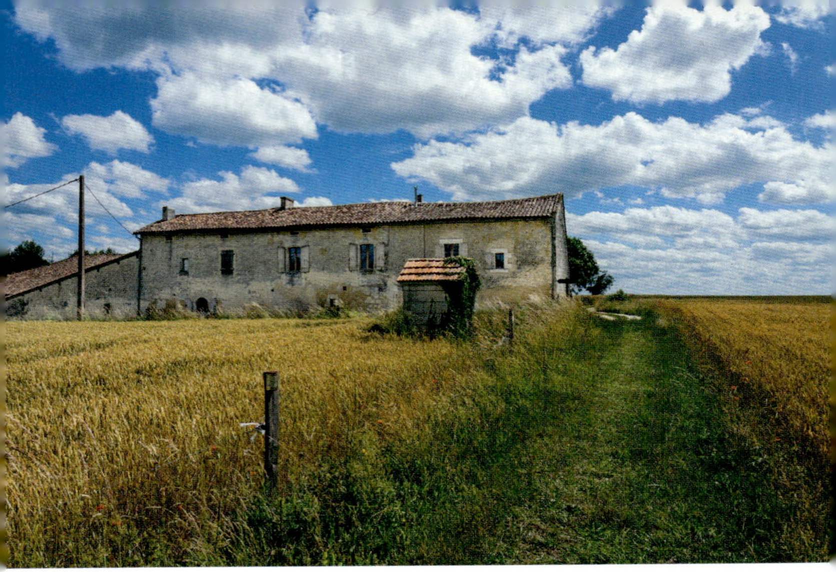

Altes Landhaus nahe La Valade.

lernen. Anschließend spazieren wir die Straße hinauf Richtung Kirche. Hier aufpassen, um nicht die steinernen Sarkophage rechts des Wegs zu verpassen.

An der höchsten Stelle folgen wir dem Linksbogen des Weges, dann 40 m weiter links auf dem Chemin des Cluzeaux zur Kirche. Vor der Kirche der Beschilderung nach La Valade folgend nach rechts, am Friedhof vorbei und geradeaus in den Waldweg. Nach 15 Min. erreichen wir einen Querweg, hier links. Später beschreibt der Weg einen Knick nach rechts und führt zwischen zwei Feldern hindurch auf ein exponiert vor uns liegendes Landhaus zu. Hier verlassen wir nun die Beschilderung nach La Valade und halten uns geradeaus auf dem Schotterweg, der rechts am **Haus** 5 vorbei führt. Beim Steinkreuz auf der Straße nach rechts. Wir erreichen einige Häuser, hier rechts ab in den Schotterweg. Er führt an einem Baugewerbe vorbei zu einer Wanderwegkreuzung. Hier halten wir uns der gelben Markierung folgend geradeaus. Der Weg führt uns in einem weiten Rechtsbogen um das schmucke **Château de Beauregard** 6 herum. Gegenüber der Einfahrt zum Schloss biegen wir links in den Waldweg ab. Er führt zu einem kleinen See. Auf dem Querweg dahinter rechts gehen. Der Weg endet an der D99. Hier links (geradeaus) und nach gut 150 m rechts Richtung La Gauterie. Die Straße bringt uns zurück zu der Stelle mit den beiden hölzernen **Wegweisern** 3, die wir uns auf dem Hinweg gemerkt haben. Von hier aus geht es auf derselben Strecke zurück zur Place de la Victoire in **Mareuil** 1.

2.30 h

Der Schmelzofen des Teufels

Gemütliche Wanderung bei Bourdeilles im Périgord vert

Bourdeilles ist ein malerisches mittelalterliches Dorf, das unbedingt einen Besuch lohnt. In seiner Nähe befindet sich der Fourneau du Diable (auch Forge du Diable), ein natürlicher Felsüberhang, der je nach Lichteinfall einer Teufelsfratze oder einem brennenden Kessel ähnelt. Hier wurden 18.000 Jahre alte Auerochsen-Reliefs gefunden – eine Hinterlassenschaft der Steinzeitmenschen, die die Felsüberhänge als Siedlungsplätze nutzten.

Ausgangspunkt: Bourdeilles, Parkplatz an der Mairie (N45.32357 E0.58521).
Anforderungen: Leichte Rundwanderung auf gut markierten Wegen, Pfaden und Straßen.
Markierung: Gelbe Wegzeichen bis 5, häufig als Holzpfähle mit gelber Kappe; danach rot-weiß.
Einkehr: Keine.
Tipps: Besuch des mittelalterlichen Bourdeilles: vom Parkplatz an der Mairie aus die Brücke in den Ort überqueren, nach 50 m am Fuß der Burg die kleine Rue du Moulin nach links hinauf zur Kirche, sich von da an treiben lassen; Besichtigung Renaissanceschloss und Burg (Blick vom achteckigen Bergfried lohnt sich), chateau-bourdeilles.fr.; Auerochsen-Relief im Prähistorischen Nationalmuseum in Les Eyzies, musee-prehistoire-eyzies.fr.
Hinweis: Wenn die örtlichen Kletterverbände Seile vorgespannt haben (meist im Sommer), ist es möglich, am Fourneau du Diable zu klettern. Ohne Seile besteht Lebensgefahr, dann ist jeglicher Kletterversuch zu unterlassen.

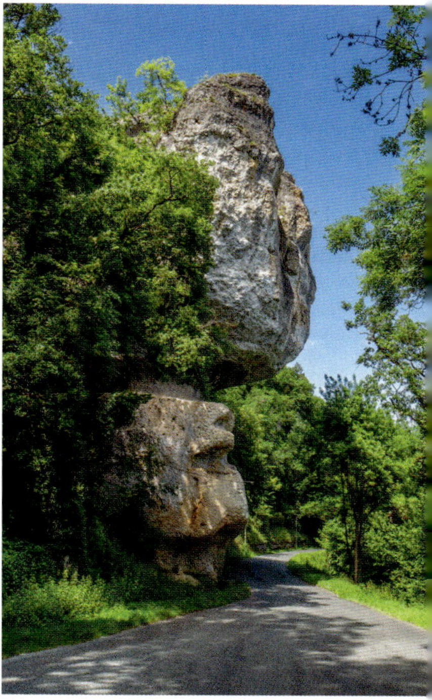

Der Fourneau du Diable (oben). Das Auerochsen-Relief befindet sich heute im Prähistorischen Museum von Les Eyzies.

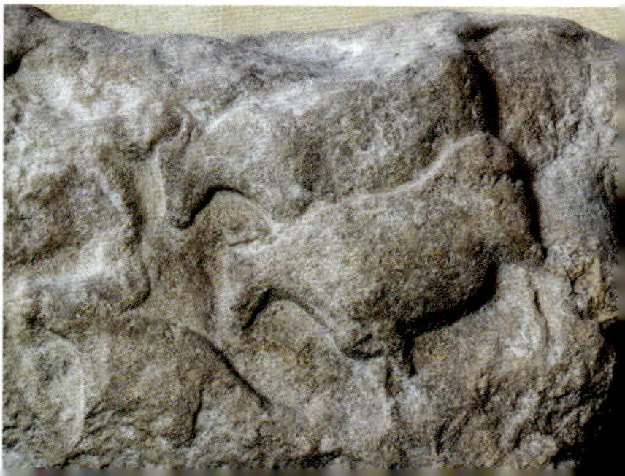

Vom Parkplatz in **Bourdeilles** ❶ aus gehen wir rechts die Straße hinunter, biegen am Ende rechts auf die D106 ab und nehmen anschließend die erste Straße links (La Prairie / La Prada). Hinter der Wohneinrichtung La Prada nach rechts, dann am Stoppschild links. Dieser Straße folgen wir knappe 300 m, bis unser Weg zwischen zwei Einfahrten in den **Wald** ❷ hinein führt. Nun gute 30 Min. geradeaus. Auf halber Strecke passieren wir einen alten Waschplatz nebst Quelle (»Source de font Barde«). Kurz vor La Faurie wird der Waldweg zu einer kleinen Asphaltstraße, der wir geradeaus durch die Siedlung folgen. Nach den letzten Häusern macht die Straße bald eine rechtwinklige Kurve nach links, wir nehmen jedoch den Feldweg geradeaus und biegen kurz darauf beim hölzernen **Wegweiser** ❸ nach rechts Richtung Valeuil ab. Nun wandern wir 15 Min. durch den Wald – am Wegesrand zwischen Juni und September unbedingt Ausschau nach Walderdbeeren halten. Bei **Gueyzat** ❹ trifft unser Weg auf ein Sträßchen, dem wir geradeaus in die Siedlung folgen. Hier nehmen wir die dritte Straße links (gelbe Wegzeichen) und biegen im Anschluss rechts ab. An der folgenden Dreifach-Weggabelung links und leicht bergab. Nach 200 m geht es links in einen Karrenweg. Ihm folgen wir für gute 20 Min., bis wir einen **Querweg** ❺ erreichen. Hier führen die gelben Wegzeichen nach links, wir aber biegen rechts ab (von nun an rot-weiße Wegzeichen). Nach 500 m erreichen wir kurz vor dem Weiler Les Genêts eine Weggabelung. Wir nehmen den rechten Abzweig, passieren einige Viehweiden und treffen am Ende auf die D106/E2, wo wir abermals rechts abbiegen. Recht bald taucht auf der linken Straßenseite ein weiterer alter Waschplatz (»Le Lavoir des Gadauds«) auf. Wir gehen nun parallel zur Dronne. Nachdem rechts schon größere Felsen als Vorboten das Ziel der Wanderung ankündigen, führt die Straße geradewegs zum imposantesten von ihnen – dem **Fourneau du Diable** ❻ (→ Hinweis).

Über die D106/E2 erreichen wir nach gut 1 km **Bourdeilles** ❶, dessen historischen Ortskern wir im Anschluss an die Wanderung erkunden sollten.

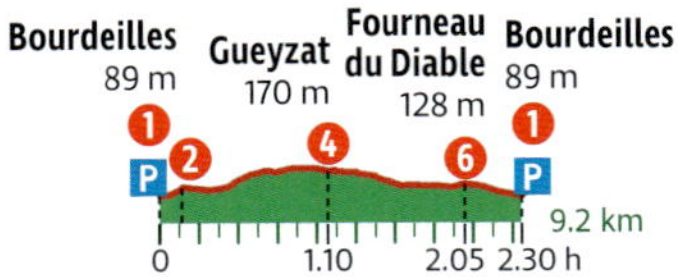

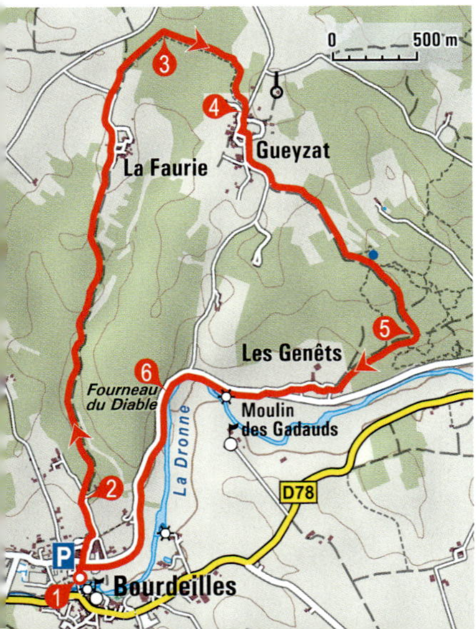

↗ 220 m | ↘ 220 m | 9.5 km

3.00 h

Im stillen Dronnetal bei Brantôme

Ruhige Wanderung zur Abtei von Brantôme

Die historische Altstadt von Brantôme ist komplett von Wasser umgeben und zieht als »Venedig des Périgord« jedes Jahr Zehntausende Besucher an. Dominiert wird der Ort von der Benediktinerabtei Saint-Pierre de Brantôme. Sie wurde 769 von Karl dem Großen an einer Schleife des Flusses Dronne gegründet. Innerhalb dieser Schleife ließen sich bald erste Siedler nieder. Im 11. Jh. schließlich huben Mönche für die örtliche Mühle einen Kanal aus, der die beiden Enden der Dronneschleife verband. Seitdem ist der historische Ortskern eine Insel und nur noch über Brücken erreichbar. Von Brantôme aus führt die Wanderung durch das Dronnetal, das heute zur Erhaltung bedrohter Pflanzen- und Tierarten Schutzgebiet der Europäischen Union ist.

Ausgangspunkt: Brantôme, Parking du Vert galant (P1) vor der südlichen Brücke zur Altstadt (N45.36219 E0.64865).
Anforderungen: Leichte Rundwanderung auf gut markierten Wegen, Pfaden und Straßen.
Markierung: Auf den ersten 1,5 km spärlich, danach durchgängig gelbe Wegzeichen, häufig als Holzpfähle mit gelber Kappe; offizielle französische Bezeichnung des Rundwegs: Boucle de l'abbaye.
Einkehr: In Brantôme.

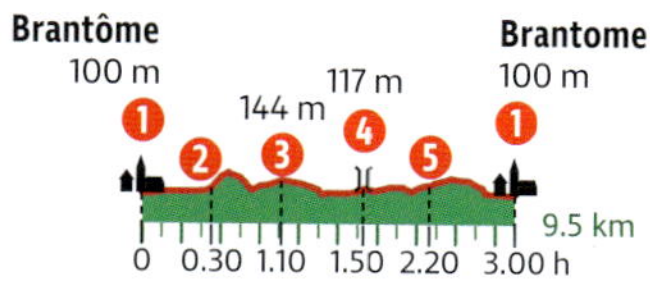

Tipp: Mit Saint-Jean-de-Côle liegt ein Dorf, das zur Gruppe der schönsten Dörfer Frankreichs gehört, nur 20 Autominuten entfernt.

Waldstück bei Labrousse.

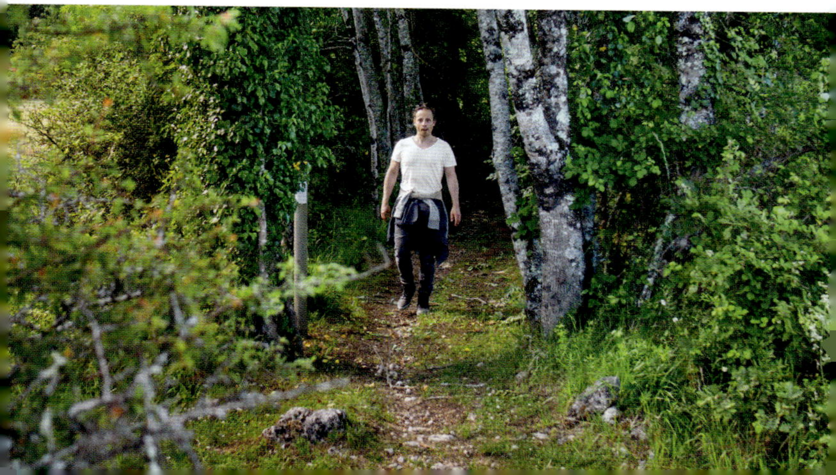

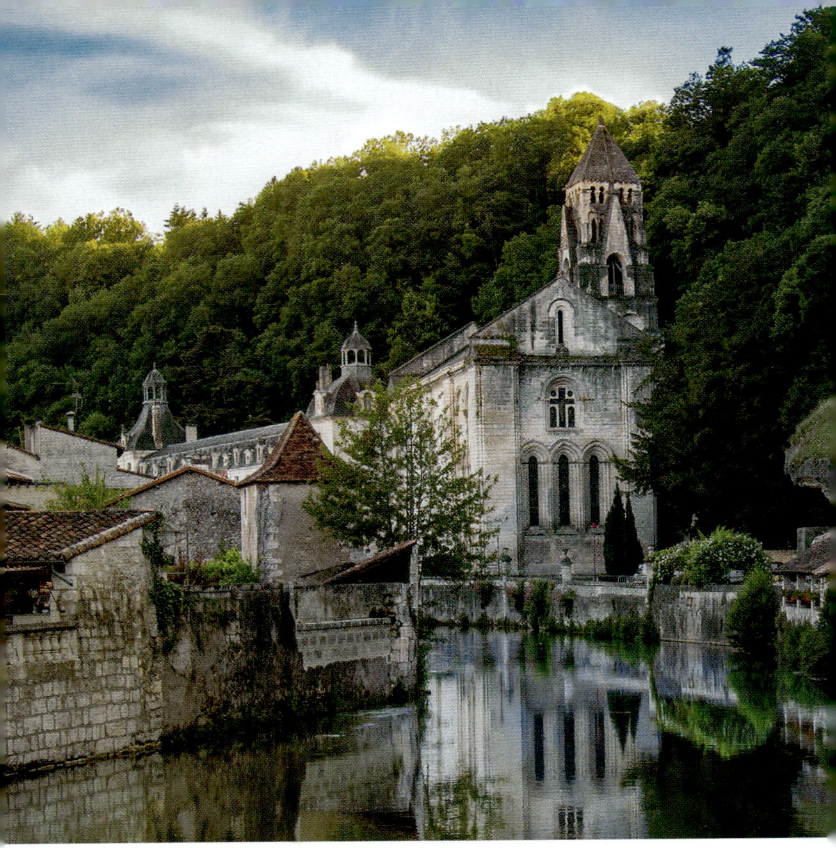

Abtei von Brantôme, dem »Venedig des Périgord«.

Vom Parking du Vert galant (P1) in **Brantôme 1** gehen wir auf das Restaurant Au Fil du Temps zu und folgen dem Chemin du Vert Galant nach rechts stadtauswärts, zunächst vorbei am Wohnmobil-Stellplatz und noch 500 m bis zur Weggabelung vor einer Ampel.

Hier rechts abbiegen, vorbei am Botanischen Garten Alaije und bis zur Kläranlage. Wir ignorieren den Abzweig nach links, bleiben auf dem Schotterpfad und folgen bald dem Rechtsknick des Weges. Dann links durch niedrige Betontunnel unter der D939 hindurch (gelbe Wegzeichen) und dahinter wieder links den Weg entlang. Wir kreuzen einen Schotterpfad und halten uns geradeaus bis zum Hotel Moulin de Vigonac. Am dahinter liegenden Stoppschild rechts und sofort links den **Waldweg 2** hinauf. Etwa

10 Min. später überqueren wir beim Sägewerk des Weilers Faye ein kleines Sträßchen. Nun wandern wir entspannt bergab (Abzweige nach links oder rechts ignorieren), bis wir gute 15 Min. später auf eine Straße treffen. Wir folgen ihr nach rechts, nehmen an der direkt folgenden Weggabelung den linken Abzweig und passieren einige Häuser des Weilers Labrousse.
Hinter dem letzten Haus beim **Wegweiser 3** »Boucle de l'Abbaye: Brantôme 5,5 km« nach rechts in den Feldweg. Er tritt im weiteren Verlauf in ein Waldstück ein und trifft dahinter auf eine kleine Straße. Hier rechts gehen und 200 m weiter bei den Wohnhäusern nach links in den Ernteweg. Wir folgen dem weiten Rechtsbogen durch die Felder und nehmen an seinem Ende die Brücke über die **Dronne 4**. Dann auf der D78/C201 nach rechts. Wir ignorieren die Straße nach Les Combes und verlassen die D78/C201 kurz dahinter auf dem kleinen Abzweig nach links. Hier sind noch die Überreste eines alten Steinbruchs sichtbar.
Wir erreichen die Siedlung La Côte, schlängeln uns hindurch, überqueren eine kleine Straße und halten uns geradeaus auf dem Wiesenweg und unter Bäumen hindurch (gelbe Wegzeichen). Einige Minuten später vollführt unser Weg einen Linksknick. An der Weggabelung dahinter ignorieren wir den Abzweig nach links und folgen unserem Weg oberhalb der großen D939 weiter geradeaus (Wegweiser »Boucle de l'Abbaye: Brantôme 2 km«). Wir gehen rechts über die Brücke. Direkt dahinter führt der Weg abermals nach rechts und bis zu einer **T-Kreuzung 5**. Dort links in den Schotterweg. Nach gut 10 Min. an der Gabelung den rechten Abzweig nehmen. Bald ist der Weg von verfallenen Trockenmauern gesäumt. Schließlich beim nächsten Querweg rechts ab. Er wird im weiteren Verlauf zum kleinen Sträßchen Rue Daumesnil mit historischen Häusern aus dem 14.–18. Jh.
Am Ende rechts (Rue Mareuil). Dann bei nächster Gelegenheit wieder rechts (Avenue d'Angoulême). Nach wenigen Metern ein drittes Mal rechts in die D78. Hinter dem Tor Porte des Reformés erreichen wir die berühmte Benediktinerabtei Saint-Pierre de Brantôme. Am Ende des Gebäudekomplexes spazieren wir links durch das steinerne Tor beim Pavillon Renaissance, über die malerische Brücke Pont coudé und am Park entlang zurück zum Parkplatz in **Brantôme 1**.

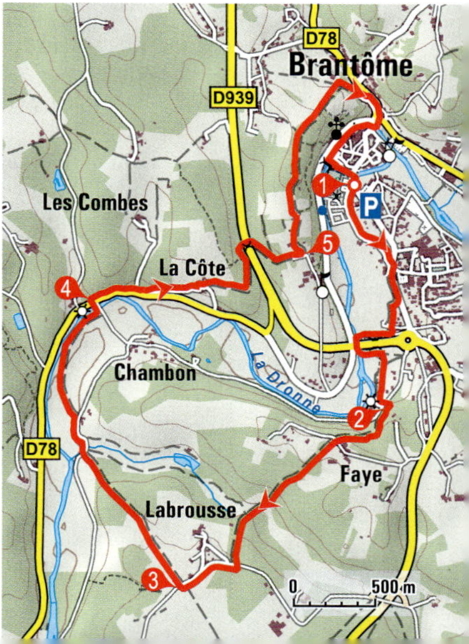

↗ 430 m | ↘ 430 m | 14.2 km

4.00 h

20 Jumilhac-le-Grand

Hügeliges Weideland an der Grenze zum Limousin

Am Fluss Isle, einem Nebenfluss der Dordogne, liegt einige Kilometer vor Périgueux das Städtchen Jumilhac-le-Grand. Es ist vor allem bekannt durch sein Renaissanceschloss, von dessen Spitztürmen keiner dem anderen in Form oder Größe gleicht. Von hier aus lässt sich eine abwechslungsreiche, längere Tour durch das Tal des Isle und die umliegende Hügel- und Weidelandschaft der Grenzregion von Périgord und Limousin unternehmen.

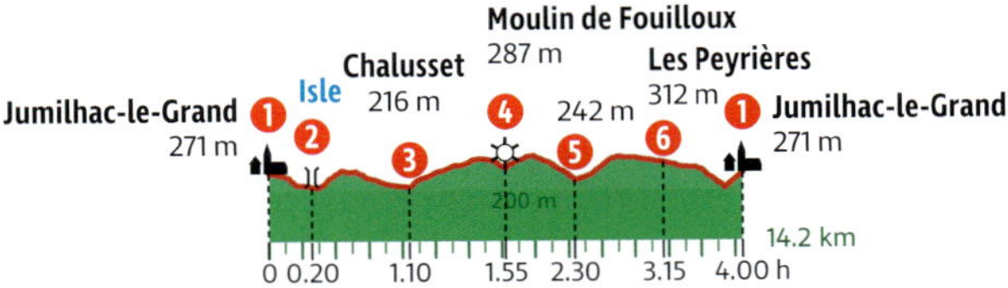

Ausgangspunkt: Jumilhac-le-Grand, Place du Château, ausreichend Parkplätze (N45.49350 E1.06065).
Anforderungen: Längere Rundwanderung auf ab und an steinigen Wald-/Feldwegen und kleinen Straßen.
Markierung: Gelbe Wegzeichen, häufig als Holzpfähle mit gelber Kappe.
Einkehr: In der Hauptsaison in Jumilhac-le-Grand.

Am westlichen Ende der Place du Château in **Jumilhac-le-Grand** ❶ auf dem Boulevard du General de Gaulle ortsauswärts. Die erste Straße links nehmen und hinab ins Tal des Isle. Nach einigen Minuten beschreibt die

Brücke über den Isle.

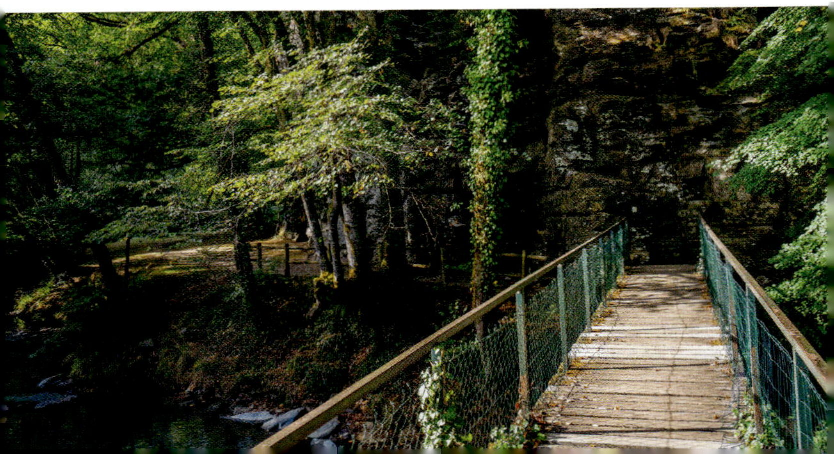

Château de Jumilhac.

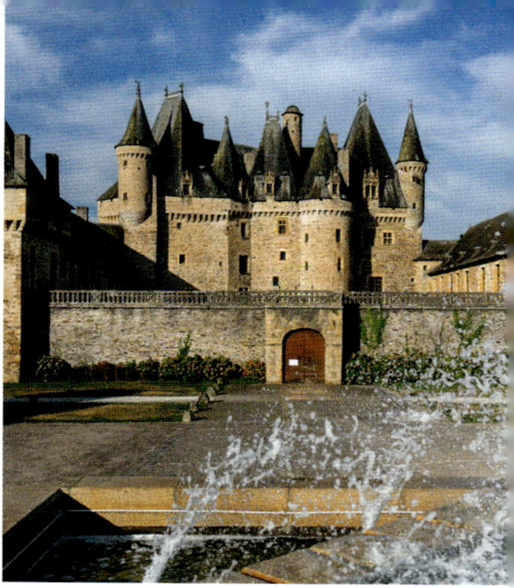

ramponierte Straße eine steilere Linkskurve, hier noch ein paar Schritte geradeaus und links auf dem Wanderweg weiter. Dann die Wiese überqueren und auf dem Pfad direkt am Fluss entlang. Er führt zurück zur Straße. Weiter geradeaus, dann hinter dem Wehr auf der Brücke den **Isle** ❷ überqueren. Am Ende der Brücke links, zwischen Kletterfelsen und Fluss entlang und beim letzten Picknicktisch steil nach rechts den Pfad hinauf.

Zu Beginn ist er steinig und führt in einigen Windungen bergan durch den Wald. Bei einer größeren Weide tritt der Weg schließlich aus dem Wald heraus. Wir erreichen den Weiler La Grange. Hier noch an der langen Scheune vorbei und dann auf der asphaltierten Zufahrt nach links. Sie führt in zwei engen Kurven bergab. An der Querstraße rechts. Beim Stoppschild auf der größeren D79 nach links (Vorsicht Verkehr!). Nach knapp 400 m wandern wir das kleine Sträßchen nach **Chalusset** ❸ hinauf und geradeaus in den Wald. Beim letzten Haus lassen wir endlich den Asphalt hinter uns und es geht weiter auf dem angenehmen Waldweg. Abzweige beachten wir nicht. Wir erreichen eine Viehweide, und haben nun einen schönen Abschnitt durch offenes Bauernland vor uns: Wir queren die Weide geradeaus bis zum Zaun und folgen dann dem Weg am Zaun entlang. Wenige Schritte, bevor wir ein kleines Sträßchen erreichen, knickt der Weg scharf rechts ab und führt weiter zwischen den Weiden hindurch.

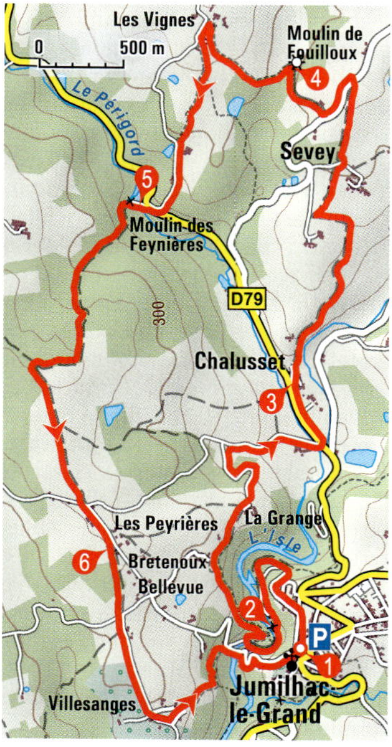

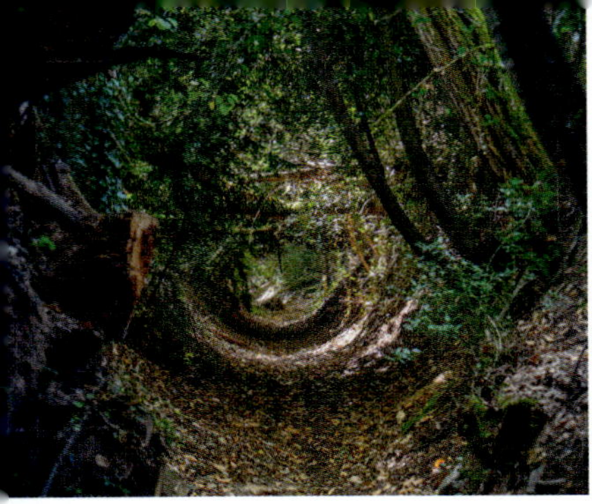

Wildromantischer Hohlweg.

Beim zweiten Wohnhaus kurz nach rechts und sofort wieder links in ein kurzes Waldstück. Dahinter weiter durch Viehweiden, bis der Weg schließlich recht abrupt an der D79E endet. Auf ihr nach links. Einige Minuten später biegen wir am Bauernhof rechts ab und gehen zwischen den Ställen hindurch. An der tiefsten Stelle erreichen wir die hübsche **Moulin de Fouilloux** 4. Nun auf dem breiteren Weg leicht bergan in den Wald. Er bringt uns zur zerstreuten Siedlung Les Vignes de Chalusset mit einigen traumhaften Anwesen und endet an einer Straße. Hier haben wir den nördlichsten Punkt unserer Wanderung erreicht. Wir gehen nach links und 150 m weiter wieder links in den Hohlweg. Er führt leicht bergab und gabelt sich dann, hier rechts. Auch dieser Weg führt im weiteren Verlauf bergab und endet an einer kleinen Straße. Wir gehen nach links. Im Tal queren wir die große D79 geradeaus und befinden uns nun auf dem Gelände der ehemaligen **Moulin des Feynières** 5. Von der Mühle selbst ist nichts mehr übrig, rechts vom Weg sind aber noch alte Wasserläufe, Wehre und Kanäle zu erkennen. Vor dem größten der Wohnhäuser knickt der Weg nach links ab, führt hinauf in den Wald und beständig bergan. Je nach Witterung haben wir einige kleine Bachläufe zu queren. Schließlich tritt der Weg aus dem Wald heraus und verläuft am Rand einiger größerer Weideflächen. An ihrem Ende tritt der Weg wieder in den Wald ein. Hier aufpassen – statt geradeaus in den Wald zu gehen biegen wir in spitzem Winkel nach links ab. Der Weg führt kurz am Waldrand entlang und dann 800 m durch die Weiden. Er endet an einer Straßenkreuzung, hier weiter geradeaus. Wir erreichen den Weiler **Les Peyrières** 6. Unmittelbar vor dem Ortsschild biegen wir rechts in den Pfad ab. Nach einigen Minuten gehen wir an der nächsten Straßenkreuzung geradeaus. 600 m weiter erreichen wir die Hausansammlung von Villesanges. Kurz hinter einer kleinen Kreuzung führt die Straße in einer Linkskurve bergab. Hinter dieser Kurve biegen wir links ab in die geschotterte Einfahrt. An ihrem Ende schließt sich ein Wiesenweg an. Er wird bald schmaler und führt als Pfad bergab durch den Wald. Vor einem Abhang des Tals des Isle gabelt sich der Pfad, hier links und weiter hinunter ins Tal. Der Pfad endet an einer Straße. Wir wandern nach rechts und über die Brücke. Zur Linken können wir das Gelände mit den Kletterfelsen erkennen, das wir zu Beginn der Wanderung durchquert haben. Die Straße windet sich in einigen Kehren aufwärts und bringt uns zurück zur Place du Château in **Jumilhac-le-Grand** 1.

↗ 150 m | ↘ 150 m | 9.3 km

2.30 h

Verwunschene Felsen bei Excideuil 21

Spannende Entdeckertour zu dunklen Höhlen.

Excideuil war im Mittelalter eine der wichtigsten Städte im Périgord, wovon die Schlossruine noch heute kündet. Auf sauberen Wegen lustwandeln wir zunächst durch parkähnliche Landschaften. Doch dann wird es plötzlich um so spannender. Denn kaum mehr als einen Kilometer Luftlinie vom Schloss entfernt erreichen wir die Roches Enchantées – die verwunschenen Felsen. Über Jahrmillionen hat sich hier das Wasser ins weiche Kalkgestein gegraben und Gänge und Höhlen geschaffen. Sie sind für jedermann zu erkunden, was große Freude macht – eine Lampe vorausgesetzt. Zurück geht es am romantischen Flüsschen Loue, das zum Picknicken oder Planschen einlädt.

Ausgangspunkt: Excideuil, Touristeninformation (N45.33539 E1.04915).
Anforderungen: Rundwanderung auf meist gut markierten Wegen, Pfaden und kleinen Straßen.
Markierung: Gelbe Wegzeichen zwischen 2 und 3 und von kurz hinter Sarconnat bis Ende, ansonsten nicht vorhanden oder sie gehören zu anderen Wegen.
Einkehr: In Excideuil.

Hinweis: Stirnlampe für die Gänge im Fels bei den Roches Enchantées einpacken.

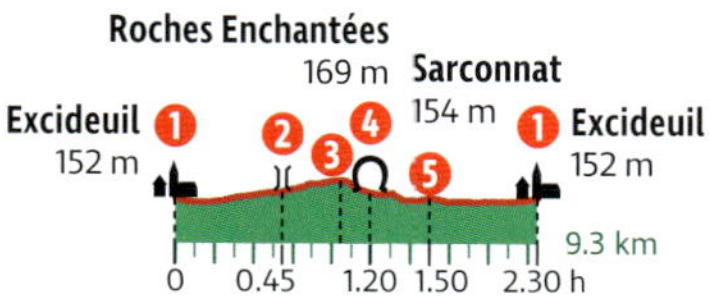

Große Höhle mit Abri und Gang in den Fels.

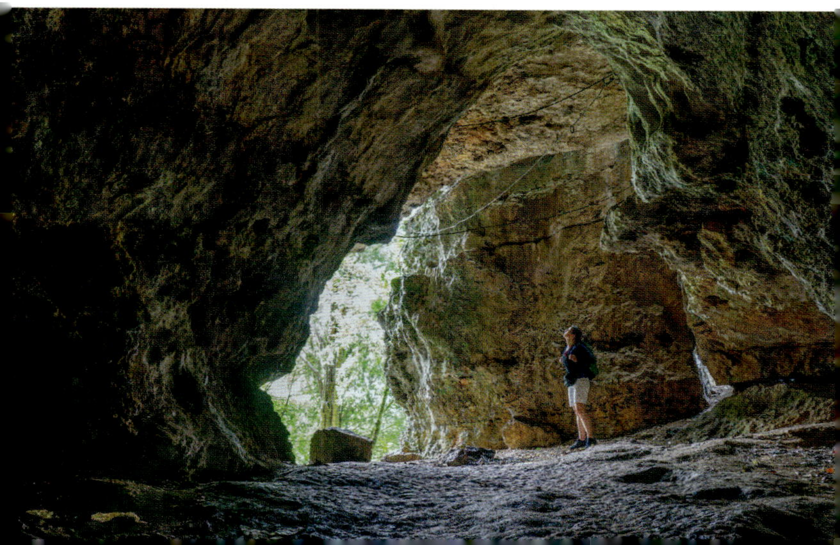

Vom Office de Tourisme in **Excideuil** ❶ gehen wir an der Hostellerie du Fin Chapon vorbei und nach rechts durch den Torbogen. Dann am Schloss entlang zur D705. Dort auf der gegenüberliegenden Straßenseite auf dem Schotterweg nach rechts. Ihm folgen wir für die nächsten 2,5 km entspannt geradeaus. Kurz hinter einer **Brücke** ❷ vollführt der Schotterweg eine enge Spitzkehre nach links und abwärts. Am Fuß der Brücke überqueren wir die Kreuzung geradeaus. Wir folgen nun bis zu den Roches Enchantées den gelben Wegzeichen.

Wir wandern kurz bergan, dann beim beinahe höchsten Punkt nach rechts in den Wald. Auf diesem Weg bleiben wir, bis wir eine kleine Straße erreichen. Dort nach rechts. Knapp 7 Min. später links ab in die **Rue du Château d'eau** ❸ und bis nach Theulet. Wir folgen der Straße und biegen mitten in der Siedlung nach rechts in den Wiesenweg ab, der auf den Wald zuführt. Dann beim Querweg nach links, kurz dahinter an der Weggabelung rechts und leicht bergab an der Mauer entlang. Linker Hand beginnen nun die **Roches Enchantées** ❹. Ein erstes Mini-Abenteuer wartet auf halber Strecke hinter einer halb verfallenen Holztür, hier kann man bereits recht tief in den Fels hinein gehen. Entdeckt wurde diese Grotte 1869 und auf den Namen Église de Saint Martin getauft. 30 m weiter den Weg entlang liegt eine große Höhle mit Abri. Hier reicht ein Gang außerordentlich tief in den Fels. Er ist stockfinster und erfordert mit zunehmender Tiefe immer mehr Mut. Theoretisch kann man es mit einer Smartphone-Taschenlampe wagen, optimal ist dennoch eine Stirnlampe, denn je tiefer man in den Fels vordringt, desto rutschiger wird der Weg und man braucht beide Hände, um sich festzuhalten. Noch ein Stück weiter den Wanderweg entlang liegt eine dritte Höhle, sie ist allerdings eingestürzt.

Kurz hinter der eingestürzten Höhle sind am Weg einige Infotafeln aufgestellt. Hier zweigt vom Weg ein Pfad nach links ab. Wir gehen zwischen zwei dicht beieinander stehenden Brocken hindurch und dann auf dem unteren Pfad am Fuß der Felsen entlang. Wir erreichen eine hübsche Quelle, dort auf dem Karrenweg geradeaus am Feldrand entlang. Anschließend auf dem Querweg nach rechts. Er führt am Ende des Feldes in den Wald hinein und knickt dort direkt nach rechts ab. Wir halten uns nun immer geradeaus auf dem Pfad. Er endet an einer Weide. Hier weiter geradeaus über die Weide an der Buschreihe entlang und bis zum Schotterweg. Wir biegen links ab und kommen nach **Sarconnat** ❺.

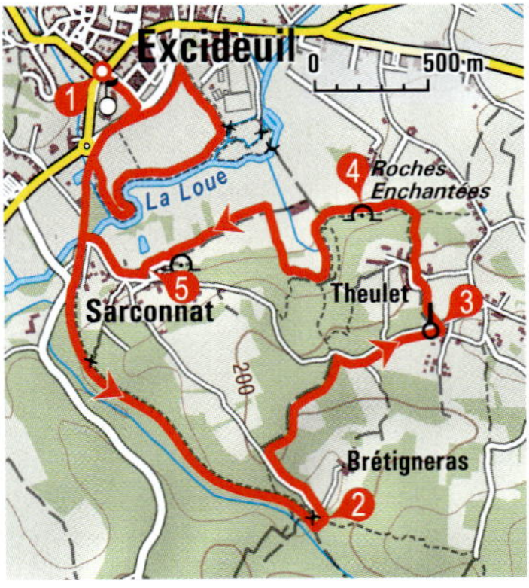

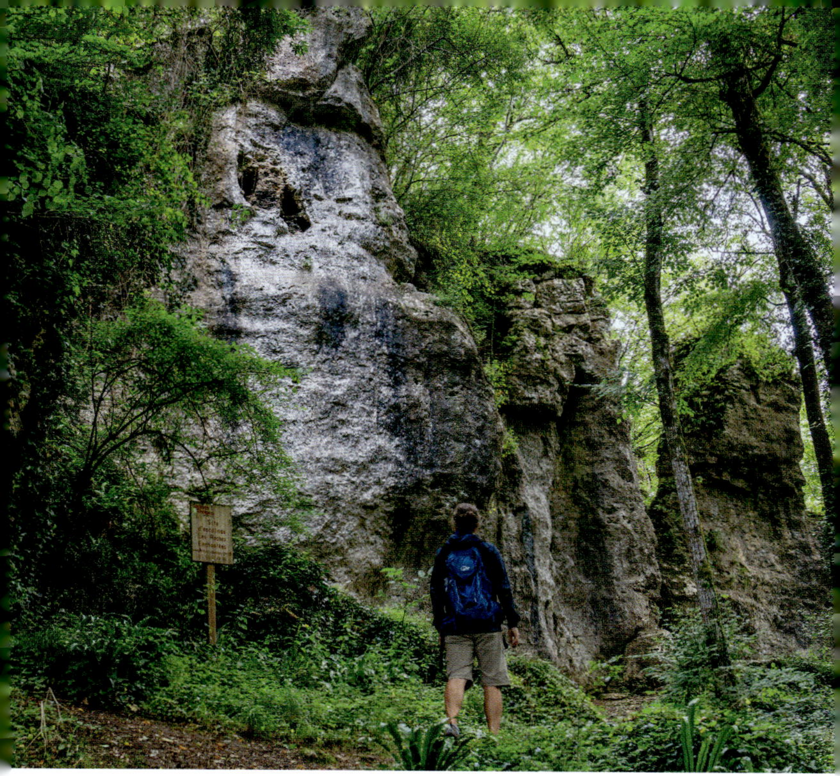

Roches Enchantées.

Bei den ersten Häusern biegt der Weg kurz nach links ab und endet dann an einer Querstraße. Ihr folgen wir nach rechts und bergab. An der Brücke nehmen wir den kleinen Fußweg hinauf und überqueren sie.
Die nächsten 250 m gehen wir nun auf dem Weg, den wir auf dem Hinweg schon in entgegengesetzter Richtung gegangen sind. Dann knickt scharf rechts ein Pfad ab, der zu einem Wiesenweg wird. Er führt gemütlich und nun wieder mit gelber Markierung am Flüsschen Loue entlang. Zwischendurch lädt das flache Ufer zum Picknicken oder Planschen ein. Nach 15 Min. erreichen wir einen hölzernen Wegweiser. Hier verlassen wir den Fluss und halten weiter geradeaus auf Excideuil zu. Es geht an einigen Sportanlagen vorbei. Kurz vor der großen D705 nehmen wir den Schotterweg unterhalb der Straße (»Château 400 m«). Bald erreichen wir die Stelle am Schloss, wo wir auf dem Hinweg die D705 überquert haben. Hier geht es auf demselben Weg zurück zum Office de Tourisme in **Excideuil** ❶.

TOP

22 Auvézère-Schlucht

↗ 370 m | ↘ 370 m | 8.6 km

3.00 h

Kein Besuch im Périgord ohne einen Ausflug zur Auvézère!

Diese Wanderung entführt uns in einen landschaftlich unglaublich reizvollen Abschnitt des Périgord vert. Die Schlucht, die der Fluss Auvézère nahe des Örtchens Saint-Mesmin in den Fels gegraben hat, ist herrlich wild und urtümlich. Am Fluss entlang gibt es einen charaktervollen Steig, der hinauf und hinab, über schmale Hängebrücken und kleine Kletterpassagen führt, wo man die Hände zur Hilfe nehmen muss. Die Tierwelt in der Schlucht ist besonders vielfältig. Mit etwas Glück kann man Otter, Mufflons oder Eisvögel beobachten. Die Wildheit der Schlucht kontrastieren wir durch einen entspannten Abstecher auf der Ebene zur historischen Schmiede von Savignac-Lédrier aus dem 15. Jh.

Ausgangspunkt: Saint-Mesmin, großer Wanderparkplatz unterhalb des Ortes an der D72E5 / Route de Charoncle (N45.35281 E1.20067); dazu von Excideuil D705 Richtung Hautefort, dann geradeaus D4 Richtung Savignac-Lédrier, danach rechts D72E5 Richtung Saint-Mesmin, der Parkplatz liegt knapp 400 m hinter der Auvézère-Brücke links.
Anforderungen: Anspruchsvollere Rundwanderung zumeist auf steinigen, zum Teil steilen Pfaden; Zuhilfenahme der Hände ab und an notwendig; rutschig bei Nässe; Orientierungssinn hilfreich; Abstecher zur Forge de Savignac-Lédrier auf einer kleinen Straße.
Markierung: Durchgängig gelbe Wegzeichen außer zwischen ❹ und ❺, zumeist als Holzpfähle mit gelber Kunststoffkappe; Vorsicht Verwechslungsgefahr – um Saint-Mesmin verlaufen mehrere gelb markierte Rundwege.
Einkehr: Keine.
Tipp: Führung in der historischen Schmiede mit Hochofen von Savignac-Lédrier, forge-savignac-ledrier.dordogne.fr.

Vom **Parkplatz** ❶ auf der Straße hinab zur Auvézèrebrücke (ein kleines Stück Straße lässt sich durch einen Pfad am Ende des Parkplatzes abkürzen). Bei der Infotafel an der Brücke die Stufen hinab zum Flussufer. Wir

Hängebrücke über die Auvézère.

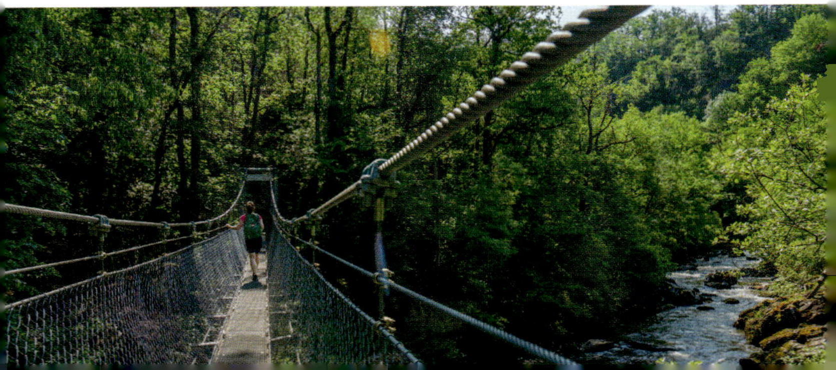

Ab und an braucht es Tritteisen.

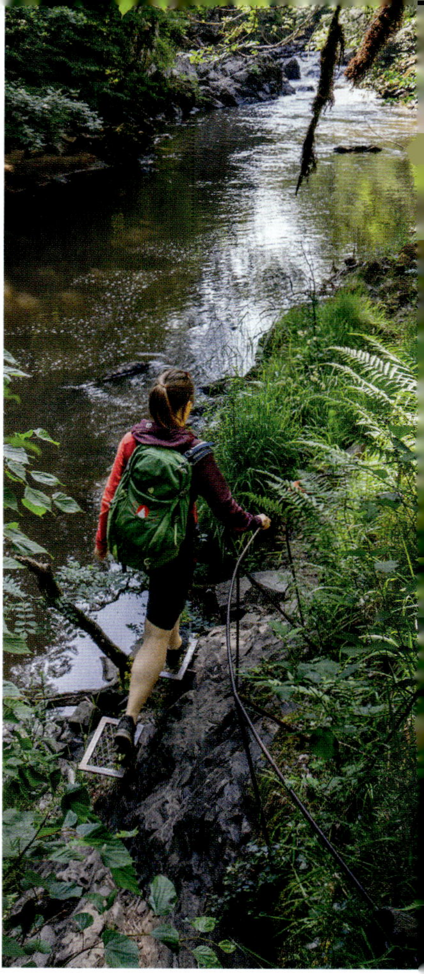

orientieren uns jetzt am Wasser: Wir folgen die ganze Zeit geradeaus dem Steig, der parallel zur Auvézère verläuft – mal unmittelbar neben ihr, mal ein paar Meter entfernt. Nach einiger Zeit erreichen wir die erste Hängebrücke mit dem Namen **Mouflons** ❷. Wir überqueren sie jetzt noch nicht, sondern halten uns weiter auf dem Steig am Fluss entlang. Bald schon sehen wir vor uns den Saut Ruban, eine natürliche Staustufe der Auvézère mit kleinem Wasserfall. Unser Steig ist jetzt sehr steinig und verläuft an einigen Stellen etwas weiter oberhalb. Immer wieder muss man die Hände zur Hilfe nehmen oder die in den Stein geschlagenen Tritteisen benutzen. Wir erreichen als Nächstes die zweite, nach dem Wasserfall benannte Hängebrücke **Saut Ruban** ❸. Auf ihr überqueren wir nun die Auvézère. Dahinter links und den steinigen, recht steilen Weg bergauf. Oben angekommen geht es entspannt auf einem schönen Waldweg weiter. Es mangelt nicht an gelben Wegzeichen. Sie bringen uns an einen Querweg, hier links. Der friedliche Weg bildet einen schönen Kontrast zur wilden Schlucht. Am Ende auf der kleinen Zufahrt noch kurz geradeaus bis zur Querstraße mit hölzernem **Wegweiser** ❹.

Von hier aus unternehmen wir unseren Abstecher zur historischen Schmiede: dazu auf der Querstraße nach rechts, an den Häusern des Weilers Vaupeytourie vorbei und weiter der Straße folgen, bis wir hinter einer S-Kurve einen kleinen See erreichen. Ihm gegenüber rechts ab in den Grasweg. Kurz vor den ersten Gebäuden der Forge de Savignac-Lédrier an der Weggabelung mit Wegweiser rechts hinunter und über die Brücke. Dahinter links und auf dem Uferweg an der Auvézère entlang. Von hier aus hat man einen tol-

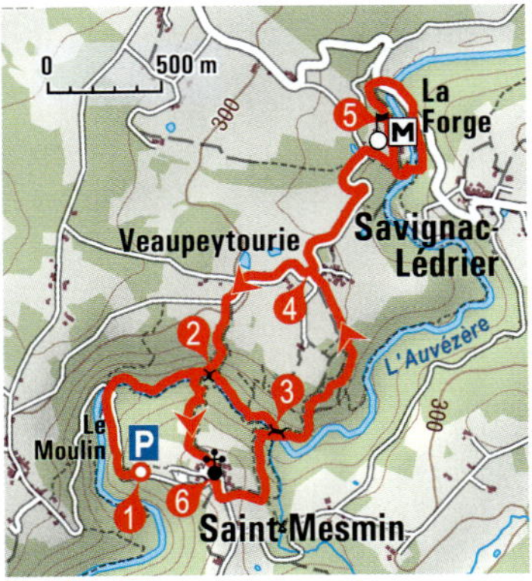

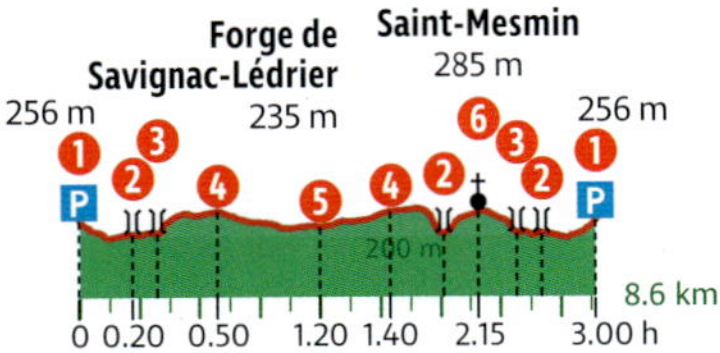

len Blick auf das gegenüberliegende Ufer, auf die Schmiede mit Hochofen aus dem 16. Jh. sowie das darüber liegende Schloss der Schmiedemeister. Dann wandern wir hoch zur Straße, links über die Brücke und quer über den Parkplatz. Am Ende des Parkplatzes links und zur **Forge de Savignac-Lédrier** ❺.

Nachdem wir alle Gebäude passiert haben, liegt vor uns die Weggabelung mit Wegweiser, die wir bereits kennen. Wir gehen auf demselben Weg zurück, sprich: den rechten Abzweig leicht bergan und auf dem Grasweg zurück zur Straße am kleinen See. Hier links, nach 10 Min. erreichen wir wieder den hölzernen **Wegweiser** ❹ bei Vaupeytourie, wo der Abstecher begann.

Nun weiter geradeaus auf der Straße am Wegweiser vorbei. 300 m dahinter an der Gabelung links und bald erneut links von der Straße in den Grasweg abbiegen. Er bringt uns in den Wald. Es geht leicht bergab, bis wir einen sehr steilen Pfad erreichen, der uns hinunter zur Auvézère bringt. Häufig muss man hier beide Hände zur Hilfe nehmen. Zur Erleichterung sind immer wieder Treppenstufen eingesetzt und Seile vorgespannt. Am Fluss angekommen sehen wir rechts die Brücke **Mouflons** ❷. Auf ihr überqueren wir nun die Auvézère und gehen hinter der Brücke nach rechts zum hölzernen Mehrfachwegweiser. Hier folgen wir dem bezeichneten Weg nach links bergan, der uns auf einer Strecke von 800 m nach Saint-Mesmin hinauf bringt.

In **Saint-Mesmin** ❻ angekommen, den großen Kirchenvorplatz (Place Charles Sarlandie) geradeaus am Eisenkreuz vorbei überqueren, weiter geradeaus auf der Route de la Forêt de Born und 20 m hinter der Mairie links in den Wanderweg. Er gabelt sich bald, hier den linken Abzweig nehmen. 200 m weiter beim Querweg rechts und hinab zum Fluss. Bald wird der Weg schmaler und zunehmend steiniger. Er endet am hölzernen Wegweiser kurz vor der Brücke **Saut Ruban** ❸.

Hier links und flussabwärts auf derselben Strecke wie beim Hinweg zurück zum **Parkplatz** ❶.

Blick in die Schlucht beim kleinen Wasserfall Saut Ruban.

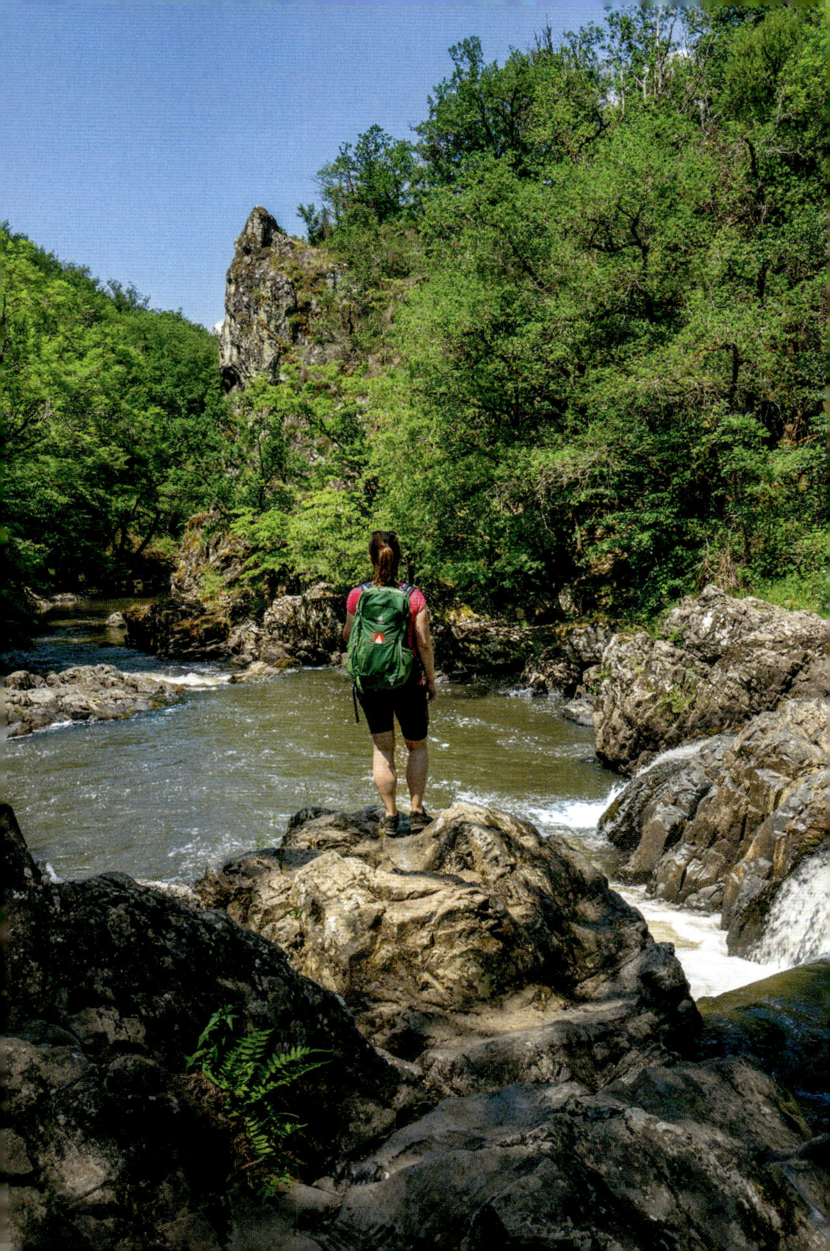

↗ 180 m | ↘ 180 m | 9.6 km

23 Hautefort – Boisseuilh

2.45 h

Wälder, Weiden und ein finsterer Eisenbahntunnel

Einige ehemalige Eisenbahnstrecken des Périgord sind heute zu Wander- oder Radwegen ausgebaut. Nahe des wuchtigen Château de Hautefort im Périgord vert verlief bis 1955 die Bahnstrecke Hautefort–Sarlat. Heute gibt es hier einen sehr hübschen Rundweg, der zur Hälfte auf dem ehemaligen Schienenweg verläuft und dabei auch einen kurzen, aber stockfinsteren Tunnel mit einschließt.

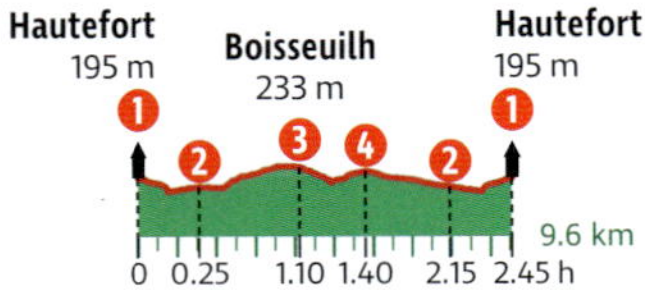

Ausgangspunkt: Hautefort, Parking Entrée an der Allée de Bastard am Fuße des Château de Hautefort (N45.26080 E1.14636).
Anforderungen: Leichte, gut markierte Rundwanderung auf hübschen Wegen und kleinen Straßen; für den Tunnel ist zwingend eine Taschenlampe notwendig.
Markierung: Durchgängig gelbe Wegzeichen; ab 2 folgt man dem offiziellen Rundwanderweg »Boucle de tunnel« (auf einigen Wanderkarten auch »Boucle de Boisseuilh«) in entgegengesetzter Richtung.
Einkehr: In der Hauptsaison im Dorf Hautefort.
Variante: Der offizielle Rundwanderweg beginnt an der Mairie von Boisseuilh (N45 17.300 E1 10.600) und ist nur gut 6 km lang; Parkplätze sind ausreichend vorhanden; der Wegbeschreibung ab 3 folgen; sobald der Tunnel passiert ist, bei 2 rechts abbiegen Richtung Argouillet/Boisseuilh.
Tipp: Besuch des Château de Hautefort, chateau-hautefort.com

Vom Parkplatz am Fuße des Château de **Hautefort** 1 aus die Straße überqueren und auf der Allée du Dalon geradeaus bergab bis in den Wald. 100 m hinter der Brücke nach links, dann rechts auf der Straße Richtung Boisseuilh. Am Ende an der Querstraße links und sofort wieder rechts Richtung Brégéras. Nach einigen Minuten stehen wir vor einer **Weggabelung** 2 und haben hier den offiziellen Rundwanderweg »Boucle du tunnel« erreicht. Wir gehen ihn von hier aus gesehen in entgegengesetzter Richtung – sprich: Wir nehmen an der Gabel den linken Abzweig »Boisseuilh par Argouillet«.

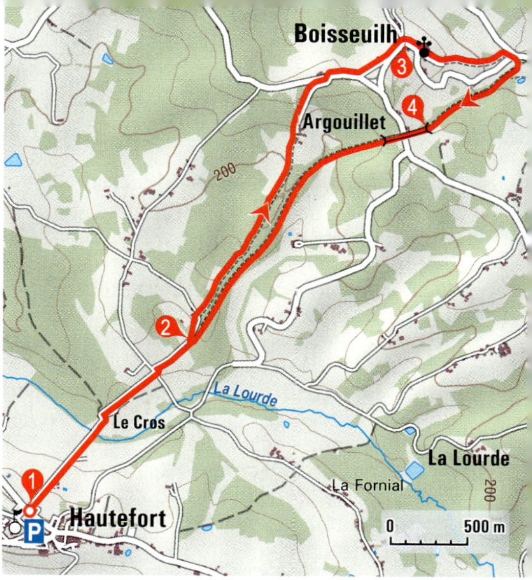

Nach 150 m verlassen wir die Straße nach rechts. Der schöne Wanderweg verläuft parallel zur alten Eisenbahnstrecke durch den Wald und im Anschluss von Bäumen gesäumt zwischen Weiden hindurch. Beim Gehöft Argouillet geradeaus weiter auf der kleinen Zufahrtsstraße. Sie trifft auf die D77, hier rechts. Dann vor dem Friedhof links in die C202 und geradeaus in den Ort. Wir passieren die Mairie von **Boisseuilh** ❸, folgen der Hauptstraße nach rechts und gehen bald die kleine Straße zwischen Kirche und Kriegerdenkmal hinab. Sie verengt sich beim letzten Haus zu einem Hohlweg. An seinem Ende überqueren wir die D72 und halten uns halb rechts/geradeaus in den Wanderweg. Nach einigen Minuten geht es zwischen den Brückenpfeilern der ehemaligen Bahntrasse hindurch und unmittelbar dahinter rechts hinauf auf die Trasse. Bald klafft schwarz vor uns der Ende des 19. Jh. erbaute **Tunnel** ❹ von Boisseuilh. Es wird Zeit für die Taschenlampe! Weil der Tunnel eine leichte Rechtskurve beschreibt, ist es für kurze Zeit tatsächlich stockfinster, da Ein- und Ausfahrt aus dem Blickfeld verschwinden. Nach diesem kleinen Abenteuer geht es weiter geradeaus auf der ehemaligen Bahnstrecke, inzwischen ein schöner Waldweg. Schließlich erreichen wir die **Weggabelung** ❷, die wir schon vom Hinweg kennen. Hier verlassen wir den offiziellen Rundweg wieder und gehen auf derselben Strecke zurück nach **Hautefort** ❶.

Château de Hautefort im Morgennebel.

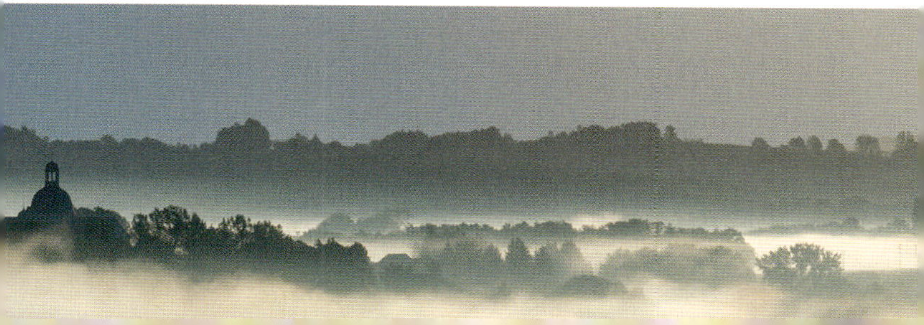

↗ 330 m | ↘ 330 m | 10.6 km

3.00 h

24 La vicomté de Turenne

Beschauliche Tour rund um die Zitadelle von Turenne

Bereits in der Corrèze, an der Grenze zur alten Provinz Quercy, schmiegt sich der schöne Ort Turenne an den Burghügel seiner alles überragenden Zitadelle. Wegen ihrer Lage ist die Burg von weithin sichtbar. Umgeben ist ihr Hügel von einer Bocage, also einer Kulturlandschaft, die durch Hecken in landwirtschaftliche Parzellen unterteilt ist. Karl der Große hatte seinerzeit die Verwaltung größerer Gebiete örtlichen Grafen anvertraut. Diese wiederum gaben die Aufgabe an ihre Stellvertreter weiter, die sogenannten Vize-Grafen – französisch: Vicomtes. Entsprechend hießen die Ländereien Vicomtés (Vizegrafschaften). Die Vizegrafschaft Turenne ist seit dem 9. Jh. beurkundet und noch heute liest man den Begriff an vielen Stellen im Ort. Vor einigen Jahren wurde ein langer Rundwanderweg angelegt, der Circuit de la Vicomté. Er ist in drei Abschnitte unterteilt. Wir erwandern uns hier den Abschnitt um Turenne.

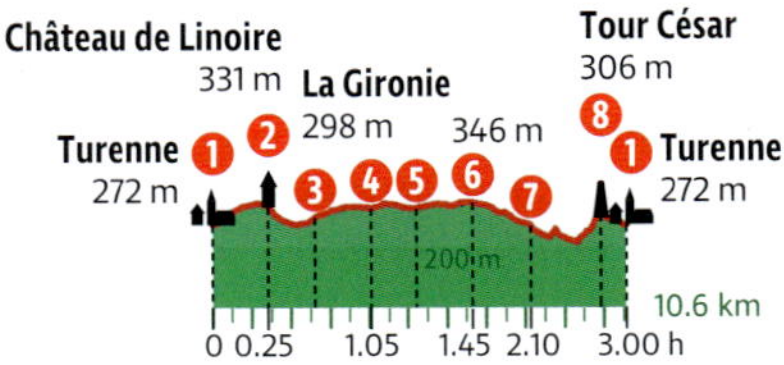

Ausgangspunkt: Turenne, Office de Tourisme (N45.05354 E1.58133); Parkplätze finden sich direkt gegenüber und 50 m weiter stadtauswärts an der D8.
Anforderungen: Entspannte, gut markierte Rundwanderung auf Waldwegen und kleinen Sträßchen; gut für heiße Tage, da die meiste Zeit luftig und leicht beschattet.
Markierung: Durchgängig grüner Pfeil auf weißem Grund; ergänzend weiß-rote Wegzeichen vom Ausgangspunkt bis La Gironie, dann gelb-rote bis zum Tour César, danach noch spärlich.
Einkehr: In Turenne.
Tipp: Nur wenige Autominuten von Turenne entfernt liegen mit Collonges-la-Rouge und Curemonte zwei weitere Orte, die zur Gruppe der schönsten Dörfer Frankreichs gehören.

Vom Office de Tourisme in **Turenne** ❶ aus überqueren wir die D8 und nehmen die Rue Francois Leymarie (D150E3) aus dem Ort hinaus. 250 m hinter der Mairie geht es links ab in den Pfad. Ab hier begleitet uns die gesamte Wanderung über als Wegzeichen der grüne Pfeil auf weißem Grund (Circuit de la vicomté). Mit seiner Hilfe ist ein Verlaufen nahezu unmöglich. Der Pfad trifft an der höchsten Stelle auf eine Straße. Wir folgen ihr nach links bis zu ihrem Ende an der Einfahrt zum **Château de Linoire** ❷. Dort rechts bergab in den Pfad. Er verläuft in Serpentinen talwärts, verbreitert sich am

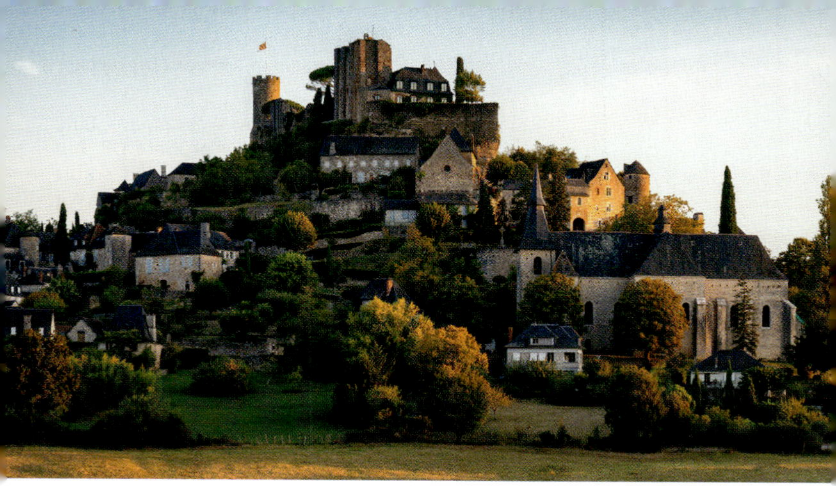

Turenne im Licht der aufgehenden Sonne.

Schluss zu einem asphaltierten Weg und trifft auf eine Straße. Die Fernsicht ist wunderbar. Auf der Straße nach rechts, am Weiler Goutoule vorbei nach **La Gironie 3**. Dort biegen wir direkt bei den ersten Häusern rechts ab, in ein bestens gelb-rot markiertes Asphaltsträßchen. Diese Markierung begleitet uns nun ergänzend zum grünen Pfeil.

Wir wandern bis zur Querstraße, dort links und kurz darauf geradeaus in den Wald Richtung Trespeuch. Knappe 10 Min. folgen wir der Straße. Den Schotterweg, der auf halber Strecke rechts abzweigt, ignorieren wir (voie privée). Kurz dahinter wird die Straße bei den letzten Häusern zu einem Karrenweg. Er führt uns am rechten Rand eines Plateaus entlang. Am Ende dieses Plateaus knickt der Karrenweg nach links weg, wir hingegen biegen rechts ab in einen **Hohlweg 4**. Mithilfe der Markierungen finden wir sicher durch den Wald. Nachdem der Weg sich verbreitert hat, wird er zu einer Straße. Von ihr geht es nach gut 300 m links ab in den Wald (auf Wegzeichen achten). Schnell erreicht man eine **Kreuzung 5**. Dort erneut links abbiegen und an der bald folgenden Weggabelung den rechten Abzweig nehmen. Im weiteren Verlauf queren wir eine Hauptstraße und gehen geradeaus Richtung Crumière.

Trotz seiner gelb-roten Markierung ignorieren wir den Wanderweg, der nach 200 m links abzweigt, und halten uns geradeaus Richtung »Turenne par la Ringe«. Auch geradeaus haben wir nämlich die gelb-rote Markierung. Mit ihrer Hilfe und/oder mithilfe des grünen Pfeils bleiben wir zunächst auf diesem Hauptweg. An der Weggabelung wählen wir den rechten Abzweig. Kurz darauf verlassen wir den Hauptweg in einen **Pfad 6** nach rechts und bergan. Bei einem schönen Wohnhaus am Rand der Siedlung La Ringe tritt

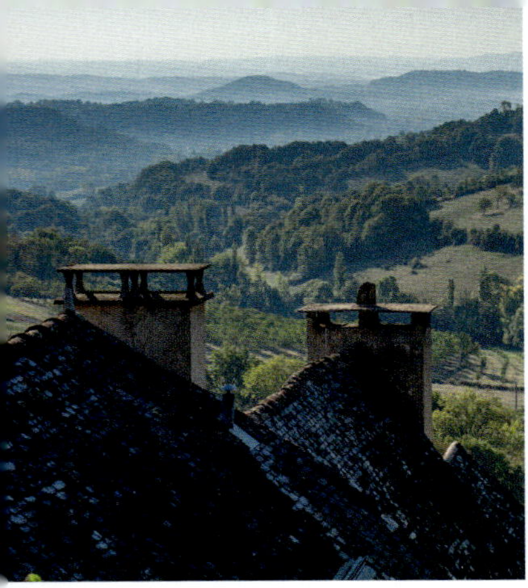

Die Fernsicht in La Gironie ist wunderbar.

der Pfad aus dem Wald hinaus. Bald treffen wir auf die größere D8. Auf ihr geht es nach links und sofort wieder rechts in die Sackgasse. Wir halten uns Richtung Lion und Briat, folgen der Straße die Serpentinen hinab und genießen dahinter einen herrlichen Panoramablick auf die Zitadelle von Turenne und über die Ebene. Kurz vor zwei alten Häusern haben wir die **nördlichste Stelle** 7 unserer Tour erreicht. Hier verlassen wir die Straße scharf rechts in einen Pfad (Wegzeichen). Er kann je nach Jahreszeit ziemlich zugewachsen sein, dann ist der Einstieg nicht leicht zu erkennen. Nach 450 m geht es rechts ab und bergan. Dahinter am Querweg nach links und wieder bergab. Im weiteren Verlauf erreichen wir nacheinander zwei kleine Straßen: Auf der ersten 20 m nach rechts, dann links in den Pfad; die zweite einfach geradeaus überqueren. Wir bleiben auf dem Hauptweg und müssen ein wenig steigen. Als Markierung steht uns nun nur noch der grüne Pfeil zur Verfügung. Schnell erreichen wir die ersten Häuser von Turenne und stehen bald am Fuß des **Tour César** 8, des großen, 1300 Jahre alten Rundturms der Zitadelle. Wer Burg und Ort erkunden möchte, kann hier rechts abbiegen und sich treiben lassen.

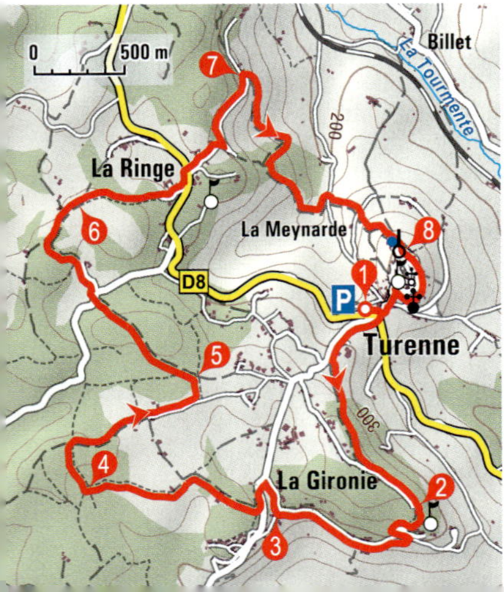

Unser Wanderweg führt jedoch links am Turm vorbei auf der unteren der beiden Straßen (Route du Château). Sie verläuft parallel zum gewaltigen Fundament der Burg. Dahinter beim großen hölzernen Doppelwegweiser auf den kleinen Pfad parallel zur Straße wechseln (Boucle Turenne). Er führt bergab um ein Haus mit Rundturm herum. An seinem Ende der kleinen Querstraße nach rechts folgen, dann die zweite Straße links nehmen (Rue Droite). Es geht steil bergab bis zu einem Platz, dort geradeaus in die Rue Commandant Charollais und zurück zum Office de Tourisme von **Turenne** 1.

↗ 220 m | ↘ 220 m | 9.7 km

2.45 h

Mont Mercou

TOP **25**

Panoramatour auf den Hausberg von Martel

Vom schönen Ort Martel im Norden des Quercy kann man eine wunderbare Tour auf die höchste Erhebung der Region unternehmen, den Mont Mercou. Dieser Berg, den die Bewohner Martels liebevoll »notre petit Mont Blanc« nennen, bietet eine majestätische Aussicht auf das Dordognetal zwischen Meyronne und Floirac. Bei gutem Wetter reicht die Fernsicht bis zu den Vulkangipfeln der Auvergne in mehr als 100 km Entfernung. Ehre wem Ehre gebührt: Auch auf dem Mars gibt es einen Mont Mercou – so benannt, weil seine Form tatsächlich an die Felskanzel seines irdischen Pendants erinnert.

Ausgangspunkt: Martel, großer Parkplatz nördlich der Altstadt gegenüber der Post an der D840 (N44.93718 E1.60921); Anfahrt mit dem Bus: liO Linie Souillac–Saint-Denis-lès-Martel, Haltestelle »Martel Bourg«, Abfahrtszeiten: lio-occitanie.fr.
Anforderungen: Gut markierte Rundwanderung auf Feldwegen und steinigen, manchmal steilen Pfaden.
Markierung: Gelbe Wegzeichen, zusätzlich hölzerne Wegweiser »Chem Pédestres Martel Mont Mercou (4)«.
Einkehr: In Martel.

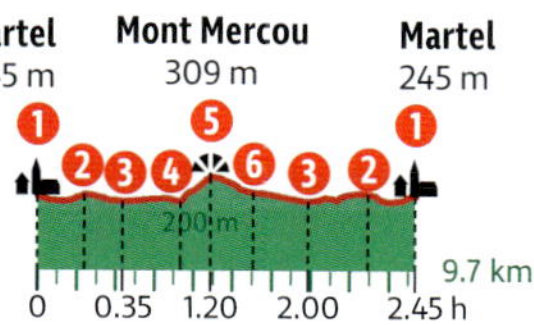

Tipp: Wegen der Fernsicht einen Tag mit gutem Wetter wählen und frühmorgens in Martel aufbrechen. Mit etwas Glück liegt dann beim Erreichen des Mont Mercou noch Nebel im Tal oder über der Dordogne in der Ferne.

Vom Parkplatz in **Martel** ❶ über den Zebrastreifen und zwischen Turm und Post hindurch auf der Rue Jean Gourdal Richtung Office de Tourisme. Geradeaus über den Platz und rechts in die Querstraße (Rue Senlis) bis zur Markthalle. Unmittelbar vor der Markthalle links in die kurze Rue Duguesclin. An ihrem Ende rechts, sofort wieder links und geradeaus aus der Altstadt heraus. Beim Stoppschild die Straße überqueren und weiter stadtauswärts (Rue du Pourtanel). Die Straße vereint sich mit der D23. Hinter den Schienen nach rechts und nach ein paar Minuten am Ende dieser Straße

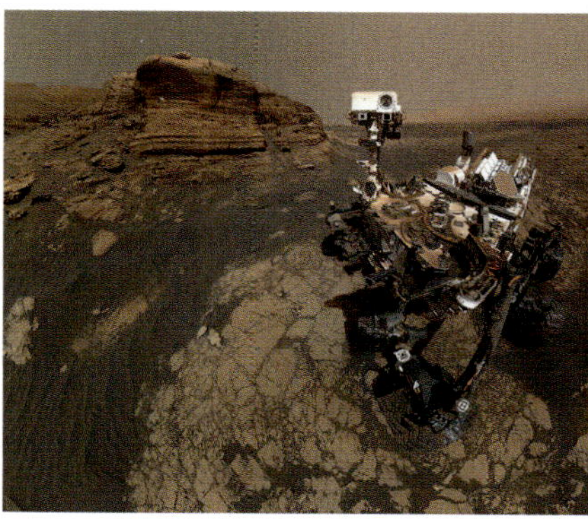

NASA-Rover Curiosity vor dem Mont Mercou auf dem Mars.

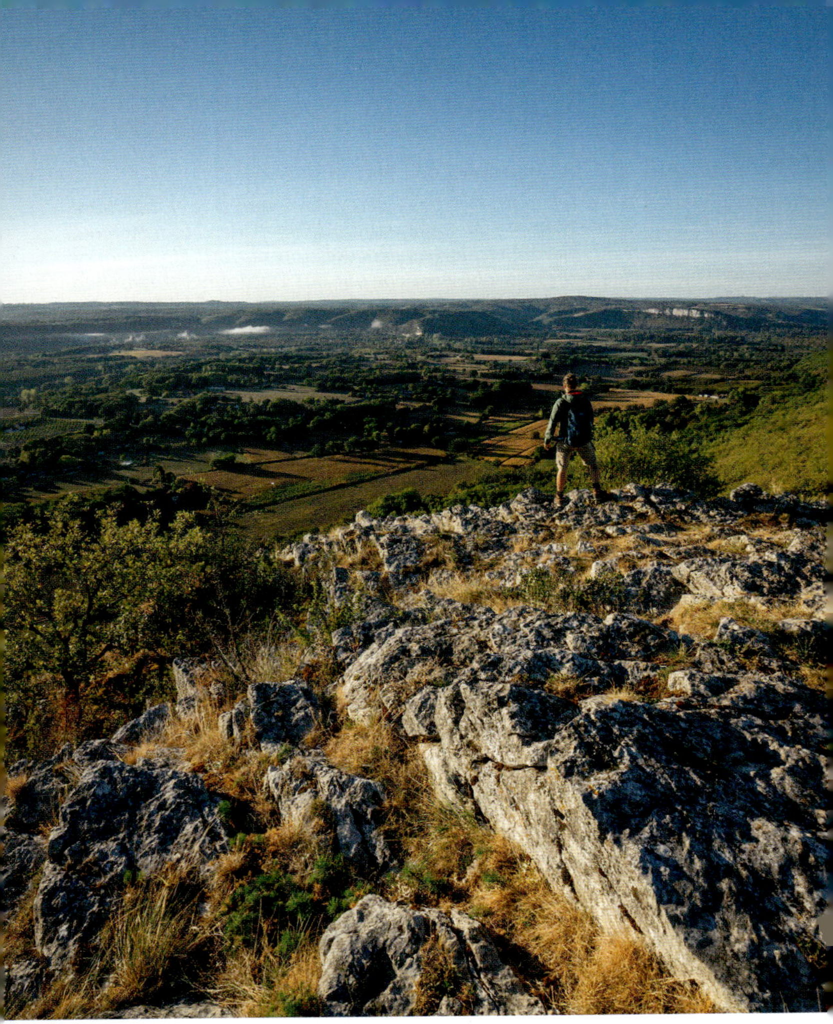

Blick von der Felskanzel auf das Vallée des Rocs.

links auf dem Schotterweg bergan. Bei der Hauseinfahrt links vor bis zur kleinen Straße, auf ihr nach rechts. Sie trifft auf eine Querstraße, hier kurz nach links. Danach rechts in die Straße mit dem **Stoppschild** 2 und sofort wieder rechts in den breiten Schotterweg. Er geht in ein asphaltiertes

Sträßchen über, das schon bald nach links wegknickt – wir dagegen gehen rechts, erneut auf Schotter. Dann vor dem Privatgrundstück nach links. Jetzt geradeaus, dann unter der Stromfreileitung hindurch und weiter geradeaus auf dem bald von Trockenmauern gesäumten Waldweg, bis wir eine **Querstraße** ❸ erreichen. Auf dieser Querstraße nach links. Sie knickt schließlich nach rund 500 m nach rechts weg, wir halten uns an dieser Stelle weiter geradeaus auf dem Schotterweg. Schließlich am Reitplatz nahe eines etwas oberhalb liegenden Bauernhofs links in den Waldweg.
Er öffnet sich bald und wir erreichen mit Fernblick auf die Ebene direkt vor uns einen hölzernen **Dreifachwegweiser** ❹. Hier rechts in den Pfad abbiegen. Nach 50 m beim nächsten Wegweiser rechts. Über diesen schönen Pfad steigen wir nun am Hang entlang zum Mont Mercou auf. Steile und steinige Passagen wechseln sich mit entspannteren Abschnitten durch den Wald ab. Je höher wir kommen, desto besser wird die Fernsicht. Auf dem **Mont Mercou** ❺ angekommen genießen wir atemberaubende Blicke über große Teile des Vallée des Rocs. In der Ebene sieht man Creysse, Meyronne und an die Dordognefelsen geschmiegt Montvalent liegen. Bei gutem Wetter reicht die Fernsicht im Osten bis zu den Vulkangipfeln der Monts du Cantal in der Auvergne.
Wir halten auf die Windhose zu und folgen dahinter dem Pfad am Hang noch für etwa 50 m. Dann nach rechts wenden und die Ebene überqueren, bis zum kleinen Parkplatz für Gleitschirmflieger. Dort rechts auf dem breiten Schotterweg. Nach 500 m erreichen wir eine kleine Querstraße, hier rechts und nach 20 m sofort wieder links. Einige Minuten später biegen wir beim **Eisenkreuz** ❻ nach rechts ab. Die nächsten 1,5 km wandern wir geradeaus, bis wir die **Querstraße** ❸ erreichen, die wir bereits vom Hinweg kennen. Wir überqueren sie geradeaus, gehen auf dem bereits bekannten, von Trockenmauern gesäumten Weg und biegen nun unter der Stromfreileitung links ab. Wir halten uns auf dem Hauptweg, bis wir einen breiten steinigen Querweg erreichen. Auf ihm nach rechts. Gegen Ende ergeben sich schöne Blicke auf Martel. Wir erreichen die Passage, die wir schon vom Hinweg kennen: Wir biegen 30 m vor dem **Stoppschild** ❷ nach links ab und gehen bergab auf bekannter Strecke zurück zum Parkplatz in **Martel** ❶.

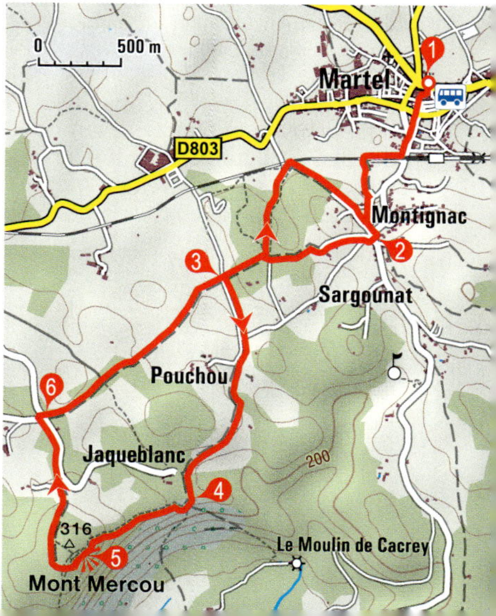

↗ 140 m | ↘ 140 m | 7.1 km

26 Die Dordogne bei Floirac

2.00 h

Familientour mit Trockenmauern, Ölmühle, Felsen und Badeplatz

Der kleine Ort Floirac liegt an der Dordogne, genau zwischen den beiden Causses von Gramat und Martel. Vor Urzeiten waren beide Hochplateaus noch eine zusammenhängende Fläche, doch der Fluss hat sich über Jahrmillionen immer tiefer in das Kalkgestein gegraben und so für die heutige Trennung gesorgt. Dabei hat die Dordogne über die Zeit ihren Lauf mehrfach geändert. Am linken Ufer hat sie die Causse de Gramat halbkreisförmig ausgeschält, hier ist heute der Talkessel von Floirac. Weil die Dordogne schon immer Sand, Kiesel und Schlick bewegt hat, ist die Uferlandschaft fruchtbar und ihre Altarme besonders artenreich. Die Gegend um Floirac mit ihren Auenwiesen ist darum als Naturschutzgebiet (ENS) ausgewiesen.

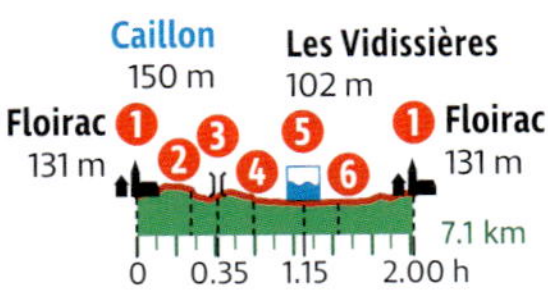

Ausgangspunkt: Floirac, Parkplatz Place Des Nouals, 100 m nördlich der Kirche an der D43 (N44.91620 E1.65520).
Anforderungen: Leichte Familientour auf gut markierten Wegen, Pfaden und Straßen.

Markierung: Weiß-rot bis Caillon, danach bis Ende gelb.
Einkehr: Restaurant »Le Pourquoi Pas?« gegenüber dem Parkplatz in Floirac, lepourquoipas.fr.
Tipp: Vom Weg zwischen ❹ und ❺ ist die Aussichtskanzel Belvédère de Copeyre zu sehen. Sie liegt am gegenüberliegenden Flussufer auf der Klippe und ist nur mit dem Auto erreichbar. Von dort hat man eine wunderbare Sicht auf die Dordogne und den Kessel von Floirac. Auch die Teilung der Causses durch den Fluss ist sehr schön sichtbar.

Vom Parkplatz in **Floirac** ❶ auf der D43 Richtung Ortsmitte und gegenüber dem Hauptportal der Kirche beim großen Eisenkreuz links abbiegen. Bald zeigt uns ein hölzerner Wegweiser, dass wir noch kurz weiter geradeaus auf dem »Circuit ENS« gehen müssen. Dann biegen wir links ab in den Ernteweg Richtung Rul. Das erste Gebäude auf der rechten Seite ist eine alte Ölmühle mit gut erhaltenem Mahlstein, Ofen und Presse. Nach links hat man einen schönen Blick auf Floirac. Wir wandern an zwei kleinen Nussbaumplantagen vorbei und den von Trockenmauern gesäumten Weg entlang bis zum Weiler Rul. Hier die Straße nach links hinunter, dann an der Kreu-

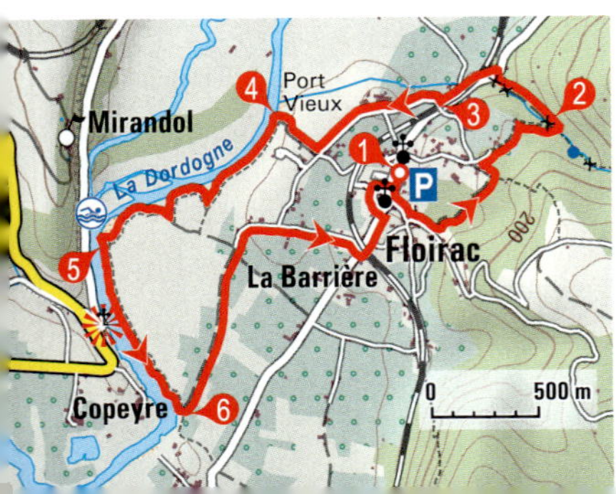

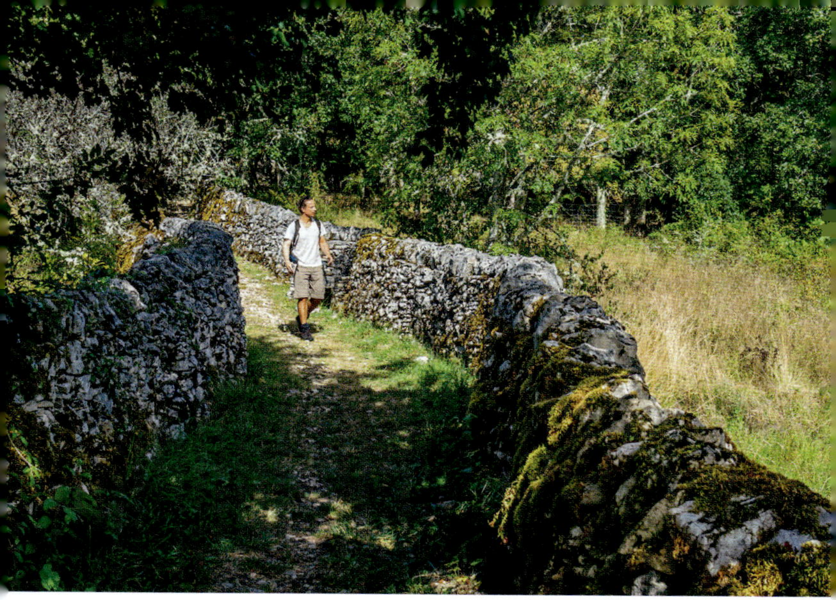

Der Weg ist von Trockenmauern gesäumt.

zung scharf nach rechts. Vor der Einfahrt zu einem Wohnhaus rechts in den Pfad an der Mauer entlang. Der Pfad verbreitert sich, wir folgen ihm in den Wald und bergab. Angekommen in der Senke haben wir den östlichsten Teil unserer Wanderung erreicht und queren den (häufig ausgetrockneten) Bachlauf des **Caillon** ❷. Wir folgen dem Linksbogen um die Senke herum parallel zum Bach und erreichen bald die D43. Hier nach links und nach 300 m auf der **Brücke** ❸ über die Bahnschienen.
Hinter der Brücke nach links. Bald taucht rechts am Weg das kleine Château de Floirac auf, während sich nach links schöne Blicke auf den Ort ergeben. An der nächsten Kreuzung Richtung Le Port Vieux rechts abbiegen. Wir erreichen eine schöne Wiese am Dordogneufer, wo eine Bank zum Verweilen einlädt. Hier befand sich in früheren Zeiten der **Port Vieux** ❹, ein kleiner Hafen. Wir passieren direkt am Beginn der Wiese links den Durchlass aus Zaunpfählen. Wir wandern nun parallel zur Dordogne über eine Weide und immer mehr oder weniger auf die Felsen von Mirandol zu, stets mit dem halbrechts an höchster Stelle thronenden Château de Mirandol im Blick. Am Ende der Weide zwischen einigen Bäumen hindurch zu einer zweiten Weide. Hier sehr bald rechts in den Trampelpfad. Er endet an einem Ernteweg. Jetzt nach rechts, an der Kastanienplantage vorbei, durch den Zaundurchlass und erneut zur Dordogne. Es geht durch lichten Wald, dank der gelben Markierung ist ein Verlaufen unmöglich. Nach rechts zweigen im-

mer wieder sandige Pfade ab. Diese Abstecher sind lohnenswert: Sie führen zum lang gezogenen und zumeist einsamen Badeplatz **Les Vidissières** ❺. Das Ufer ist hier sehr seicht und wegen der unmittelbar gegenüber aufragenden Steilfelsen besonders imposant.

Später verläuft der Weg am Rand einer Weide entlang, auf den gegenüberliegenden Klippen kommt das Eisenkreuz vom Belvédère de Copeyre in den Blick. Am Ende der Weide passieren wir abermals einen Durchlass. 200 m weiter biegen wir links ab in den Ernteweg durch die **Nussbaumplantage** ❻.

Der Ernteweg endet an einem kleinen Sträßchen, das wir geradeaus Richtung Sous Castel überqueren. Wir bleiben auf der Straße, bis wir beim Bahnübergang von Floirac die D43 erreichen. Ihr folgen wir Richtung Ortskern und biegen beim Haus aus dem Jahr 1787 links ab in die Gasse Le Cayrou. Wir umrunden die Chorseite der Kirche, stoßen bei der Mairie wieder auf die D43 und folgen ihr ein kurzes Stück nach links zurück zum Parkplatz von **Floirac** ❶.

Badeplatz Les Vidissières.

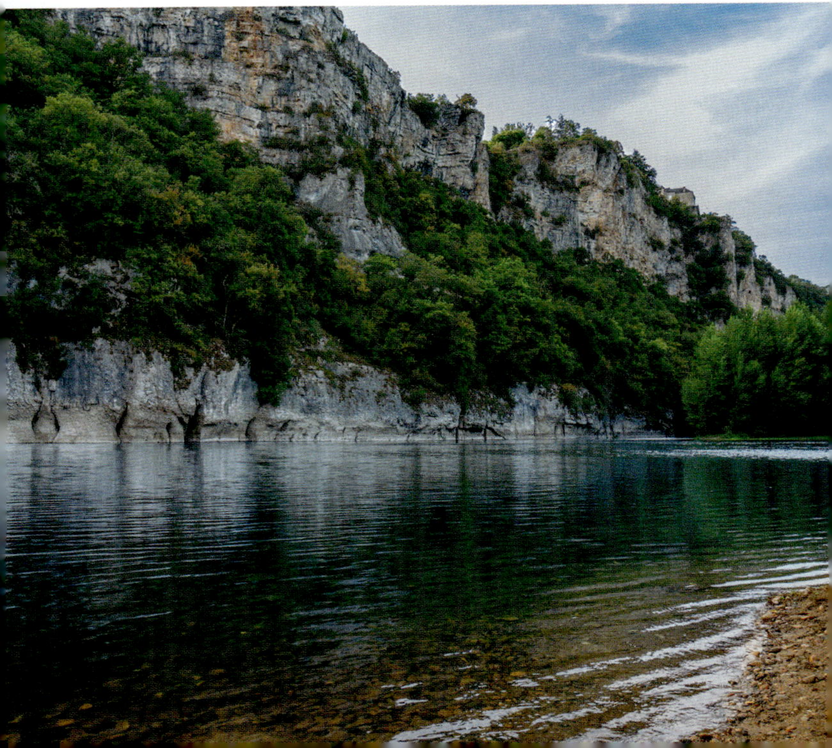

↗ 470 m | ↘ 470 m | 18.1 km

5.00 h

TOP **27**

Vallée des Rocs

Kaisertour durch einen der schönsten Dordogneabschnitte im Quercy

Vom charmanten Örtchen Creysse, von Nussbaumfeldern umgeben in einer Dordogneschleife gelegen, kann man eine herrliche und abwechslungsreiche Tour im Umland des Vallée des Rocs unternehmen. Sie beinhaltet alles, was diese Gegend auszeichnet: tolle Ausblicke von den Klippen auf die Dordogne, mächtige Felsen, romantische und von Trockenmauern gesäumte Wege sowie als Highlight zum Schluss eine phänomenale Weitsicht über große Teile des Vallée des Rocs bis hin zu den Auvergne-Vulkanen in der Ferne. Steile und steinige Pfade wechseln sich auf dieser Wanderung mit sehr entspannten Passagen ab. Auf Wunsch ist im Anschluss sogar ein erfrischendes Bad in der Dordogne drin: Nahe Gluges befinden sich unterhalb einer Klippe schöne Badeplätze.

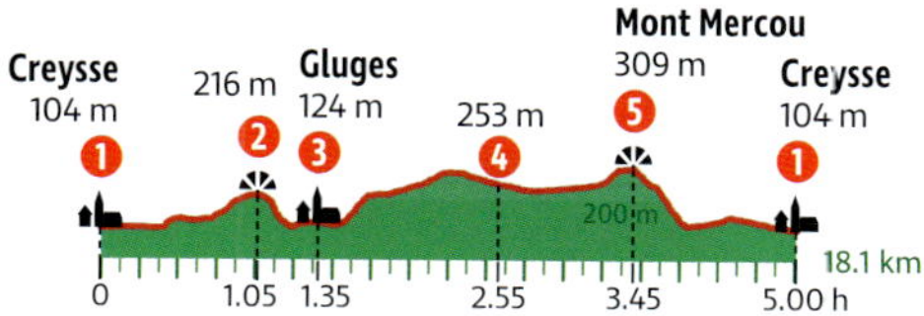

Ausgangspunkt: Creysse, Parkplatz beim Kriegerdenkmal (N44.88628 E1.59733); Anfahrt von Souillac oder Martel über die D803/D15 bis Saint-Sozy, durch den Ortskern hindurch und hinter dem Fußballplatz auf der D114 nach Creysse.
Anforderungen: Lange Rundwanderung auf Feldwegen, steinigen, manchmal steilen Pfaden und kleinen Straßen; mit Pausen ideale Tagestour; Kondition erforderlich, Trittsicherheit hilfreich.
Markierung: Gelb bis ❹ und von ❺ bis Ende, zum Teil spärlich oder verblichen. Vorsicht: Auch zwischen ❹ und ❺ gibt es gelbe Wegzeichen, sie gehören jedoch zu anderen Wegen.
Varianten: 1. Beginn der Tour in Martel (zzgl. je 15 Min. für Hin- und Rückweg). Vom großen Parkplatz an der D840 über den Zebrastreifen und zunächst der Beschilderung zum Office de Tourisme folgen. Kurz vor der historischen Markthalle links in die Rue Duguesclin. Am Ende rechts, sofort wieder links und geradeaus aus der Altstadt heraus. Beim Stoppschild geradeaus (Rue du Pourtanel). Die Straße vereint sich mit der D23. Hinter den Schienen rechts, am Ende dieser Straße links (Schotterweg). Bei der Hauseinfahrt links vor bis zur kleinen Straße, hier rechts. An der Querstraße kurz links, dann rechts in die Straße mit dem Stoppschild, ❹.
2. Beginnen Sie die Rundtour am Parkplatz in Gluges, wenn Sie nach der Wanderung noch in der Dordogne baden möchten (großer offizieller Badeplatz am gegenüberliegenden Ufer). Kurz vor Gluges führt die Tour an vielen kleinen Badeplätzen vorbei.
Einkehr: In der Hauptsaison in Creysse und Gluges, ganzjährig in Martel.

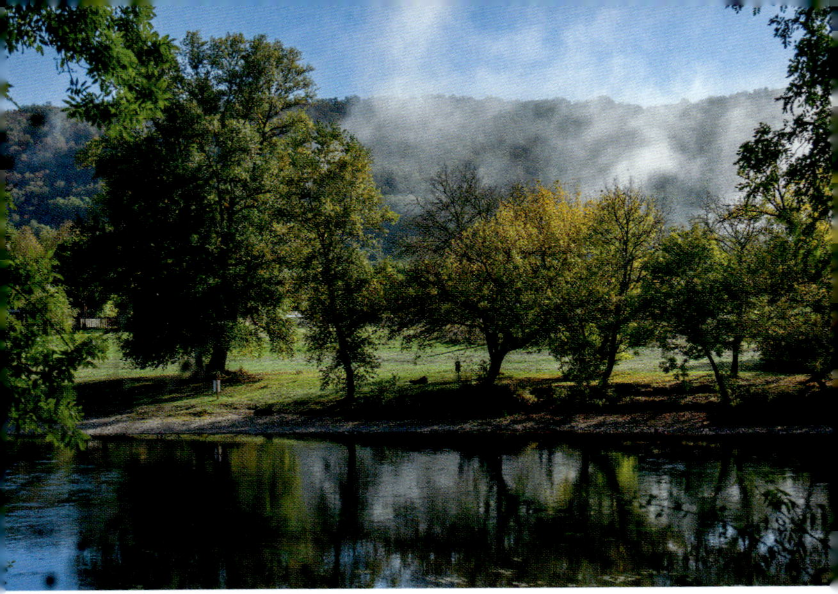

Dordogne bei Creysse.

Vom Parkplatz beim Kriegerdenkmal in **Creysse** ❶ auf der Straße links und vorbei am Campingplatz. Nach knapp 15 Min. erreichen wir das Dordogneufer. Der Weg endet an einem kleinen Badeplatz.
Geradeaus auf dem schmalen Pfad bergan. Er windet sich nach oben und endet am Fuß eines Hauses. Hinter dem Haus nach links zur kleinen Straße, auf ihr nach rechts. Sie endet an der D23, hier erneut rechts. Dann auf die D43 Richtung Gluges wechseln. Nach knapp 150 m auf dem Wanderweg links bergan. 100 m hinter der Hundepension biegen wir am hölzernen Wegweiser in den relativ unscheinbaren Pfad nach rechts ab. Wir erreichen einen herrlichen **Aussichtspunkt** ❷ oberhalb der Dordogne. Hier auf dem Pfad nach links am Hang entlang. Die Fernsicht wird im Verlauf sogar noch besser, wir sehen bereits Gluges, unser nächstes Ziel. Der Pfad führt dann von der Klippe weg und in den Wald. Er schlängelt sich beständig bergab, zum Teil sehr steil. Vor einem ausgetrockneten Flussbett erreichen wir einen Querweg, hier nach rechts. Er führt uns zur D43. Dort gehen wir links über die Brücke und folgen der D43 unter den mächtigen Dordognefelsen hindurch bis nach Gluges. Unterwegs zweigen nach rechts immer wieder kleine Pfade zu Badeplätzen ab. In **Gluges** ❸ angekommen, halten wir uns geradeaus auf der schmalen Straße unterhalb der Felswand. Sie führt durch den Ort, an der Kirche vorbei und weiter zum Ortsausgang. Hinter dem letzten Haus überqueren wir eine winzige Brücke und biegen nach links

in den Pfad ab (Chemin botanique – botanischer Lehrpfad). Es geht beständig bergan. Der Pfad streift kurz die große D840, führt dann einen Moment abwärts und anschließend weiter bergan, gesäumt von hübschen Trockenmauern. Schließlich verbreitert er sich und endet einige Zeit später an einer Zufahrtsstraße. Hier rechts und nach gut 200 m links in den zu einigen Häusern gehörenden Schotterweg. Nach 30 m setzt sich dort nach links unser Chemin botanique fort. Ihm folgen wir die nächsten 1,5 km. Dann hinter einem hölzernen Durchlass auf dem Querweg nach links. Bald führt der Weg über eine Ebene mit Fernblick, dahinter setzt er sich wie gewohnt von Trockenmauern gesäumt fort. Schließlich erreichen wir die ersten Häuser im Randbereich von Martel. Hier endet der Chemin botanique bei einem Durchlass. Auf der Zufahrtsstraße dahinter gehen wir nach links. Dann kurz rechts auf der D23 bis zur Kreuzung. Wer Zeit und Lust hat, kann von hier aus auf eigene Faust einen Abstecher in die schöne Altstadt von Martel unternehmen.

Für unseren Rundweg hingegen geht es an der Kreuzung steil nach links in die Straße mit dem **Stoppschild** 4 Richtung Pouchou und sofort wieder rechts in den breiten Schotterweg. Er geht in ein asphaltiertes Sträßchen über. Es knickt schon bald nach links weg – wir dagegen gehen rechts, erneut auf Schotter. Dann vor dem Privatgrundstück nach links. Wir wandern immer geradeaus auf dem von Trockenmauern gesäumten Weg, bis

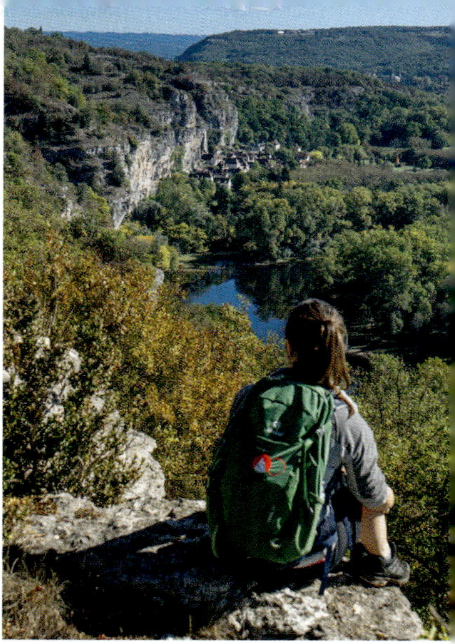

Blick auf Gluges.

Gemütlicher Waldweg.

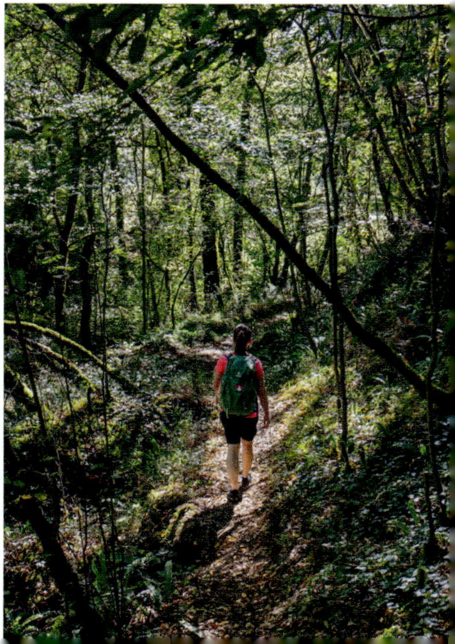

wir nach knapp 10 Min. eine Straße erreichen. Hier ignorieren wir nun Wegweiser und Wegzeichen zum Mont Mercou – stattdessen überqueren wir die Straße und halten uns weiter geradeaus auf dem breiten Schotterweg. Nach knapp 1,5 km erreichen wir eine kleine Straße. Nun nach links. Einige Minuten später biegen wir in das Sträßchen nach rechts ab und schlagen nach wenigen Metern sofort den steinigen Weg nach links ein. Auf ihm er-

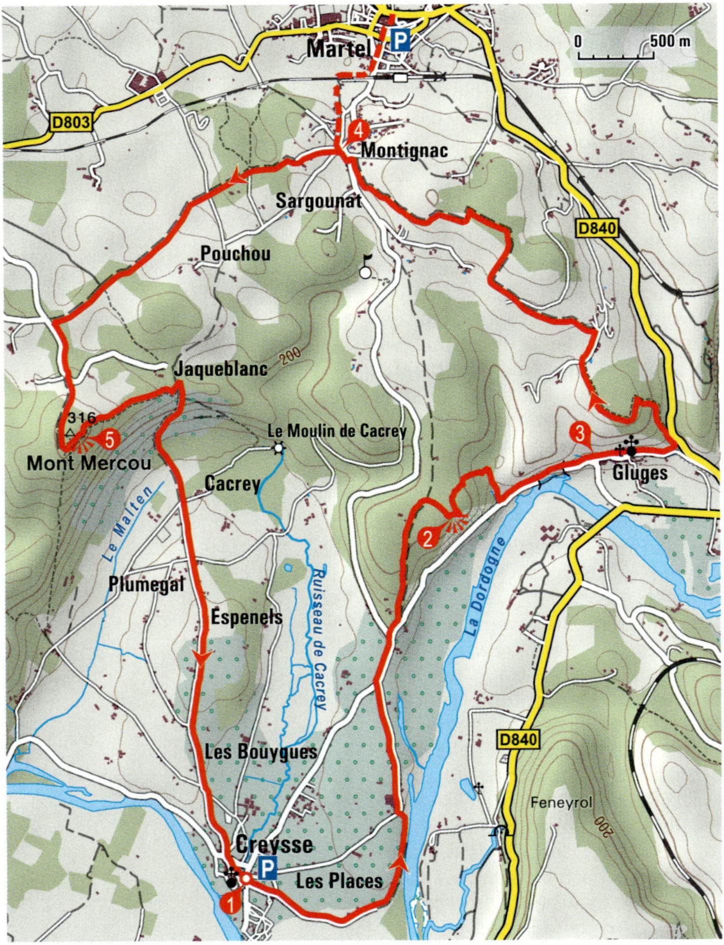

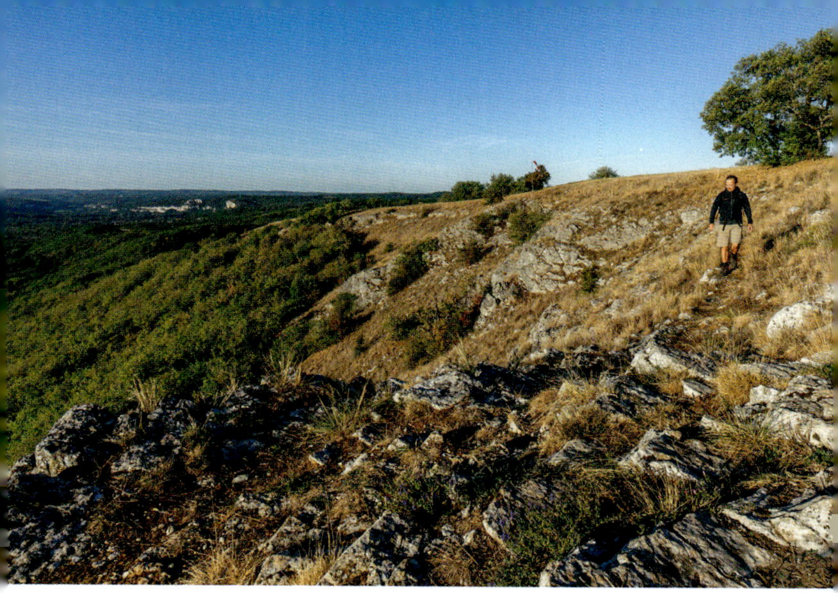

Pfad am Hang des Mont Mercou – die Fernsicht ist gigantisch.

reichen wir einen kleinen Parkplatz. Wir wandern rechts an der Infotafel für Gleitschirmflieger vorbei und stehen auf dem **Mont Mercou** 5. Wir gehen geradeaus vor bis zum Abhang und genießen atemberaubende Blicke über große Teile des Vallée des Rocs. An den Felsen in der Ferne lässt sich genau der Verlauf der Dordogne verfolgen. In der Ebene liegt Creysse, der Ausgangspunkt unserer Tour. Bei gutem Wetter reicht die Fernsicht im Osten bis zu den Vulkangipfeln der Monts du Cantal in der Auvergne.

Wir folgen dem Pfad direkt am Hang nach links, an der Windhose vorbei und auf die auffällige Felskanzel zu. Dann weiter geradeaus in den Wald, wo wir über einen schönen Pfad absteigen. Teils steil, steinig und rutschig endet er auf halber Höhe an einem querenden Pfad. Hier nach links. Sehr bald erreichen wir einen breiten Querweg. Jetzt nach rechts und nach nur 40 m wieder rechts in den schmaleren Weg bergab. Er bringt uns ins Tal und endet an einem breiteren Schotterweg. Auf ihm weiter geradeaus bis zur Straßenkreuzung und auch dort weiter geradeaus. Die kleine Straße ist kaum befahren und bringt uns durch Nussbaumfelder und an hübschen Anwesen vorbei fast bis nach Creysse. Nach 25 Min. gabelt sie sich, hier den rechten Abzweig nehmen. Dieser Einbahnstraße immer geradeaus bis ins Ortszentrum folgen. Sobald sichtbar, gehen wir auf die Markthalle zu. Vor ihr nach rechts, dann links über die Brücke und zurück zum Parkplatz am Kriegerdenkmal von **Creysse** 1.

TOP

28 Saint-Sozy – Fels und Mensch

↗ 340 m | ↘ 340 m | 7.8 km

3.00 h

Panoramatour an den Klippen von Saint-Sozy

Heutzutage stehen wir Menschen staunend auf den mächtigen Dordogne-Steilfelsen und bewundern die phänomenale Aussicht. In der Steinzeit hatten die Felsen für die Menschen noch eine weit wichtigere Funktion: Sie boten Schutz bis hin zu Wohnraum. Diese fantastische Wanderung vereint beides: Im ersten Teil wunderbare Aussichten von den Steilfelsen über das Vallée des Rocs zwischen der Causse de Martel und der Causse de Gramat. Im zweiten Teil viele kleine Höhlen und Abris am Weg, deren Erkundung eine Freude ist. Entsprechend der Symbiose hat man diesen Weg »Des Rochers et des Hommes« getauft – frei übersetzt: Fels und Mensch.

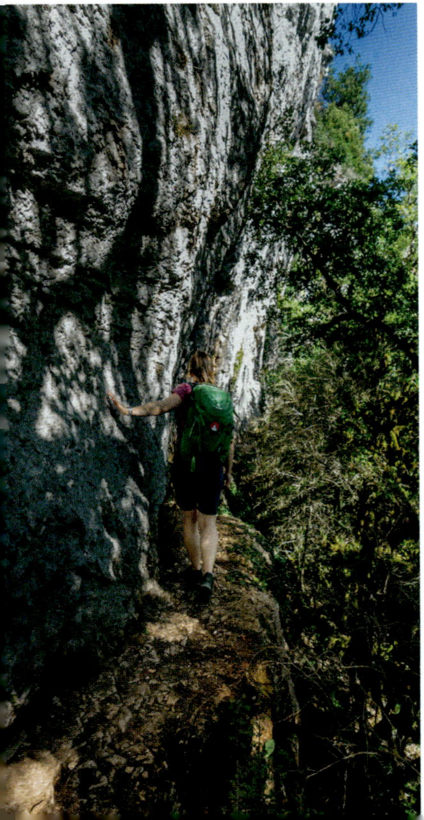

Ausgangspunkt: Saint-Sozy, zentraler Dorfplatz an der D15 gegenüber der Kirche (N44.88004 E1.56471).
Anforderungen: Kurze, aber im ersten Abschnitt knackige Rundwanderung auf steinigen Pfaden, schmalen und breiteren Wegen; Trittsicherheit erforderlich, Zuhilfenahme der Hände kann kurz nötig sein.
Markierung: Durchgängig gelb; offizielle französische Bezeichnung des Rundwegs: »Des Rochers et des Hommes«.
Einkehr: Keine.

Gegenüber vom Portal der Kirche in **Saint-Sozy** ❶ startet unsere Wanderung beim hölzernen Wegweiser »Des Rochers et des Hommes 7,5 km«. Wir gehen geradeaus über den Dorfplatz und am Ende in die kleine Gasse mit Treppe. Dahinter links die Straße hinunter. Dann die D15 überqueren und geradeaus in die Sackgasse. Es geht leicht bergan. Bald beschreibt das Sträßchen eine Linkskurve und wird zu einem Privatweg – wir halten uns jedoch geradeaus Richtung Blanzaguet/Monges. Dann biegen wir beim

Schmaler Pfad am Fels.

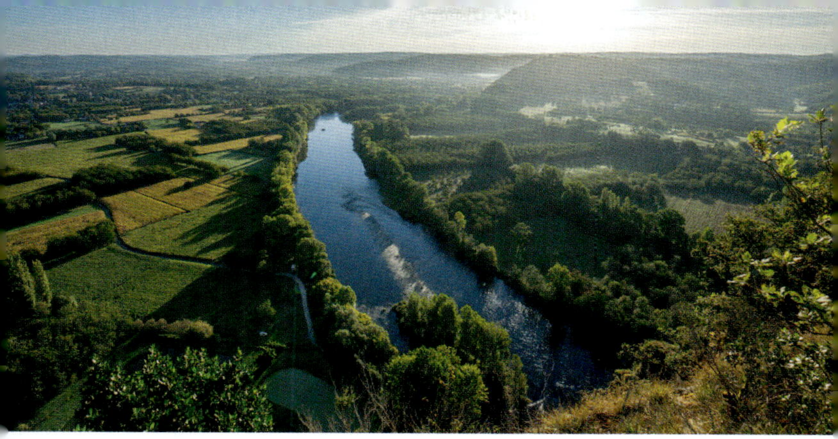

Dordognepanorama am Aussichtspunkt Rocs des Monges.

hölzernen Wegweiser in einen Pfad nach links ab. Er führt an der Klippe entlang mit Blick auf das Dordognetal. Wir erreichen die letzten Häuser des Weilers Monges und gehen rechts auf der Straße weiter. Sie wird zu einem Feldweg, kurz darauf geht es hoch in den **Wald** ❷ in Richtung Blanzaguet. Nach knackigem Anstieg mit immer wieder toller Aussicht auf das Dordognetal und die Ebene von Saint-Sozy erreichen wir unvermittelt einen breiten Schotterweg. Am Funkmast befindet sich der Aussichtspunkt **Rocs des Monges** ❸. Er bietet mit seiner Fernsicht auf das Vallée des Rocs eines der schönsten Dordognepanoramen überhaupt.

Wir folgen dem Schotterweg leicht bergab auch an den nächsten beiden Funkmasten vorbei und 1,5 km einfach geradeaus bis nach **Blanzaguet** ❹. Unser Weg endet an einer Querstraße mit weißem Steinkreuz mitten im Ort. Hier links gehen. Bald haben wir zur Rechten

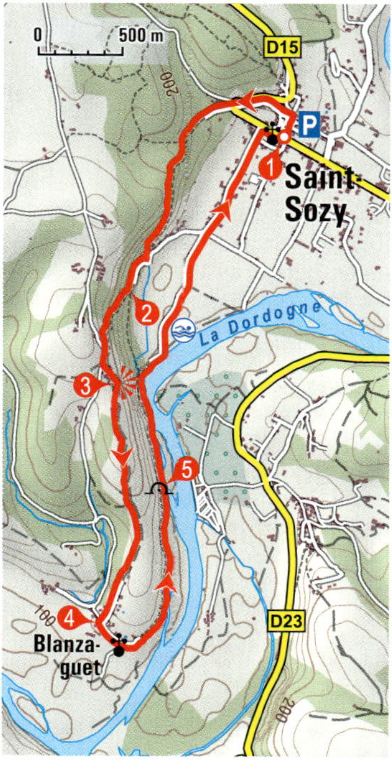

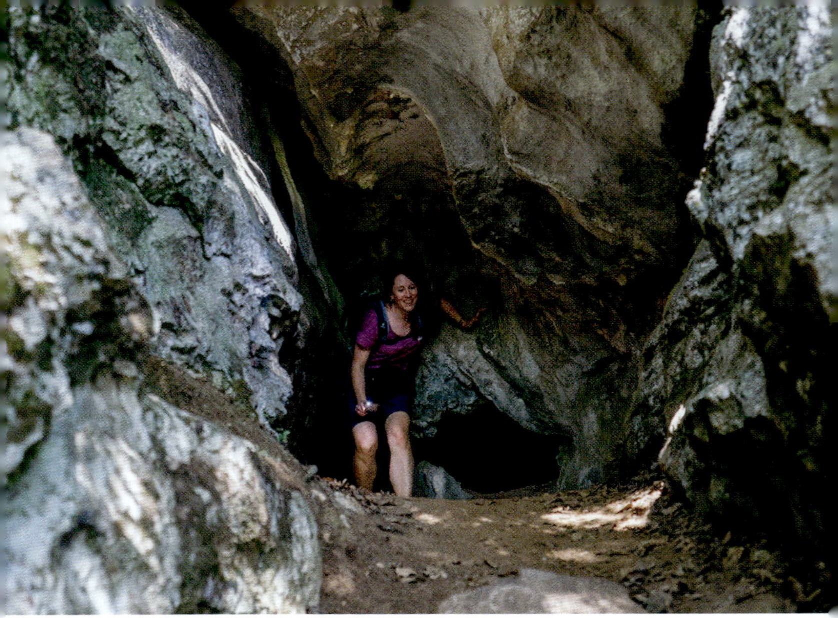

Die vielen Höhlen am Weg zu erkunden macht Spaß.

einen tollen Blick auf das Château de Belcastel bei Lacave. 120 m weiter führt die Straße hinab zur Kirche, wir bleiben jedoch links auf dem kleineren geteerten Weg. Er wird hinter dem letzten Haus zu einem schmalen Pfad durch den Wald und führt im weiteren Verlauf unterhalb gigantischer Felsen entlang. Wir erreichen relativ dicht beieinander drei große und eindrucksvolle **Abris** ❺, die wir erkunden können. Man bekommt eine Ahnung, wie die Cro-Magnon-Menschen vor 25 000 Jahren diese Abris nutzten. Auch liegen immer wieder kleinere Höhlen und Felsspalten am Weg, deren Erkundung großen Spaß macht, wenn man Lust hat, ein bisschen zu klettern.

Unser Pfad führt abwärts und tritt auf Höhe der Dordogne schließlich aus dem Wald heraus. Wir gehen geradeaus vorbei am Badeplatz. Auf der Klippe genau hinter uns können wir den Aussichtspunkt Rocs des Monges sehen.

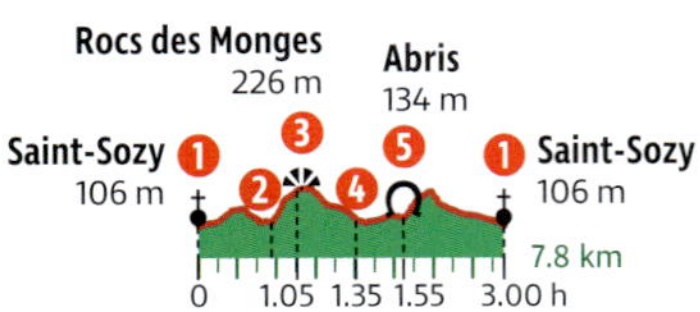

Bald wird aus unserem Weg eine kleine Straße, der wir geradeaus durch die Felder und Nussbaumplantagen folgen, bis wir nach gut 20 Min. die D15 erreichen. Hier rechts abbiegen. Vor uns liegen Kirche und Parkplatz von **Saint-Sozy** ❶.

↗ 350 m | ↘ 350 m | 14.4 km

3.45 h

Chemin des Écoliers **29**

Beim malerischen Château de Belcastel

Im Vallée des Rocs, dem Tal der Dordogne zwischen Causse de Gramat und Causse de Martel, beginnt diese Tour beim romantisch auf einer Klippe gelegenen Château de Belcastel. Es gehört zu den beliebtesten Fotomotiven der Gegend. Von hier aus geht es über eine weite Ebene mit guter Fernsicht und durch Wald, der im Sommer willkommenen Schatten spendet. Bei der kleinen Gemeinde Le Bastit erreicht man die Dordogne. Der Weg von hier bis zum Nachbarort Meyraguet nennt sich Chemin des Écoliers – auf deutsch: Weg der Schüler. »Chemin des écoliers« ist im Französischen aber zugleich ein Bonmot für »Umweg«. Ob es sich beim oberhalb der Dordogne verlaufenden Pfad also tatsächlich um einen Schulweg aus früherer Zeit handelt oder einfach um einen schönen Umweg am Fluss entlang, ist heute nicht mehr zu erfahren.

Ausgangspunkt: Lacave, großer Parkplatz beim Eingang zu den Grotten der D23 (N44.84583 E1.55723).
Anforderungen: Längere, aber leichte Rundwanderung auf gut markierten Wegen, Pfaden und Straßen.
Markierung: Gelbe Wegzeichen ab 2; offizielle französische Bezeichnung des Rundwegs: Chemin des Écoliers.
Einkehr: In Lacave (Haupt-/Nebensaison); exquisiter diniert man (bitte nicht in Wanderkleidung) in einem der beiden Sternerestaurants Le Pont de l'Ouysse, lepontdelouysse.com, oder Le Château de la Treyne, chateaudelatreyne.com.
Tipp: Besuch der Grotten von Lacave (vert-marine.com/grottesdelacave) und der Grotte des Carbonnières (grottedescarbonnieres.com).

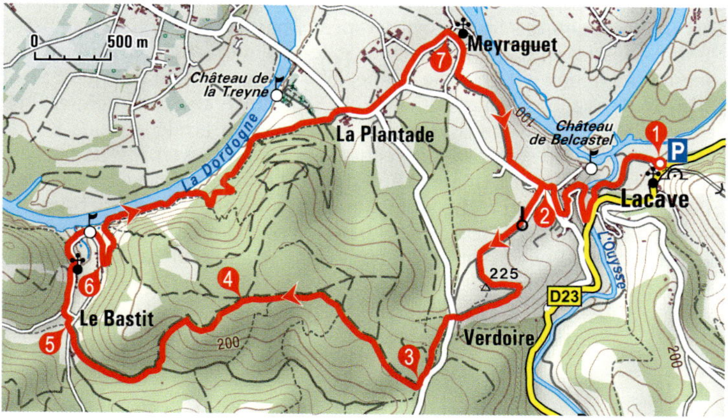

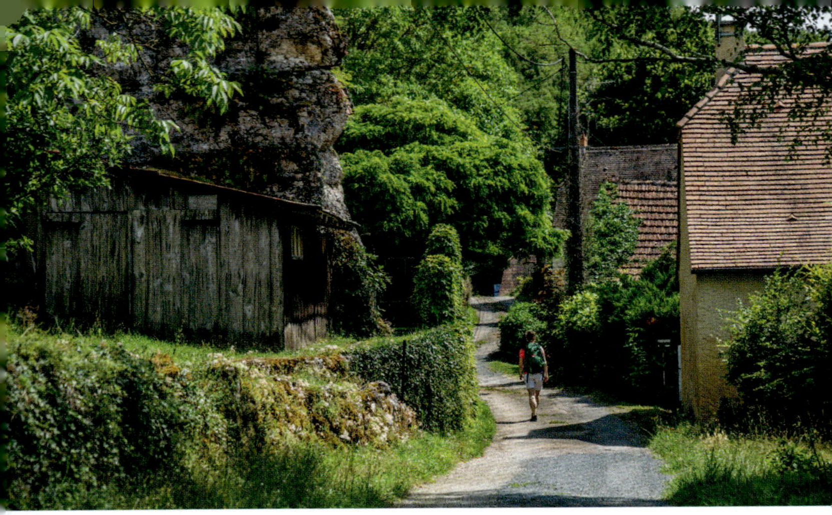

Gemütliche Hausansammlung von Le Bastit.

Vom Parkplatz in **Lacave** ❶ nehmen wir den kleinen asphaltierten Weg auf das auf der Klippe gelegene Château de Belcastel zu. Bereits nach 150 m geht es nach links und in einem weiten Rechtsbogen um diese Klippe herum bis zur D23. Hier rechts und direkt hinter der Brücke erneut rechts. Wir gehen am Hotel Le Pont de l'Ouysse vorbei und dahinter links die Straße hinauf. An der Querstraße nach rechts, bei der nächsten Querstraße nach links. Wir erreichen die D43, hier beginnt mit einem hölzernen Wegweiser der offizielle Rundwanderweg **Chemin des Écoliers** ❷. Wir überqueren die D43 und nehmen das Sträßchen geradeaus bergan. Am gefühlt höchsten Punkt verlassen wir den Weg nach links (gelbe Markierung beachten). Auf einem Pfad gehen wir über die Ebene, im weiteren Verlauf mit guter Sicht auf Teile des Vallée des Rocs zur Linken. Schließlich an etwas tieferer Stelle beim hölzernen Wegweiser rechts abbiegen. Wir erreichen eine Straße (C8). Hier links und sofort wieder rechts in den Wanderweg, der parallel zur Straße verläuft. Er trifft einige Minuten später erneut auf die C8. Nun noch 50 m geradeaus, dann rechts abbiegen in den **Eichenwald** ❸ Richtung Le Bastit. Wir folgen dem Hauptweg, Abzweige nach links und rechts werden nicht beachtet. Etwa 50 m, nachdem wir zwischen zwei Zaunpfählen aus

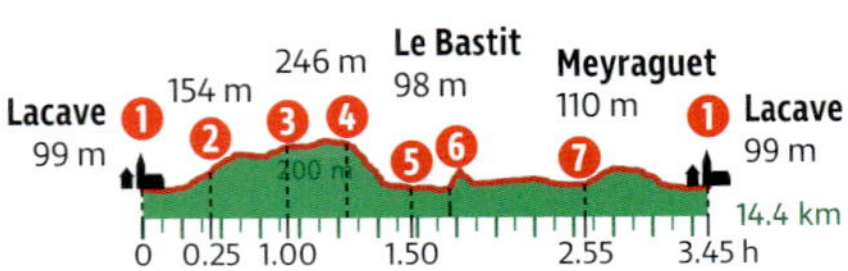

Beton hindurch gegangen sind, müssen wir an der **Abzweigung** ❹ links abbiegen. Wir wandern einige Zeit bergab, bis wir bei einem auffälligen Felsen einen Querweg erreichen. Hier nach rechts. Am Ende der Viehweide trifft der Weg bei den ersten Häusern von **Le Bastit** ❺ auf eine kleine Straße. Nach rechts, dann sofort wieder links zwischen den Feldern hindurch, anschließend erneut nach rechts. Wir wandern durch die verstreute Siedlung hindurch, an der kleinen Kirche sowie dem historischen Hufschlagstand vorbei und auf das Château du Bastit zu. Die Straße beschreibt einen Rechtsbogen und führt dann wieder zwischen einigen Häusern hindurch. Beim **Wegweiser** ❻ biegen wir links ab und wandern bergan in den Wald. Nach gut 200 m geht es in einer Kurve erneut links ab auf den Pfad. Ab jetzt befinden wir uns auf dem historischen Abschnitt des Chemin des Écoliers nach Meyraguet. Er führt die ganze Zeit oberhalb der Dordogne am Hang entlang. Hin und wieder zweigen ein paar Pfade ab, die wir jedoch nicht beachten. Im Zweifel hilft die gelbe Markierung. Am Ende wird der Weg breiter und führt am Anwesen des Château de la Treyne entlang. Beim Durchlass wechseln wir auf den Schotterweg, zugleich Zufahrt zum Château. Wir gehen geradeaus bis zur Straße D43. Ihr müssen wir nun für einige Minuten folgen, bis links die Straße nach Meyraguet abzweigt. Auf ihr erreichen wir **Meyraguet** ❼ und biegen bei erster Gelegenheit rechts ab. Die Straße vollführt einen weiten Rechtsbogen, an dessen Ende wir links in die Sackgasse abbiegen.

Der Weg verläuft gemütlich am Waldrand und einer Nussbaumplantage entlang, bis wir erneut auf die D43 treffen. Wir biegen links ab und kommen bald an die Stelle, die wir schon vom Hinweg kennen, weil sich hier unser Rundweg **Chemin des Écoliers** ❷ schließt. Nun auf demselben Weg am Château de Belcastel vorbei zurück zum Parkplatz in **Lacave** ❶.

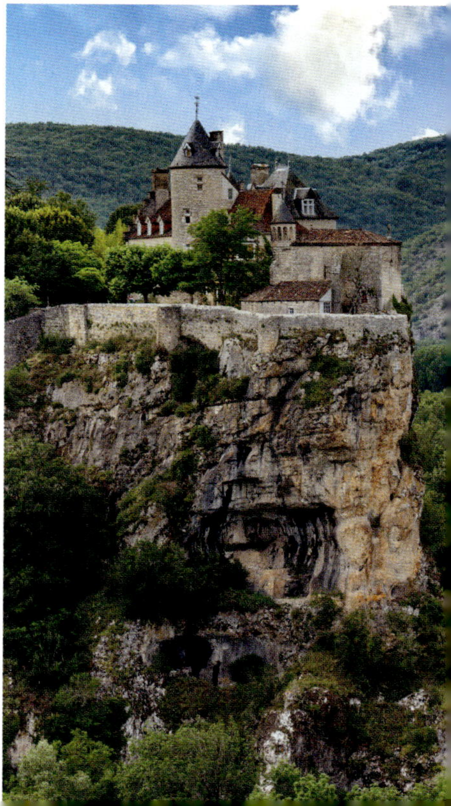

Château de Belcastel.

TOP

↗ 440 m | ↘ 440 m | 12.8 km

30 Das Adlernest Taillefer

3.30 h

Vom Klosterdorf zur Aussichtskanzel hoch über der Dordogne

Vom mittelalterlichen Klosterdorf Carennac steigen wir zur Ruine des Château de Taillefer auf. Sie thront wie ein Adlernest hoch über dem Dordognetal und der Ausblick von hier gehört zu den spektakulärsten der gesamten Region. Die frei zugängliche Ruine zu erkunden macht großen Spaß. Wegen ihrer Lage war die Burg im Mittelalter strategisch bedeutsam, denn von ihr aus ließen sich die Dordogne und ihre Häfen überwachen. Es heißt außerdem, die Bewohner hätten mithilfe von Lichtsignalen mit der Zitadelle von Turenne und der roten Burg von Castelnau-Bretenoux kommuniziert. Natürlich sind beide auch heute noch in der Ferne zu sehen. Man hat außerdem eine gute Sicht auf die Burg von Saint-Laurent-les-Tours bei Saint-Céré, die Bastide Puybrun und Carennac.

Château de Taillefer in der Morgensonne.

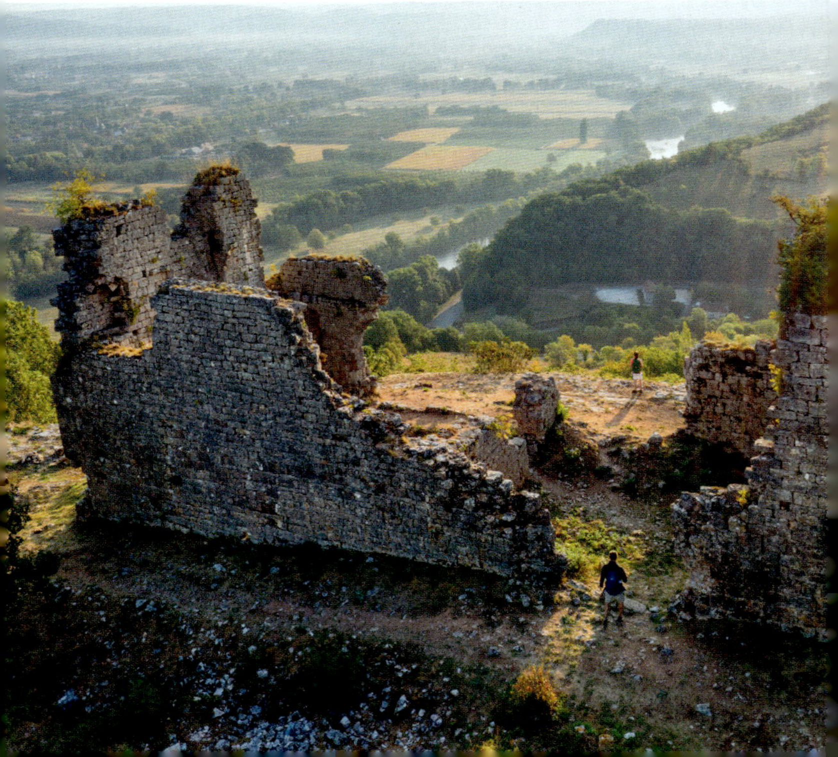

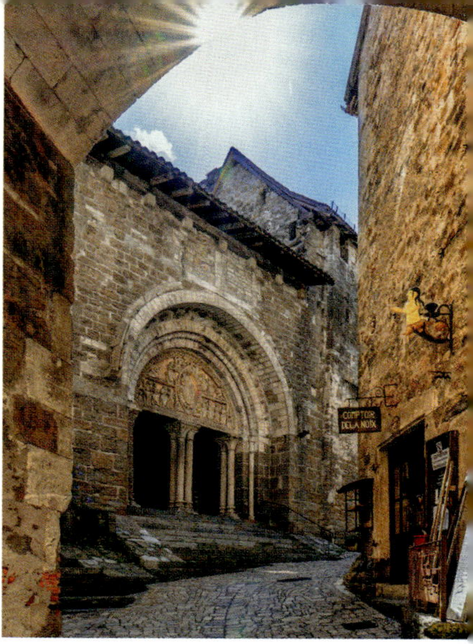

Torbogen und Kirchenportal in Carennac.

Ausgangspunkt: Carennac, Parking P1 an der D20 am südöstlichen Ortseingang (N44.91724 E1.73514); weitere größere Parkplätze finden sich im Ort.
Anforderungen: Rundwanderung auf zum Teil steilen und steinigen Pfaden, kleinen Straßen, Wald- und Feldwegen; beim Zustieg zu den Ruinen von Taillefer Orientierungssinn und Trittsicherheit hilfreich, Wegzeichen hier manchmal ausgesetzt.
Markierung: Durchgängig gelb, zum Teil verblichen oder ausgesetzt.
Einkehr: In Carennac.
Tipp: Wegen des Panoramas besonders schön bei gutem Wetter und/oder in den frühen Morgenstunden; nach der Tour unbedingt Carennac (Abtei, romanisches Portal) erkunden, das als eines der schönsten Dörfer Frankreichs klassifiziert ist.

Vom Parking P1 in **Carennac** ❶ nehmen wir den Pfad mit gelbem Wegzeichen an einigen Gärten vorbei. Dann biegen wir am Haus mit Überhang rechts ab zum Dordogneufer. Beim Kanustartplatz links hoch zur Brücke und über die Brücke in den Ort. An der Querstraße beim alten Torbogen rechts, dann beim leuchtend roten Hydranten nach links. Als Nächstes beim Steinkreuz nach rechts und hoch bis zur Hauptstraße D20. Auf ihr kurz rechts abbiegen, nach 40 m steil links die Straße hinauf. Bei erster Gelegenheit rechts und auf dieser Straße aus dem Ort hinaus. Sobald die Steigung aufhört, verlassen wir sie nach rechts in den **Pfad** ❷. Nach einem kurzen Stück bergan endet der Pfad an einer Straße, hier links abbiegen. Zur Linken deutet sich zum ersten Mal die Fernsicht über die Dordogneebene an, wir können die rote Burg von Castelnau-Bretenoux und noch weiter in der Ferne die Burg von Saint-Laurent-les-Tours bei Saint-Céré sehen. Wir erreichen ein Durchfahrt-verboten-Schild (Traktoren erlaubt), wo uns ein gelbes Wegzeichen zeigt, dass wir geradeaus gehen müssen. Bei einigen Bauernhofgebäuden (Scheune mit schiefem Türmchen) treffen wir in einer Kurve auf eine kleine Straße. Hier nach links und bergab. Wir erreichen bei einem Steinkreuz einen alten **Waschplatz mit Brunnen** ❸. Auf dem Rückweg werden wir diese Stelle erneut passieren. Wir wandern kurz geradeaus die D3 hinauf und nach nur 50 m rechts ab in den Pfad. Er trifft bei den Ausläufern des Ortes **Magnagues** ❹ erneut auf die D3. Wir überqueren sie und biegen kaum 20 m weiter rechts ab in den Karrenweg (gelbe Wegzeichen). Er endet an einem kleinen Sträßchen, wo wir rechts ge-

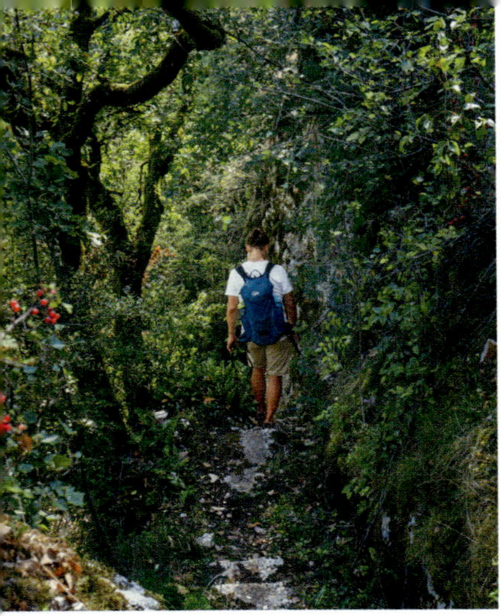

Auf steinigen Stufen nahe der Burgruine.

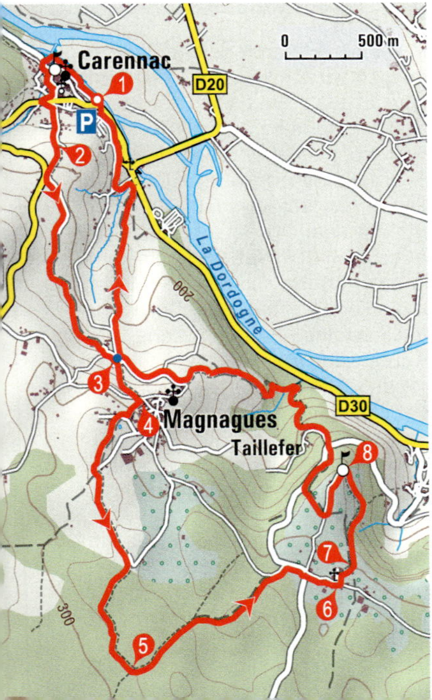

hen und sofort wieder links in den nächsten Karrenweg. Ganz ähnlich läuft es ein paar Minuten später: Wir erreichen erneut eine Straße, biegen rechts ab und sofort wieder links in den Feldweg. Nach einiger Zeit beim Querweg rechts abbiegen. Wir bleiben nun erst einmal auf diesem Hauptweg, die gelben Wegzeichen helfen dabei. Abzweigungen beachten wir nicht. Wir erreichen wieder einen **Querweg** 5 und haben damit den südlichsten Punkt dieser Wanderung passiert. Hier links abbiegen. Wir kommen an eine Straße, gehen noch ein kurzes Stück geradeaus und treffen auf die D60. Hier müssen wir nach rechts. Bald darauf an der Kreuzung geradeaus Richtung Les Bourruts / Le Trouille / Loubressac. Wir erreichen eine kleine Siedlung. Einige Meter hinter dem **Steinkreuz** 6 links abbiegen. Unmittelbar vor einer Hauseinfahrt zweigt ein schmaler Pfad nach rechts ab. Er endet an einem Feldweg, dort nach links. Wir nähern uns nun langsam der Ruine von Taillefer.

Trotz des sich schon hier andeutenden Panoramas gilt es jetzt aufzupassen: 170 m weiter geht es bei einer **Eiche** 7 mit gelbem Wegzeichen abwärts in einen leicht zu übersehenden Pfad. Man muss nun ein bisschen klettern: Der Pfad windet sich in zwei Serpentinen und über zahlreiche Steinstufen abwärts. Mit tollem Blick auf Castelnau-Bretenoux geht es am Hang entlang. Von rechts kommt ein Weg aus dem Tal, den wir ignorieren. Der Pfad bleibt noch kurz steinig und verläuft dann vergleichsweise

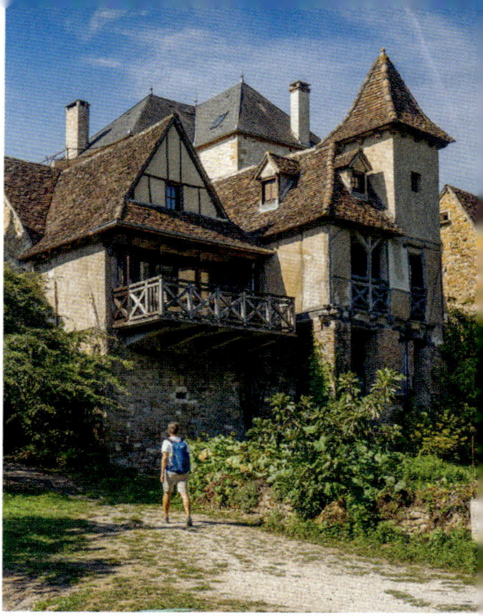

Alte Häuser in Carennac.

gemütlich bis zu den Ruinen des **Château de Taillefer** 8. Die Burg bestand zur Hälfte aus einer doppelstöckigen Halle mit Schießscharten und befestigtem Tor. An der Nordseite befand sich die zweigeschossige Herrschaftswohnung mit Waschbecken und übereinanderliegenden Kaminen. Die Aussicht vom Plateau ist einmalig und es lohnt sich, mithilfe von Landkarte oder Smartphone zu bestimmen, welche Städte und Burgen in der Ferne zu sehen sind. Wir folgen anschließend weiter dem Pfad bis zum breiteren Schotterweg, dort rechts abbiegen. Der Schotterweg wird kurz darauf zu einer Einfahrt, wir aber wandern geradeaus zwischen den Trockenmauern hindurch und gemütlich bergab. Wir überqueren die D60, dann trifft unser Weg bei einem Steinkreuz auf ein Sträßchen. Hier gehen wir weiter geradeaus und nach 150 m rechts in den Pfad. Nun mithilfe der Wegzeichen talwärts. An der tiefsten Stelle auf dem Querweg links abbiegen. Langsam steigt unser Weg wieder an. Er endet nach einiger Zeit an einer engen Kurve der D3. Ihr folgen wir begleitet von herrlicher Aussicht für einige Minuten nach rechts, bis wir erneut den **Waschplatz mit Brunnen** 3 erreichen.
Diesmal bleiben wir noch kurz auf der D3 und gehen rechts vom Steinkreuz bergab. Knappe 200 m weiter verlassen wir sie schließlich und halten uns geradeaus Richtung Jouanery. Bald wandern wir gemütlich auf einem Waldweg bergab. Er trifft bei einigen Häusern auf die D30, hier nach links und sofort wieder links die D3 Richtung Magnagues hinauf. Gegenüber von zwei Wohnhäusern in das Sträßchen steil nach rechts einschwenken (Wegzeichen). Nach einigen Minuten beim Schild »Centre Bourg« rechts ab und geradeaus zum Parkplatz in **Carennac** 1.

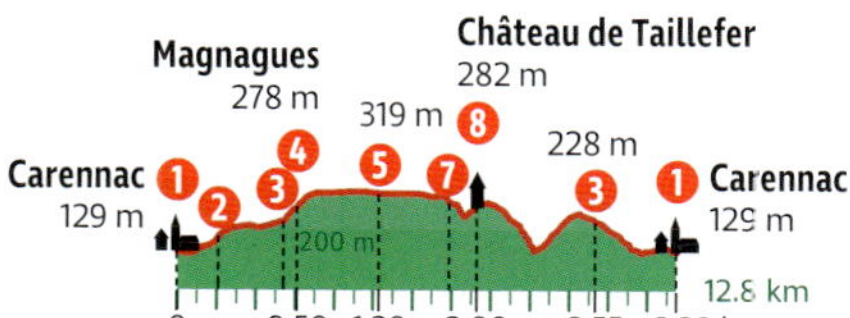

↗ 400 m | ↘ 400 m | 15.8 km

31 Rocamadour – felsige Schluchten

4.30 h

Heilige Stätten, karstiger Fels und türkisfarbenes Wasser

Auf der Grenze der historischen Provinzen Périgord und Quercy wächst steil am Felsen einer der bedeutendsten Wallfahrtsorte Frankreichs empor: Rocamadour. Seit über 1000 Jahren pilgern Gläubige und Büßer hierher, um die Vergebung ihrer Sünden zu erbitten. Rocamadour ist auch heute noch Teil des Jakobswegs, wegen seiner Geschichte und den vielen Sehenswürdigkeiten jedoch mehr denn je ein beliebtes Touristenziel. Die Wanderung beginnt im kleinen, dem Wallfahrtsort vorgelagerten Örtchen L'Hospitalet, wo sich vor Zeiten Pilger medizinisch behandeln lassen konnten. Sie führt durch Rocamadour und anschließend in zwei felsige Täler und auf deren Anhöhen. Am Fluss Ouysse entlang gelangt man zu den Gouffres von Cabouy und Saint-Sauveur: zwei großen kesselartigen Karstquellen, wo das Wasser je nach Jahreszeit und Witterung grün bis tief türkis erscheint – eine eindrucksvolle Spielart der Natur.

Ausgangspunkt: L'Hospitalet, Pilgerkreuz (Départ du chemin du pèlerin) an der Friedhofsmauer (N44.80487 E1.62628), 25 Parkplätze daneben, wenn alle besetzt sind, auf Großparkplatz P3 Les Garennes ausweichen; Anfahrt von Gramat über die D840 und D36.

Anforderungen: Rundwanderung auf Wegen, steinigen Pfaden mit Geröll und kleinen Straßen; längere Passagen unbeschattet, Südhang: im Sommer die Nachmittagshitze meiden.

Markierung: Gelbe Wegzeichen zwischen 2 und 7, hier folgt die Wanderung im Wesentlichen dem Wanderweg »Rocamadour et des deux vallées«.

Einkehr: In L'Hospitalet und Rocamadour.

Tipp: Mühle von Cougnaguet aus dem 13. Jh., 8 km westlich von Rocamadour an der D673. Sie war 650 Jahre in Betrieb und funktioniert bis heute wie im Mittelalter, cougnaguet.com.

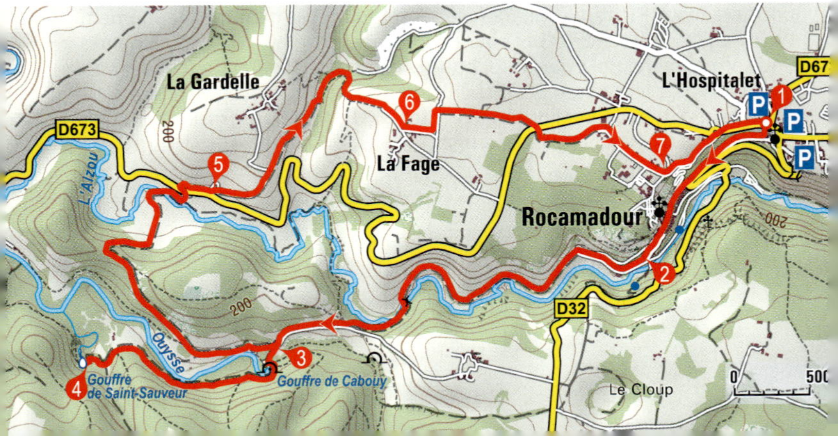

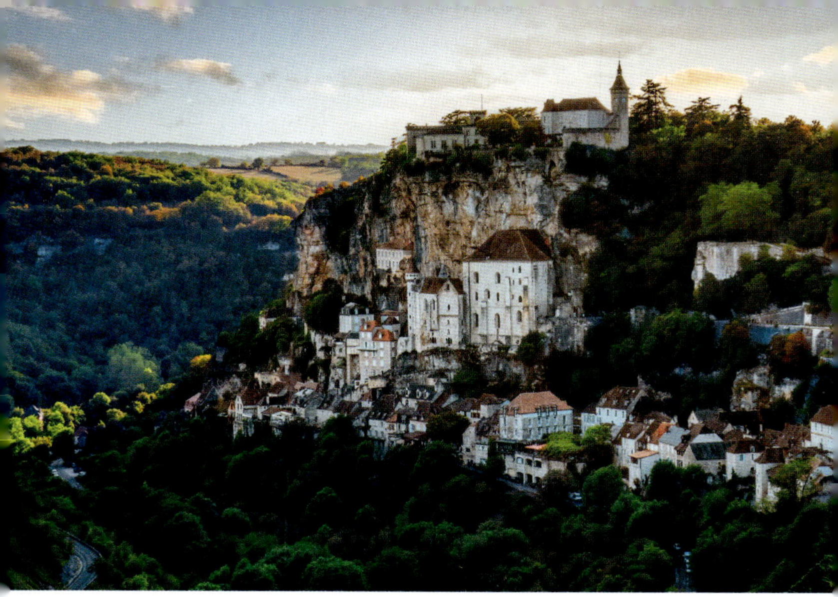

Rocamadour.

Vom Pilgerkreuz in **L'Hospitalet** ❶ aus die Friedhofsmauer entlang in Richtung Kapelle, schräg über die beiden Plätze bis zur kleinen Straße und rechts durch das Stadttor Porte de l'Hôpital. Bergab bis zum Stoppschild, dann weiter geradeaus auf der Straße und durch das nächste Stadttor in die Altstadt von Rocamadour. Immer geradeaus, am Ende der Geschäftsmeile bergab und durch das letzte Stadttor Porte Basse. Beim **Stoppschild** ❷ rechts abbiegen. Wir befinden uns ab jetzt auf dem offiziellen Rundwanderweg »Rocamadour et des deux vallées«. Nach einiger Zeit vor einer Felswand links ab in den Schotterweg. Ab hier begleiten uns gelbe Wegzeichen bis kurz vor Ende der Wanderung. Im Zweifel können wir uns an ihnen orientieren. Wir folgen dem Weg eine ganze Zeit durch das Tal der Alzou, zunächst ohne Steigung und später bergan. Auf der Anhöhe beim Pilgerkreuz wechseln wir ins Tal der Ouysse über. Dazu queren wir den Schotterweg und gehen einige Meter dahinter auf der asphaltierten Straße nach rechts.

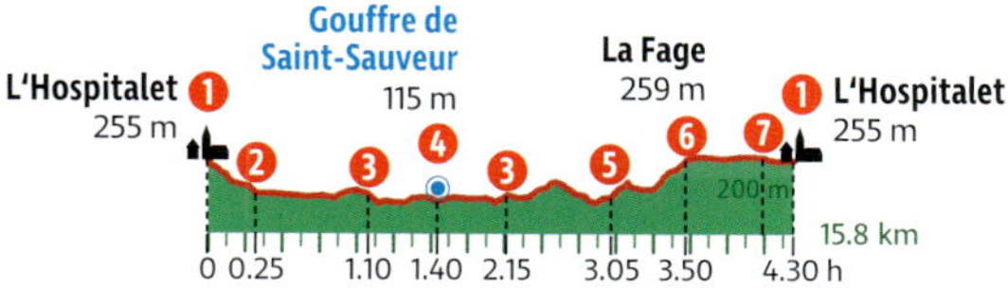

Bald erreichen wir eine **Weggabelung 3**. Wir unternehmen von hier aus einen Ausflug zu den beiden Quelltöpfen (Gouffres) von Cabouy und Saint-Sauveur und kehren anschließend zu dieser Stelle zurück.
Dafür nehmen wir den linken Weg hinunter ins Tal zur Pumpstation von Cabouy. Durch ein Tor können wir das Gelände um den Quelltopf betreten. Hier tritt das Wasser des Flusses Ouysse wieder an die Oberfläche, nachdem es zuvor 20 km weiter im Osten in Thémines im Boden versickert und bis hierhin unterirdisch geflossen ist. Durch das Lichtspiel gelöster Kalkpartikel schimmert das Wasser in den Gouffres türkis-grün. Wir umrunden die Pumpstation von Cabouy und biegen dann rechts und bergauf in einen schmaleren Weg ab (gelbe Wegzeichen). Er führt oberhalb der Ouysse entlang. Wir folgen Weg und Fluss für etwa 1,5 km, Abzweigungen beachten wir nicht. Das Gelände um den **Gouffre de Saint-Sauveur 4** erreichen wir ebenfalls durch ein Tor. Danach auf demselben Weg zurück zum Ausgangspunkt unseres Abstechers an der **Weggabelung 3**.
Auf dem Schotterweg weiter. An der nächsten Weggabelung, rund 10 Min. später, wählen wir den rechten Abzweig. Der Weg steigt noch ein Stück an, dann ist der westlichste Punkt der Wanderung erreicht. Der Schotterweg nimmt hier eine Steilkehre nach rechts und führt nun bergab ins Tal. Nachdem wir ein ausgetrocknetes Flussbett überquert haben, wandern wir in der darauffolgenden Kurve nach links hinauf zur D673. Auf ihr nach rechts und bis zum Abzweig nach Lagardelle. Der offizielle Wanderweg verläuft links die Straße hinauf. Schöner ist es jedoch, der D673 noch 50 m weiter zu folgen und dann den ockerfarbenen **Pfad 5** nach links hinauf zu nehmen.

Gouffre de Cabouy.

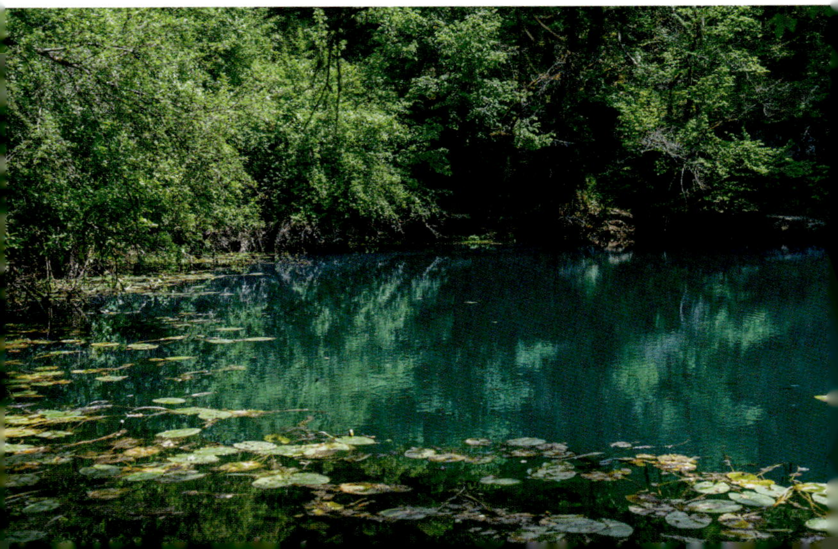

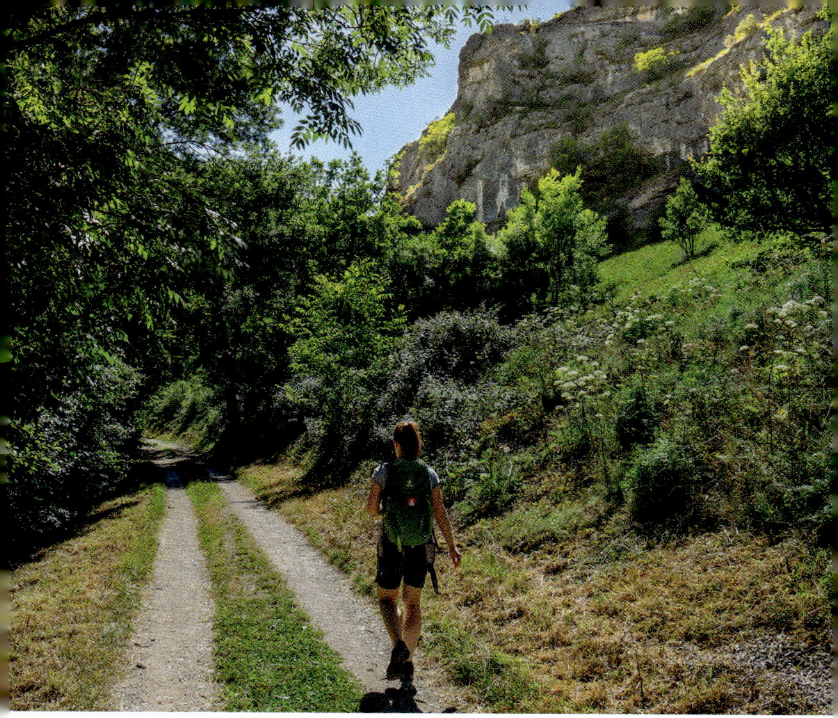

Im Tal der Alzou.

Sobald er auf die Straße trifft, halb rechts in den Wiesenweg abbiegen. Dieser wird bald felsiger, führt eine Weile auf halber Höhe durch die kleine Schlucht und endet an einem hübschen Quellbrunnen. Jetzt links den steinigen Pfad hinauf. Beim nächsten Wegweiser geradeaus (Combe de Fontaines) und im Anschluss auf dem Querweg aus dem Tal rechts bergan. Beim nächsten Querweg nach links bis zur Siedlung **La Fage** 6. Nach dem ersten Haus links und an der Querstraße hinter der Siedlung ebenfalls. Dann nach 150 m rechts in den Schotterweg. Wir wandern zwischen einigen Weinparzellen hindurch. Anschließend die D673 geradeaus überqueren. Der Weg führt an alten Trockenmauern entlang und endet bei einigen Häusern und Ferienhäusern an einer Querstraße. Hier nach rechts. Wir gehen vor bis zum **Stoppschild** 7 und verabschieden uns nun vom offiziellen Wanderweg, der nach rechts zu Château und Grotte von Rocamadour abbiegt.
Wir hingegen gehen geradeaus auf dem gepflegten Panoramaweg an der Klippe entlang zurück nach **L'Hospitalet** 1, wobei wir zum Abschluss herrliche Weitblicke in das Tal der Alzou und auf Rocamadour genießen.

↗ 140 m | ↘ 140 m | 4.6 km

32 Moulin du Saut

2.00 h

Der Alzou-Canyon mit den Ruinen zweier Mühlen

Die Grundmauern der Moulin du Saut nahe Rocamadour stammen aus dem 13./14. Jh. So lange schon nutzen die Menschen die Wasserkraft des Flusses Alzou zum Mahlen von Getreide. Unsere Tour führt durch die eindrucksvolle begehbare Ruine der Mühle, anschließend am Fluss entlang durch das enge Tal der Alzou. Zurück geht es oben auf der Klippe über dem Canyon – unzählige eindrucksvolle Panoramen inklusive.

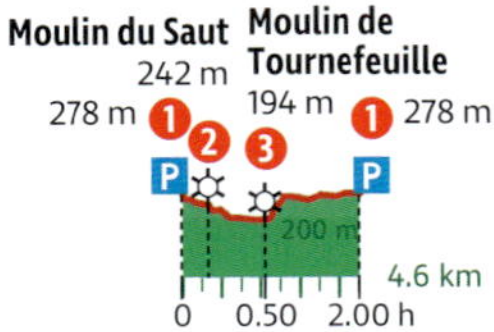

Ausgangspunkt: Parking Circuit du moulin du Saut (N44.78886 E1.67316); vom Stadtzentrum Gramat aus nach Südwesten über die D807 Richtung A20. 100 m hinter der Tankstelle auf der D39 (Avenue Pierre Roques) nach rechts und der Beschilderung »Moulin du Saut« bis zum Parkplatz folgen.
Anforderungen: Rundwanderung auf gut markierten Pfaden; Trittsicherheit hilfreich, einige Passagen rutschig bei Nässe.
Markierung: Durchgängig gelbe Wegzeichen.
Einkehr: Keine am Weg; in Gramat.

Der Alzou-Canyon.

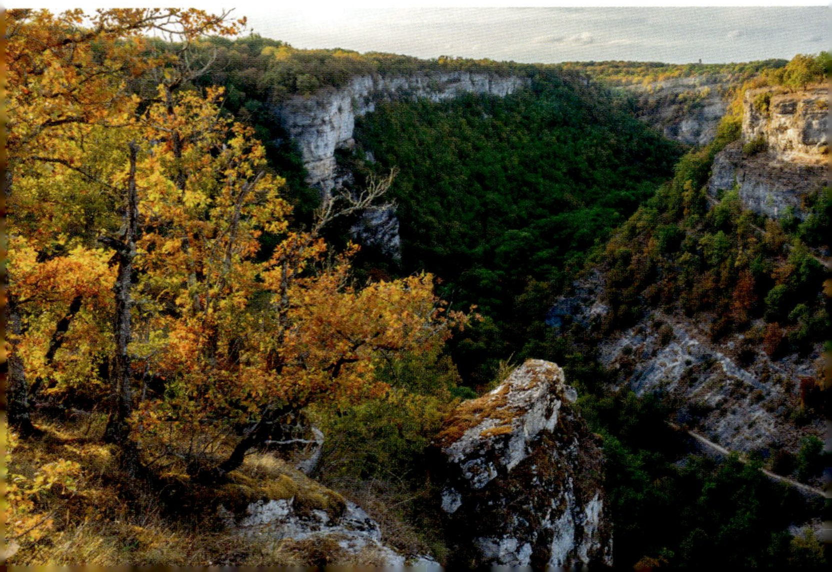

Vom **Parkplatz** ❶ aus folgen wir der hölzernen Beschilderung neben der Infotafel. Auf einigen Kehren geht es hinunter in die Schlucht und den Pfad entlang bis zur Ruine der **Moulin du Saut** ❷, die im 18. Jh. direkt in die Felsen gebaut wurde.
Nachdem wir alles in Ruhe erkundet haben (inkl. des ausgeklügelten Wasserleitungssystems), verlassen wir die Mühle durch den Torbogen an der tiefsten Stelle. Dort nehmen wir direkt hinter dem Torbogen an der Gabelung des Pfads den rechten Abzweig bergan. Nach einigen natürlichen Felsstufen können wir erste Weitblicke in die Schlucht werfen.
Danach geht es durch den Wald bergab und auf einem schönen Pfad 15 Min. am Fluss entlang durch die Schlucht. Wir kommen an eine T-Kreuzung, biegen links ab und erreichen nach 300 m die Überreste der **Moulin de Tournefeuille** ❸. Ein Blick hinauf zur Steilwand macht Lust auf den Rückweg.
Wir folgen dem Weg rechts oberhalb der Mühle für einige Meter geradeaus in den Wald und dann links über die steinerne Brücke. Dahinter rechts den Pfad bergan.
In engen Kehren geht es hinauf auf die Klippe. Wir erreichen den durch eine niedrige Trockenmauer gesicherten Aussichtspunkt **Oppidum** ❹, dessen Name auf eine keltische Siedlung an dieser Stelle hindeutet. Danach folgen wir dem Pfad an der Klippe entlang (gelbe Wegzeichen), genießen immer wieder die fantastischen Blicke über die Schlucht und sind nach gut 2 km wieder am **Parkplatz** ❶.

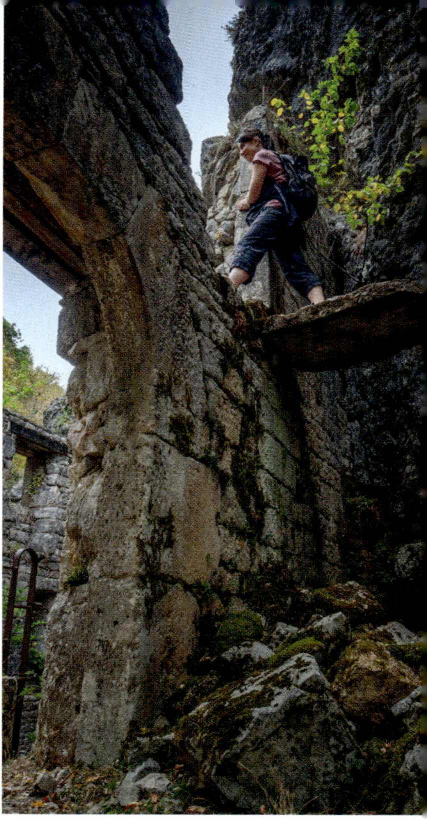

An der Moulin du Saut muss alles erkundet werden.

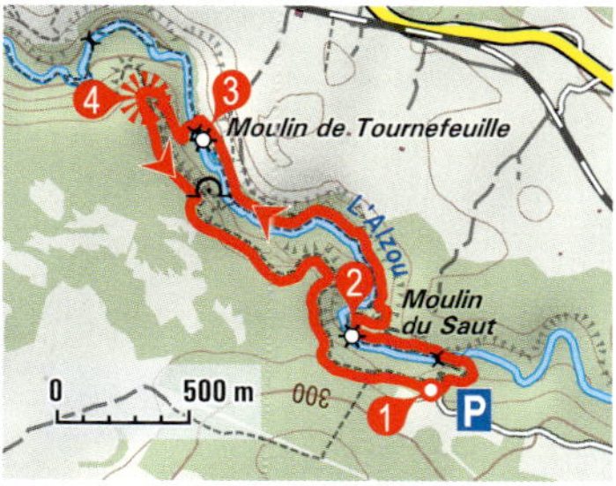

TOP

33 Autoire und Loubressac

↗ 390 m | ↘ 390 m | 11.2 km

3.30 h

Wasserfall, Engländerburg und kilometerweite Fernsicht

Diese Tour vereint nahezu alles, was das Quercy zu einer so reizvollen Region macht: Die Steilfelsen der Causse präsentieren sich hier in besonders eindrucksvoller Wucht und Schönheit. Mehrere Aussichtspunkte mit kilometerweiter Fernsicht auf die mächtigen Burgen von Castelnau-Bretenoux und Saint-Laurent-les-Tours lassen einen immer wieder aufs Neue innehalten. Ein romantischer Wasserfall, ein gut erhaltener Dolmen, stille, von Trockenmauern gesäumte Wege und eine Engländerburg aus dem 12. Jh. hoch über dem Talkessel von Autoire sind weitere Highlights. Die Tour verbindet die beiden malerischen Orte Autoire und Loubressac, die beide zur Gruppe der schönsten Dörfer Frankreichs gehören. Entsprechend haben die Stadtväter dieser Gemeinden den Rundweg »Nos plus beaux villages« (Unsere schönsten Dörfer) getauft.

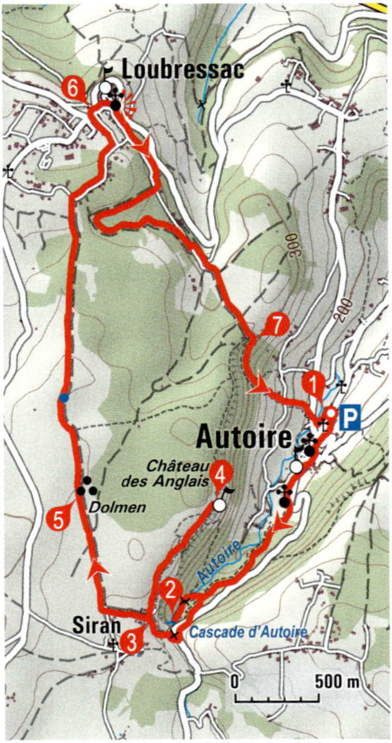

Ausgangspunkt: Autoire, nördlicher Parkplatz (N44.85576 E1.82203); Anfahrt von Gramat über die D807, danach D38 Richtung Autoire, kurze Serpentine, dann am südlichen Parkplatz vorbei, durch den Ortskern von Autoire und bis zum Parkplatz am nördlichen Ortsrand (der Wanderweg führt am südlichen Parkplatz vorbei, sodass auch dort geparkt werden kann).
Anforderungen: Rundwanderung auf gut markierten Wegen und Pfaden, ab und an Trittsicherheit erforderlich; Abstecher zum Wasserfall glatt bei Nässe; Abstecher zum Château des Anglais ist für Kinder unter 10 Jahren nur in Begleitung Erwachsener gestattet.
Markierung: Gelbe Wegzeichen, außer zwischen 3 und 4; offizielle französische Bezeichnung des Rundwegs: Circuit Nos plus beaux villages.
Einkehr: In der Haupt- und Nebensaison in Autoire und Loubressac; auf halber Strecke Getränke und Snacks auf der Angoraziegenfarm von Siran (nur im Sommer).

Wasserfall (Cascade) von Autoire.

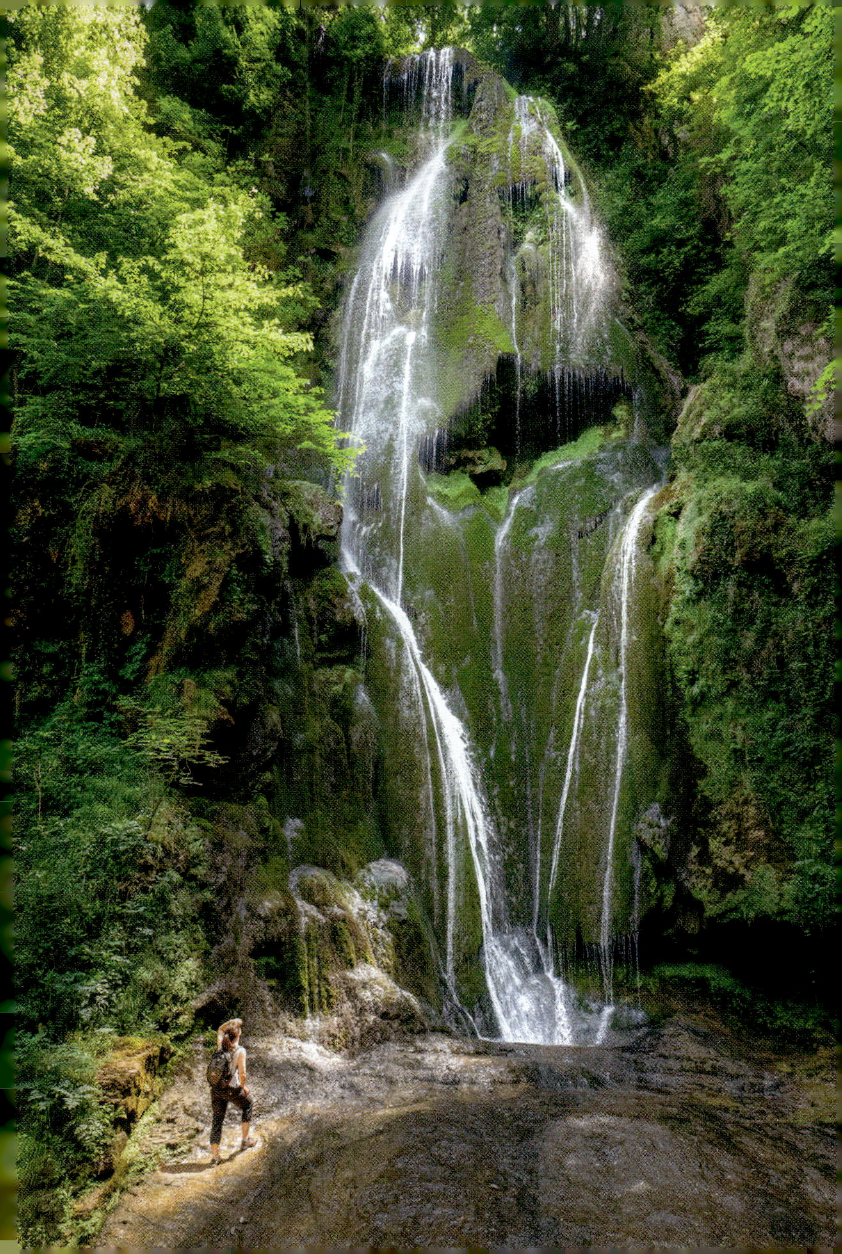

Vom nördlichen Parkplatz kommend biegen wir im historischen Ortskern von **Autoire** ❶ 30 m nach der Auberge de la Fontaine rechts in eine kleine Straße ab (gelbe Markierung und Wegweiser »Pied de la cascade 1250 m«). Unter der Felswand zur Rechten erkennen wir bereits das Château des Anglais, das wir später besuchen werden. Nach 150 m links in den Wanderpfad. Wir umrunden den südlichen Parkplatz von Autoire, passieren die kleine Kapelle Saint-Roch und bleiben 15 Min. weiter geradeaus auf dem Pfad. An einem hölzernen Wegweiser gabelt sich nun der Weg. Diese Stelle merken wir uns! Bevor wir hier nämlich gleich den Abzweig nach links oben nehmen wollen, machen wir vorher noch einen kurzen Abstecher zum Wasserfall von Autoire (Cascade). Dazu nehmen wir den Weg nach rechts unten und gehen vor der metallenen Brücke links zur **Cascade d'Autoire** ❷. Dann auf demselben Weg zurück zur Stelle, die wir uns gemerkt haben. Nun folgen wir dem Abzweig nach oben. Bald geht es einige Kehren hinauf und anschließend den zum Teil mit Geländern gesicherten Weg entlang zu einem kleinen Aussichtspunkt oberhalb des Wasserfalls. Wir folgen dem Pfad unterhalb der Straße am Fluss entlang und nach rechts über die Brücke. Anschließend steigen wir hinauf zu den Aussichtspunkten der Hochebene von **Siran** ❸. Durch die vielen Wegweiser (»Point de vue / Roque d'Autoire«) können wir uns nicht verlaufen. Die Aussichten in den Talkessel von Autoire und auf den Wasserfall sind wunderbar.

Wir unternehmen nun unseren Abstecher zum Château des Anglais. Dazu folgen wir auf der Hochebene dem Chemin de la Fontaine nach rechts, vorbei an einer gelben Tafel mit Warnhinweisen. Nach 250 m rechts zwischen zwei Steinmauern hindurch, an der Klippe entlang und zwei metallene Treppen hinab. Unterhalb der mächtigen Felswände führt uns der schmale Pfad immer geradeaus bis zum **Château des Anglais** ❹, die Ab-

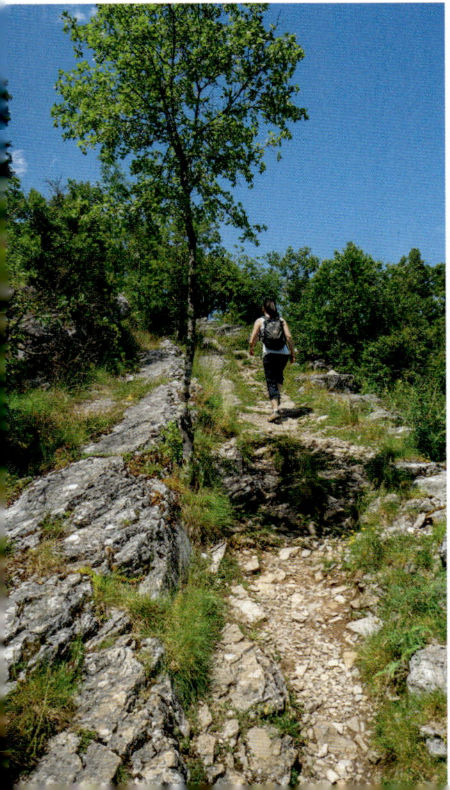

Anstieg auf die Hochebene von Siran.

Château des Anglais von Autoire.

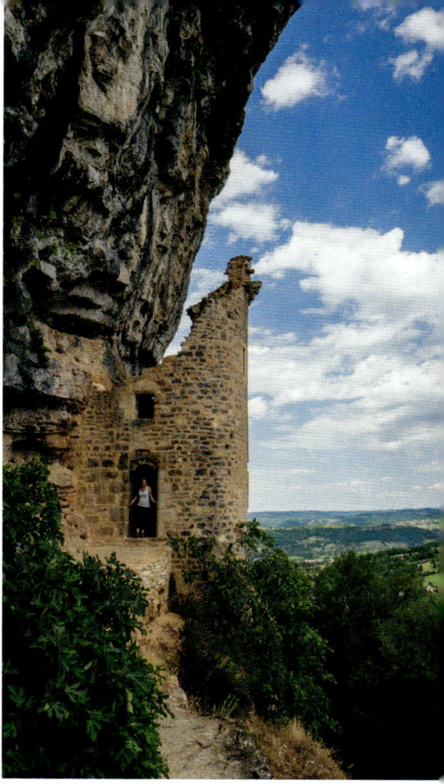

zweige nach rechts ignorieren wir allesamt. Auf demselben Weg geht es zurück zur Hochebene von **Siran** ❸.
Hier nehmen wir nun unseren eigentlichen Weg wieder auf (Circuit Nos plus beaux villages, gelbe Wegzeichen). Wir folgen dem Chemin du Dolmen bis zur T-Kreuzung mit der Route d'Horaste und biegen rechts ab. An der nächsten Weggabelung nach links. Bald erreichen wir einen gut erhaltenen **Dolmen** ❺.
650 m weiter gabelt sich der Weg an einem hölzernen Wegweiser erneut, hier geradeaus gehen. Eine Viertelstunde später erreichen wir eine kleine Querstraße. Auf ihr nach rechts. Dann beim Eisenkreuz den linken Abzweig nehmen. Diese Straße endet direkt beim Ehrenmal für die Gefallenen des Ersten Weltkriegs vor den Toren des historischen Ortskerns von **Loubressac** ❻. Wir gehen rechts am Ehrenmal vorbei, zunächst auf den Kirchturm zu und dann zum Aussichtspunkt mit einer steinernen Bank. Die grandiose Fernsicht reicht bis über die Festung Saint-Laurent-les-Tours bei Saint-Céré hinaus. Wir sollten uns nun die Zeit nehmen, von hier aus den historischen Ortskern von Loubressac zu erkunden.
Zurück am Aussichtspunkt verlassen wir Loubressac auf der Route des Peyrières in Richtung Bolivaria. Bald kommt links hinter uns die Burg von Castelnau-Bretenoux in den Blick. Einige Minuten später passieren wir ein Steinkreuz. Etwa 120 m dahinter rechts in den schmalen Pfad abbiegen. Er verläuft geradeaus an alten, mit Moos bewachsenen Trockenmauern entlang. Schließlich knickt er vor einer Mauer nach links. Wir folgen ihm weiter bis zum Ende bei einem Weidegatter aus Drahtgeflecht. Dort trifft der Pfad wieder auf die Straße. Es geht nach rechts bis zur Spitzkehre. Dort nehmen wir den geschotterten Ernteweg geradeaus, passieren an der Kreuzung einige Minuten später die gelbe Warntafel und erreichen kurz dahinter

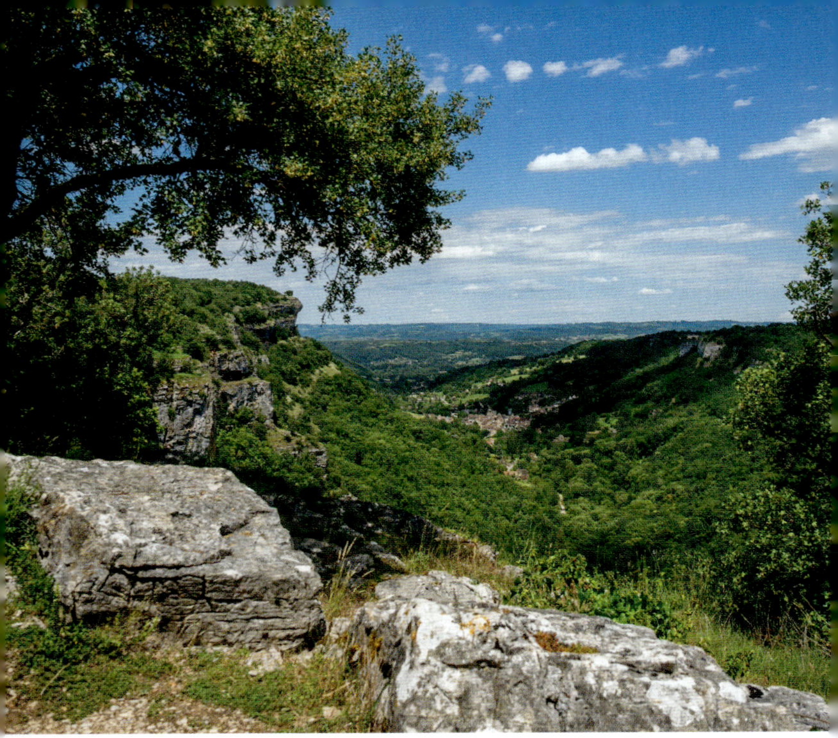

Blick auf den Talkessel von Autoire.

eine **Weggabelung** 7. Der rechte Abzweig (»Variante«) würde uns abermals zum Château des Anglais bringen. Wir nehmen daher den linken Weg ins Tal, von dem aus wir bereits Autoire und unseren Parkplatz erspähen können. Knappe 10 Min. später überqueren wir eine kleine Straße, gehen geradeaus und biegen auf der nächsten Querstraße rechts ab. Sie bringt uns in einem weiten Linksbogen zurück zum Ausgangspunkt in **Autoire** 1.

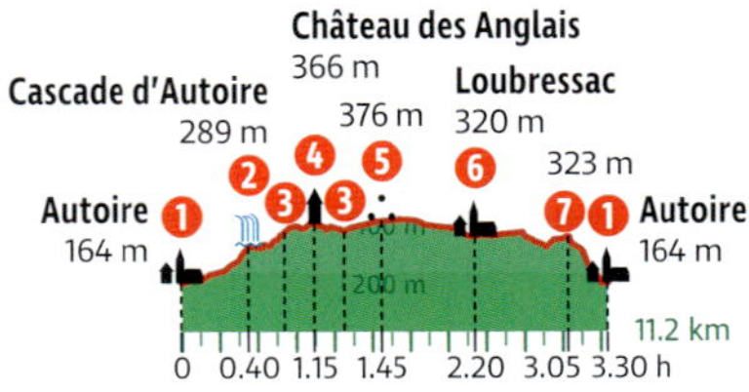

↗ 320 m | ↘ 320 m | 13.1 km

3.30 h

Beaulieu-sur-Dordogne

34

Berühmter Klosterort an der Grenze zur Corrèze

Mitte des 9. Jh. wurde an der Dordogne, an den nordwestlichen Ausläufern des Zentralmassivs, ein kleines Kloster gegründet. Wegen steigender Pilgerzahlen baute man 300 Jahre später eine Kirche hinzu und bald entstand um Abtei und Kirche ein ganzer Ort: Beaulieu-sur-Dordogne. Heute ist die Kirche Saint-Pierre ein Exempel romanischer Kunst und ihr Tympanon am Hauptportal berühmt. Vom umliegenden Hügelland aus genießt man herrliche Fernsichten auf Beaulieu, das Dordognetal und die benachbarten Landschaften von Lot und Corrèze.

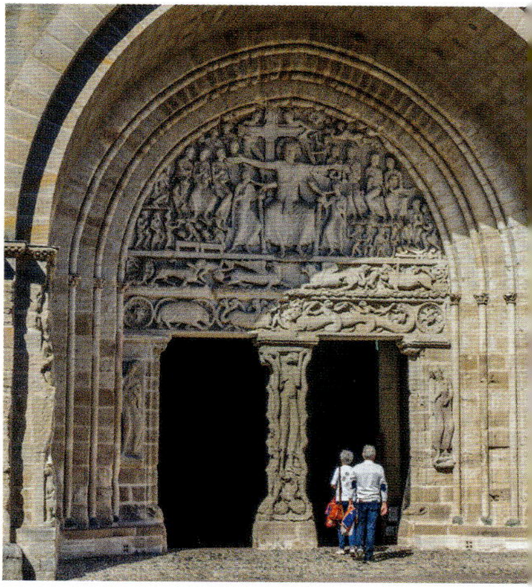

Ausgangspunkt: Beaulieu-sur-Dordogne, großer Parkplatz (Place Marbot) zwischen D940 und Office de Tourisme (N44.97822 E1.83784).
Anforderungen: Rundwanderung auf Wald-/Wanderwegen und kleinen Straßen.
Markierung: Gelbe Wegzeichen ab Beginn des Rundwegs, ❷.
Einkehr: In Beaulieu-sur-Dordogne.

Vom Office de Tourisme in **Beaulieu-sur-Dordogne** ❶ auf das Hotel mit den spitzen Rundtürmchen zu und halb rechts in den Boulevard St. Rodolphe de Turenne. Nach 150 m links durch das Stadttor Porte Sainte-Catherine. Nach etwa 100 m rechts abbiegen und am berühmten Hauptportal der Abteikirche Saint-Pierre vorbei. Hinter der Kirche nach rechts auf die Rue de la République. An ihrem Ende durch das Stadttor die historische Altstadt verlassen und geradeaus in die Rue de la Chapelle.

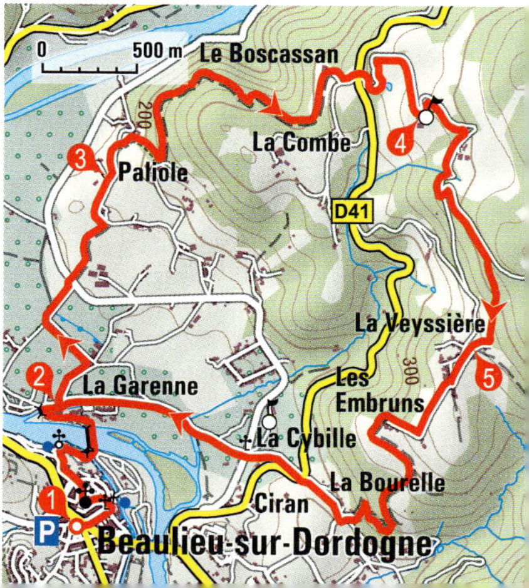

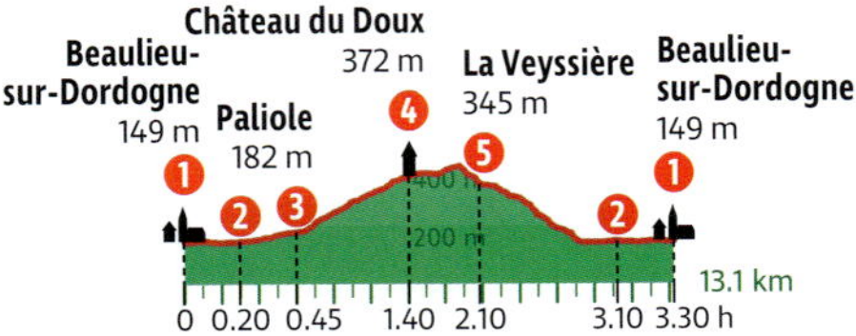

Auf ihr erreichen wir die Chapelle des Pénitents am Dordogneufer. Am Fluss entlang nach rechts zur Fußgängerbrücke und über die Dordogne. Dann links und erneut direkt am Ufer entlang. Kurz nachdem wir auf diesem Uferweg die Chapelle des Pénitents auf der gegenüberliegenden Seite passiert haben, orientieren wir uns vom Fluss weg und überqueren die kleine Brücke über den Dordogne-Seitenarm. Hinter der Brücke auf der Straße nach rechts. 150 m links in die schmalere Straße abbiegen, hier steigen wir in den **Rundweg** 2 ein.

Es geht durch Nussbaumfelder bis zur Kreuzung. Nun nach links. Die Straße verläuft geradeaus und trifft auf eine Querstraße. Jetzt rechts. An der nächsten Querstraße geradeaus in den Wanderweg. Er führt uns durch ein kleines Waldstück, danach durch Weiden. Am Ende auf der Straße nach links. Durch den Weiler **Paliole** 3 hindurch und hinter dem Ortsausgangsschild rechts ab in den Wanderpfad. An seinem Ende auf der Zufahrtsstraße nach links und sofort wieder links in den Waldweg. Wir wandern bergan, bis der Weg an der Zufahrt des Hauses von Boscassan endet. Auf ihr nach rechts, dann an der Querstraße links. Wir überqueren die D41 und folgen der Straße bergan zum **Château du Doux** 4. Weiter auf der Straße um die Anlage herum. Knappe 10 Min später links Richtung La Borderie. Nach 500 m auf dieser Straße vor einer Stromfreileitung rechts ab in den Wanderweg und unter der Leitung hindurch. Er endet bei den ersten Häusern der verstreuten Siedlung **La Veyssière** 5. Wir gehen einfach weiter geradeaus auf der kleinen Straße. Sie gabelt sich sehr bald und wir nehmen den linken Abzweig. Die Straße wird zu einem Feldweg. Er endet an einer kleinen Kreuzung mit Holzkreuz – hier geradeaus auf der Straße, die mit Blick auf Beaulieu-sur-Dordogne bergabführt. Wir befinden uns jetzt bereits auf dem Gebiet der Nachbarsiedlung Les Embruns, mit herrlicher Sicht auf das Umland. Die Straße endet schließlich bei einem Bauernhof und führt als Feldweg weiter. Später verläuft der Weg durch Wald und endet bei einer Zufahrtsstraße des Weilers La Bourelle. Wir folgen ihr nach rechts, dann an der Kreuzung erneut rechts. Ab hier müssen wir nur noch geradeaus gehen, um den Rundweg abzuschließen: Nacheinander überqueren wir die größere D41, passieren den Weiler La Cybille und die dahinterliegende Kreuzung mit Steinkreuz. Bald schon verläuft der Dordogne-Seitenarm, den wir bereits vom Hinweg kennen, parallel zu unserer Straße. Wir erreichen den Beginn des **Rundwegs** 2.

Noch 150 m weiter geradeaus auf der Straße, dann links auf der schon bekannten kleinen Brücke über den Dordogne-Seitenarm und auf bekannter Strecke zurück zum Parkplatz in **Beaulieu-sur-Dordogne** 1.

↗ 250 m | ↘ 250 m | 6.4 km

1.45 h

Die Burg von Saint-Céré **35**

Idyllische Fototour beim Château de Saint-Laurent-les-Tours

Im Mittelalter war das Château de Saint-Laurent-les-Tours oberhalb der Stadt Saint-Céré ein strategischer Punkt im Grenzgebiet von Quercy, Auvergne und Limousin. Noch heute bietet die Burg eine wunderbare Fernsicht in diese Regionen, ist aber auch selbst ein reizvoller Anblick. Die Tour vereint beides und führt zunächst in einer Schleife zur Burg hinauf, anschließend in einer zweiten Schleife durch die Hügel um Saint-Céré zurück ins Tal.

Ausgangspunkt: Saint-Céré, Parkplatz Place de la République in am südöstlichen Rand des Ortskerns mit auffälliger Statue von Marschall Canrobert (N44.85879 E1.89230); zur Anfahrt der Beschilderung »Centre Ville«, dann »Office de Tourisme« folgen.
Anforderungen: Rundwanderung auf zumeist markierten, häufig ungemähten Gras- und Feldwegen, Pfaden und Straßen; kurze Passagen rutschig bei Nässe.
Markierung: Durchgängig gelbe Wegzeichen.
Einkehr: In Saint-Céré.
Tipp: Nahe Saint-Céré liegen viele Sehenswürdigkeiten dicht beieinander: die drei ausgezeichneten Dörfer Carennac, Autoire und Loubressac sowie die rote Burg von Castelnau-Bretenoux (castelnau-bretenoux.fr) und das bekannte Höhlensystem Gouffre de Padirac mit unterirdischem See (gouffre-de-padirac.com).

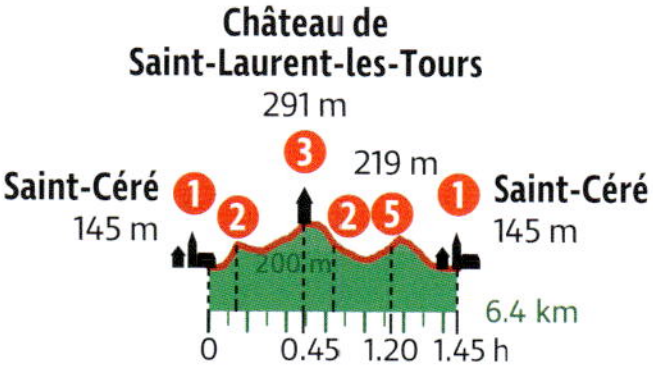

Château de Saint-Laurent-les-Tours in der Abendsonne.

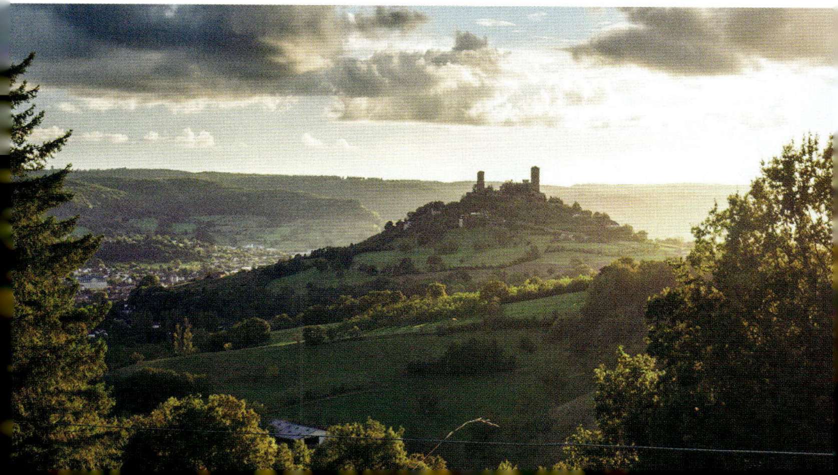

Vom Parkplatz in **Saint-Céré** ❶ in die D673 Richtung Aurillac, vorbei an der Touristeninformation und nach Haus Nr. 45 links in die kurze Rue de Bains. An ihrem Ende rechts und nach 100 m links in den Schotterpfad Richtung Saint-Laurent-les-Tours. Nach kurzem Anstieg erreichen wir ein metallenes **Weidegatter** ❷. An dieser Stelle werden wir später noch einmal vorbeikommen. Wir gehen auf der Straße nach links und passieren kurz darauf einen Aussichtspunkt mit Bank. 10 Min. später taucht nach einer weiten Rechtskurve auf einer Wiese ein kleines Caselle mit Spitzdach auf. Dahinter biegen wir rechts ab in den Chemin des Vignals. Bald darauf nehmen wir an der Gabelung den linken Abzweig und wandern auf dem Weg weiter geradeaus. Schließlich hinter einem Wohnhaus an der Kreuzung mit Eisenkreuz rechts die Straße hinauf. Nach zwei Steilkehren stehen wir direkt am Fuß der Mauern des **Château de Saint-Laurent-les-Tours** ❸. Von hier aus umrunden wir die Burg gegen den Uhrzeigersinn (Richtung P2) und genießen die Fernsicht in alle Himmelsrichtungen.

Wieder am Fuße des Turms angekommen, gehen wir auf der Straße zurück und nach nur 20 m am Schild »Allée Le Chardon Bleu« rechts die Stufen hinab. Am Ende der Stufen nach rechts auf die Häuser zu. Noch neben dem ersten Haus gabelt sich der Weg. Wir halten uns rechts und oberhalb entlang der Mauer (gelbe Wegzeichen). Vor Haus Nr. 124 links erneut einige Stufen hinab und auf einen Pfad. Kurz nach einer etwas steinigen Passage gabelt sich der Weg, wir nehmen den linken Abzweig. Bald befinden wir uns oberhalb der Straße, die wir vom Hinweg kennen, und erreichen nach einem hölzernen Durchlass das metallene **Weidegatter** ❷. Wir wandern nun weiter auf dem Pfad zwischen Gatter und der Einfahrt zu Nr. 821. Er kann von Zeit zu Zeit ziemlich zugewachsen sein, dann ist der Einstieg nicht leicht zu erkennen. Nach gut 80 m beschreibt der Pfad einen Rechtsbogen und führt bergab. 10 Min. später erreichen wir beim Schild »Chemin de la Fontaine« eine Weggabelung. Hier bergab nach rechts und kurz darauf wieder rechts (Rue de Rigoule). Nach 150 m in die **C6 Richtung Le Foursou** ❹ abbiegen. Knapp 10 Min. später hebt ein Verkehrsschild die Geschwindigkeit von 45 km/h auf. Kurz dahinter geht es steil nach rechts hinauf. Bei den Hauseinfahrten weiter geradeaus auf dem Grasweg. An der Weggabelung bei der **großen Eiche** ❺ den linken Abzweig wählen. Die Aussicht auf das Château de Saint-Laurent-les-Tours ist jetzt wunderbar. Wir erreichen vor der Baumreihe einen schmalen Querweg, hier nach rechts und bergab. 10 Min. später endet der Pfad an einer kleinen Zufahrts-

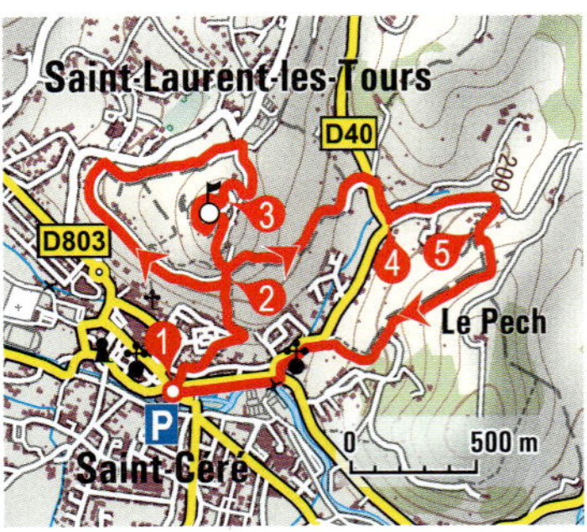

straße, auch ihr folgen wir weiter bergab. Sie trifft auf eine etwas größere Straße. Weiter geradeaus und der Straße so lange folgen, bis sie bei einer Wiese mit auffälliger Christus-Statue auf die D673 stößt. Jetzt nach rechts und zurück zum Parkplatz in **Saint-Céré** 1.

Ein Pfad führt um die Burg herum.

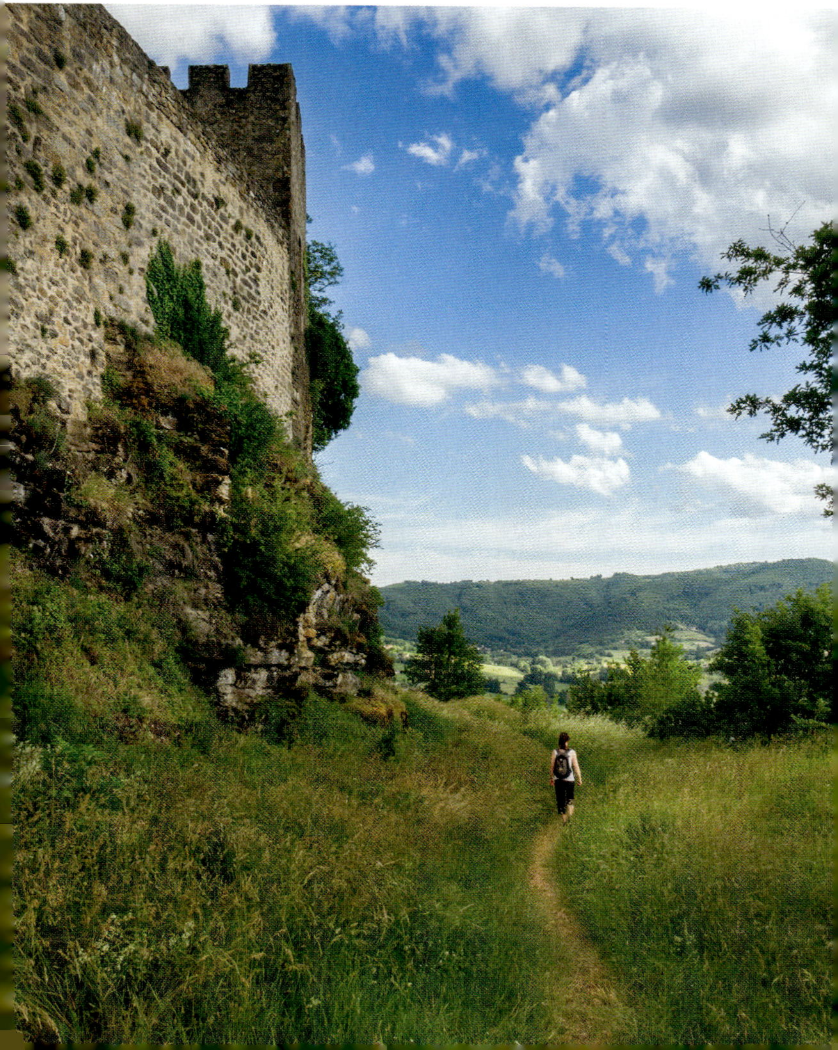

↗ 380 m | ↘ 380 m | 9.2 km
2.45 h

36 Terrou – schöne Aussichten

Wohlfühltour durch den Ségala lotois

Gemütlich liegt die kleine Gemeinde Terrou in der typischen Mittelgebirgslandschaft des Ségala. Von hier aus führt eine hübsche Tour durch die Hügel und Täler im Süden des Dorfes. Sie sind geprägt von herrlichen Wäldern und dem zu Terrou gehörenden Bauernland. Weil die Erhebungen des Ségala deutlich höher reichen als die Plateaus der Causses de Quercy, kann man von hier immer wieder fantastische Aussichten in die Ferne genießen. Sehr treffend wurde die Wanderung darum von der Gemeinde »Circuit des Points de Vue« getauft.

Ausgangspunkt: Terrou; zentraler Dorf-/Parkplatz unterhalb der Kirche (N44.78434 E1.98480).
Anforderungen: Rundwanderung auf Wegen, Wiesen, Pfaden und kleinen Straßen; kurze Passagen sehr steinig. Orientierungssinn hilfreich.
Markierung: Durchgängig gelbe Wegzeichen; offizielle französische Bezeichnung des Rundwegs: Circuit des Points de Vue.
Einkehr: In der Hauptsaison in Terrou.

Tipp: Mit Cardaillac liegt ein Ort, der zur Gruppe der schönsten Dörfer Frankreichs gehört, nur 15 Autominuten entfernt.

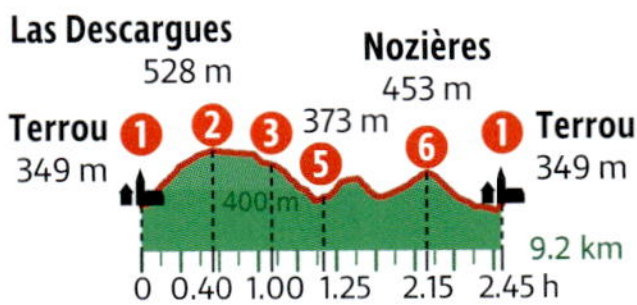

Vom Dorfplatz in **Terrou** ❶ aus nehmen wir die Straße Richtung La Tournairie. Dann an der Querstraße links, kurz darauf die Spitzkehre nach rechts. Die Straße führt als Waldweg weiter. Wir bleiben die ganze Zeit auf dem Hauptweg: Er knickt im Wald sehr bald nach rechts ab, dann nach links und führt an einer Weide entlang bergan. Mit zunehmender Höhe sind die Weitblicke von hier phänomenal. Sie reichen am Ende des Tals im Nordwesten über die Burg von Saint-Laurent-les-Tours bei Saint-Céré hinaus und bis zur Zitadelle von Turenne am Horizont. Wir erreichen den Weiler **Las Descargues** ❷. Hier an der Querstraße links.
Ihr folgen wir etwa 10 Min. und biegen dann mit Blick auf mehrere große Bauernhofgebäude rechts ab. Wir wandern über den Hügel und

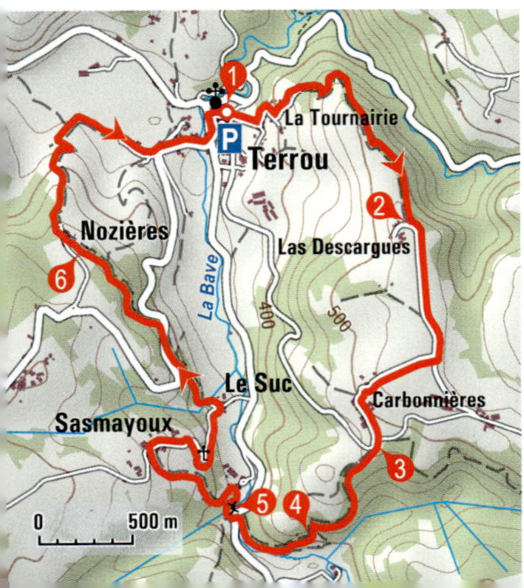

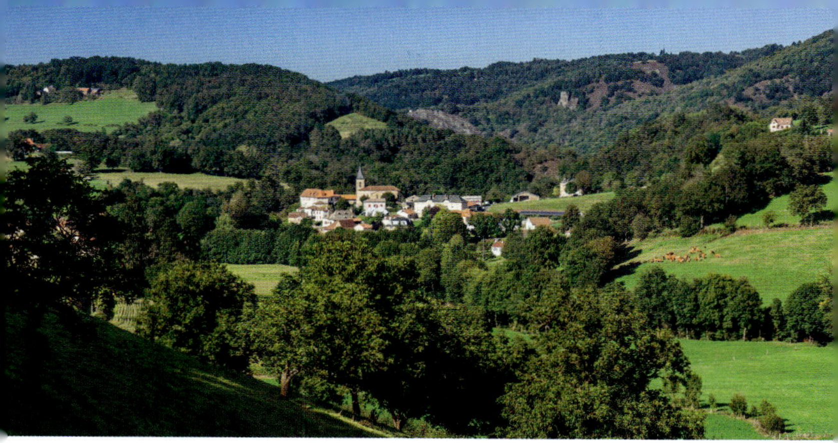

Terrou in der Nachmittagssonne.

weiter auf der Straße durch den Weiler Carbonnières hindurch. Dahinter an der Querstraße halb rechts in den **Schotterweg** ❸. An der Gabelung den linken Abzweig nehmen. Jetzt auf dem Hauptweg 500 m bergab. Wir erreichen eine Abbruchkante, hier den Hauptweg verlassen und geradeaus in den **Pfad** ❹. Er gabelt sich bald, hier den linken Weg einschlagen. Wir wandern nun recht steil bergab, dann oberhalb einer lang gestreckten Weide entlang und bis zur Straße. Dann über die Brücke und unmittelbar dahinter rechts abbiegen. Anschließend in der Senke über die kleine **Holzbrücke** ❺, dahinter rechts den Weg entlang und an der Gabelung links. Es geht bergan. Wir bleiben auf dem Hauptweg, Abzweige werden nicht beachtet. Wir können uns an der gelben Markierung orientieren bzw. an der oberhalb liegenden Siedlung Sasmayoux, denn sie erreichen wir als nächstes. Unser Weg trifft dort auf ein Sträßchen, hier rechts.

Es führt uns aus der Siedlung hinaus und bergab. Kurz hinter dem Ortseingangsschild des Weilers Le Suc biegen wir links ab. Wir gehen über einen kleinen Bachlauf und auf dem Weg geradeaus. Nun wandern wir beständig bergan, oberhalb des Tals. Auf halber Strecke nach Nozières überqueren wir die D25 und bleiben weiter auf dem Wanderweg.

Wir ignorieren nun alle Abzweige, bis unterhalb der ersten Gebäude von **Nozières** ❻ der Weg scharf nach links wegknickt. An dieser Stelle halten wir uns geradeaus auf den Pfad. Er trifft auf einen Karrenweg aus dem Tal, auf ihm weiter geradeaus bis zur Straße. Hier rechts und 25 m weiter auf dem Wiesenweg geradeaus und bergab. Im Tal angekommen beim Querweg nach rechts. Bei einem Reiterhof wird aus unserem Weg eine Straße. Sie trifft auf die D25, der wir nach links folgen. Kurz hinter dem Ortsschild überqueren wir die D19, gehen geradeaus Richtung Mairie und zurück zum Parkplatz unterhalb der Kirche von **Terrou** ❶.

↗ 400 m | ↘ 400 m | 12.8 km

37 Vallée heureuse – das glückliche Tal

3.30 h

Bilderbuchwanderung im Mittelgebirge

Beginnend beim Örtchen Terrou im Ségala erstreckt sich Richtung Norden das strahlend grüne Vallée heureuse. Teils ist es von Bauern kultiviert, teils noch unberührte Natur. Von Terrou aus kann man am oberen Rand des Tals entlang wandern, schöne Ausblicke inklusive. Für den Rückweg steigt man ins Tal ab und geht dann am wilden Flüsschen Bave entlang. Es bietet mit seinem schnell fließenden, kühlen und sauerstoffreichen Wasser ideale Lebensbedingungen für Bachforellen. Dem Einsatz von Naturschützern ist es zu verdanken, dass sich hier sogar langsam die Lachsbestände erholen.

Ausgangspunkt: Terrou, zentraler Dorf-/Parkplatz unterhalb der Kirche (N44.78434 E1.98480).
Anforderungen: Rundwanderung auf Wegen, Wiesen, Pfaden, kleinen Straßen.

Markierung: Gelbe Wegzeichen.
Einkehr: In der Hauptsaison in Terrou.
Tipp: Nur 15 Autominuten entfernt liegt Cardaillac, das zur Gruppe der schönsten Dörfer Frankreichs gehört.

Vom Dorfplatz in **Terrou** ❶ aus kurz die Straße links von der Mairie hinunter, dann sofort rechts die langen Treppen hinab. Geradeaus über die Brücke und dahinter links auf der D19 Richtung St. Céré/Molières. Nach 150 m beim Wegweiser rechts die kleine Straße hinauf und vor dem Steinkreuz links. Den Wiesenweg entlang und an seinem Ende geradeaus auf dem Sträßchen. Es beschreibt beim letzten Haus eine steile Rechtskurve, wir halten uns jedoch weiter geradeaus, erneut auf einem **Wiesenweg** ❷. Wir wandern ca. 1 km am Rand des Tals entlang, zumeist leicht

Der Weg führt entlang des sanften Tals.

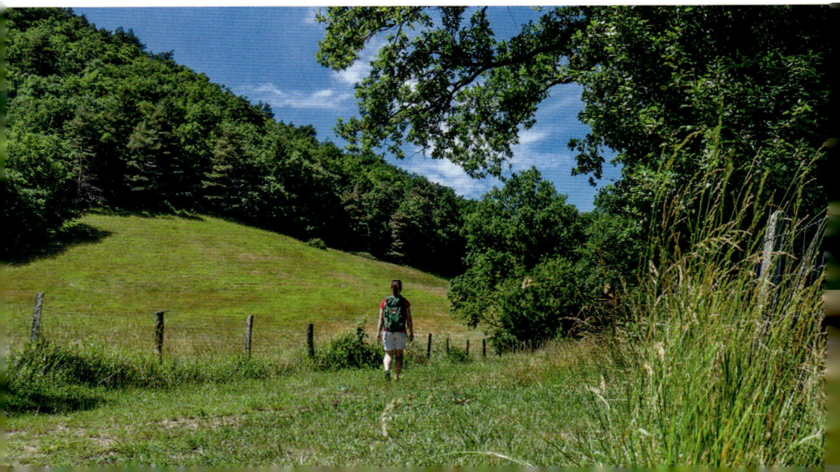

beschattet oder im Wald. Zwischen zwei Weiden treffen wir schließlich auf einen Querweg, hier links abbiegen. Bei einem kleinen Gehöft wird der Weg zur Straße, wir biegen bald darauf den gelben Wegzeichen folgend nach rechts in den **Wald** ❸ ab. Vor dem nächsten Gehöft an der Kreuzung rechts. Nach gut 200 m treffen von rechts zwei Wege auf den unseren, die wir beide ignorieren – es geht weiter geradeaus. Danach an der Weggabelung den linken unteren Weg wählen. Er tritt später aus dem Wald heraus, führt zwischen Weiden hindurch und wir erreichen das nächste kleine **Gehöft** ❹. Hier halb links auf dem Schotterweg am alten Stallgebäude vorbei. Ab dem hübschen Wohnhaus mit der Nr. 440 geht es auf Asphalt weiter. Einige Minuten später an der Kreuzung geradeaus auf der Route du Touron. Wir folgen ihr für eine ganze Weile. Sie endet schließlich an einer Querstraße (D217), hier links. Nun geht es geradeaus durch den lang gezogenen Ort Ladirat.

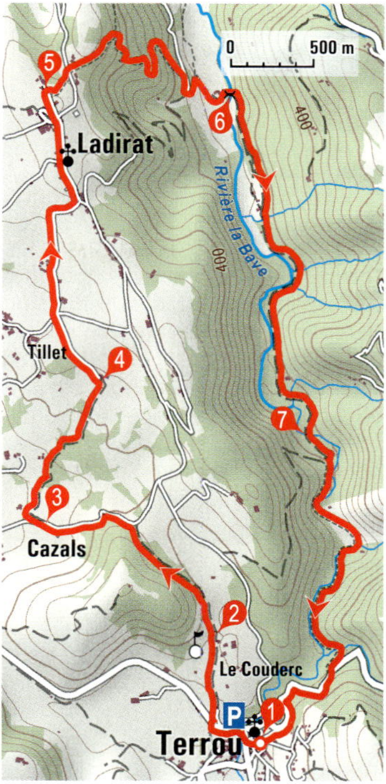

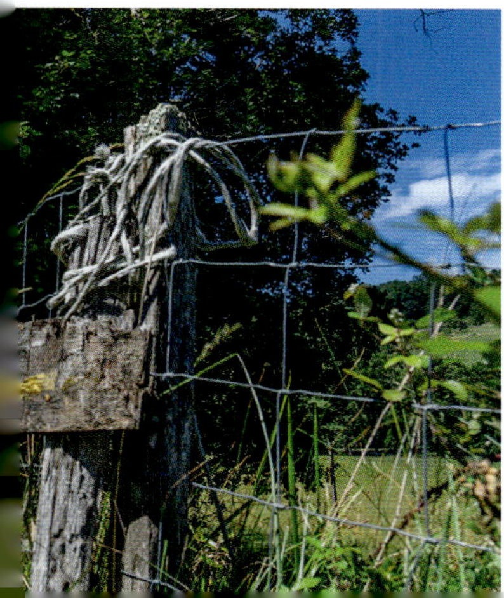

Wir passieren die Kirche, halten uns an der nächsten Kreuzung mit Metallkreuz ebenfalls noch geradeaus und biegen schließlich vor der Ruine eines Hauses rechts in den **Wiesenweg** ❺ ab.

Er wird sofort zu einem schmalen Hohlweg und führt bergab. Danach an der Straße links und sofort wieder rechts in den Wald. Wir wandern nun gute 20 Min. beständig bergab, der Weg beschreibt dabei größere Serpentinen. Er endet schließlich an einer kleinen Straßenkreuzung, hier auf der Impasse de la Bessonie wei-

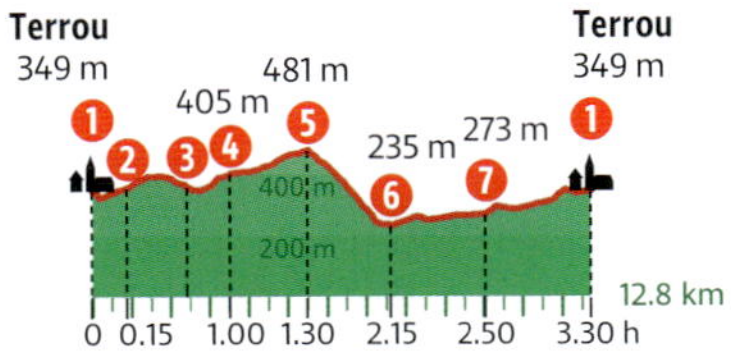

ter bergab. Am tiefsten Punkt überqueren wir die kleine Brücke über das Flüsschen **Bave** 6.

Für den Rest der Wanderung verläuft unser Weg nun parallel zur Bave. Wir bleiben die ganze Zeit auf dem Hauptweg und folgen der gelben Markierung und den Wegweisern nach La Barthe Redonde bzw. Terrou. Auf halber Strecke überqueren wir eine **Brücke** 7, wo uns ein Hinweisschild ermahnt, dass wir uns nun auf Privatgelände befinden. Wir passieren Hausruninen und die Wohnwagen einiger Aussteiger, danach liegt das Privatgelände auch schon wieder hinter uns. Der nun folgende Wegabschnitt ist besonders schön: Wir überqueren die Bave mehrmals und folgen direkt ihrem Ufer. Schließlich verabschiedet sich unser Weg vom Fluss. Wir folgen ihm bergan und bis zur Straße D39. Dort nach rechts. 450 m weiter nehmen wir die obere Straße Richtung Mairie/Église und kommen zurück zum Parkplatz in **Terrou** 1.

Wasser ist im Tal allgegenwärtig.

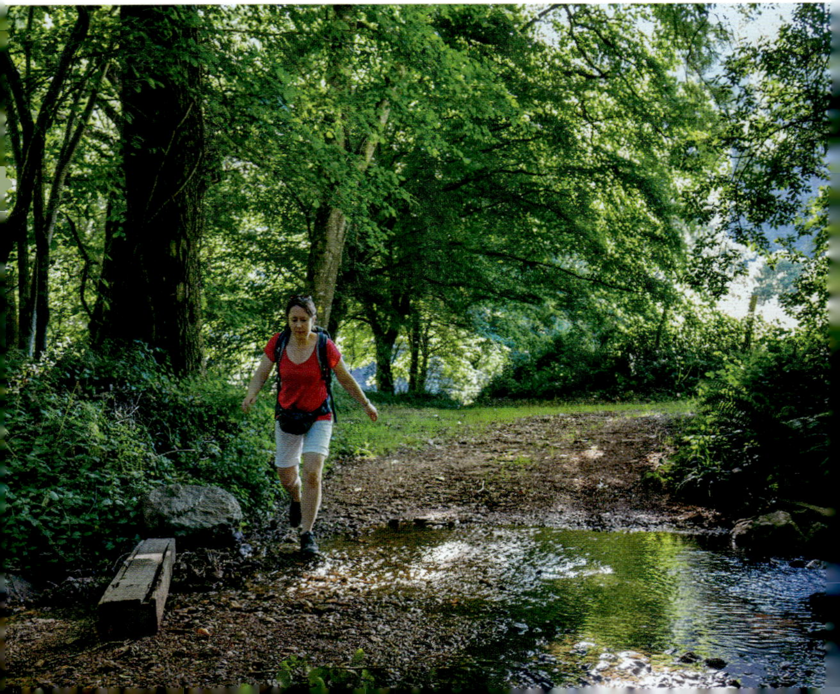

↗ 470 m | ↘ 470 m | 12.2 km

4.00 h

Notre Dame de Verdale

TOP

38

Rauschende Bäche und Natur pur – der Norden des Ségala

Weite, blumenübersäte Bergrücken, felsige Schluchten, dichte Wälder, fantastische Fernsicht und rauschende Gebirgsbäche – all das macht den Ségala im Osten des Départements Lot zu einer so reizvollen Landschaft. Vom Örtchen Latouille der Doppelgemeinde Latouille-Lentillac aus überqueren wir einen Höhenzug, steigen ab in das Tal des Cayla zu einer ehemaligen Wassermühle, wieder hinauf auf die nächste Anhöhe und wieder hinab in die Schlucht des Tolerme. Dort schmiegt sich an ziemlich unzugänglicher Stelle die kleine Kapelle Notre Dame de Verdale an einen Felsen, das letzte Ziel unserer Rundwanderung.

Ausgangspunkt: Latouille, Parkplatz Place de l'Église an der Kirche (N44.85426 E1.96378); Anfahrt von Saint-Céré aus über die D673 und D30 Richtung Sousceyrac.
Anforderungen: Mittelschwere Rundwanderung auf markierten Wegen und Pfaden, des Öfteren steinig, felsig oder rutschig; Kondition hilfreich.
Markierung: Durchgängig gelbe Wegzeichen. Offizielle französische Bezeichnung des Rundwegs: »Circuit Lentillac et la Chapelle de Verdale«.
Einkehr: Keine.

Vom Parkplatz in **Latouille** ❶ nehmen wir den Weg links an der Kirche vorbei, dann auf der Straße links hinauf nach Larraufie. Es geht geradeaus durch die kleine Siedlung. Dann bei der Gabelung rechts und sofort wieder rechts in die Impasse du Ballat. Der Weg führt in den Wald hinein. Bald bei der Infotafel im Wald links ab (Circuit Lentillac et la Chapelle de Verdale) und bergan. Dreimal hintereinander kreuzen wir auf dem Pfad die Serpentinen der Straße. Der Wanderweg endet

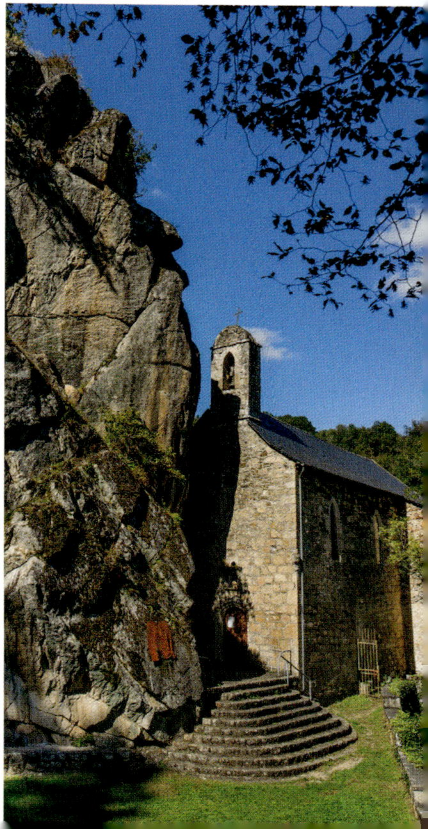

Kapelle Notre Dame de Verdale.

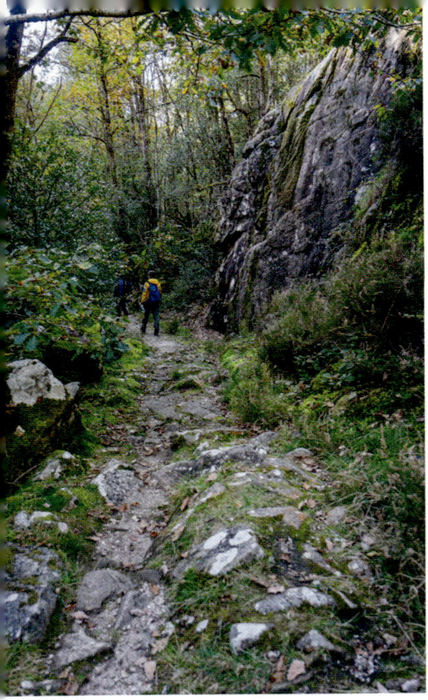

Die Wege sind steinig.

schließlich selbst an einer kleinen Straße, hier weiter geradeaus. Wir erreichen den Weiler Biquinel. Hier an den wenigen Häusern vorbei, dann geradeaus/links auf dem **Wiesenweg** ❷ bergan. Je höher wir kommen, desto grandioser wird die Fernsicht, sogar die Dordognefelsen und der Roque d'Autoire sind am Horizont zu erkennen. Bald erreichen wir eine Lichtung, wo Tannenkahlschlag erfolgen musste. Hier folgen wir der gelben Markierung – das bedeutet: am breiten Querweg kurz nach rechts, dann sofort auf diesem breiteren Weg links. Er führt an der Lichtung entlang und durch den Wald. Dann auf der Straße links und nach Lentillac. Man folgt dem Chemin des Écoles durch das Dörfchen, geht auf der Impasse de la Caminade an der Kirche von **Lentillac** ❸ vorbei und schließlich

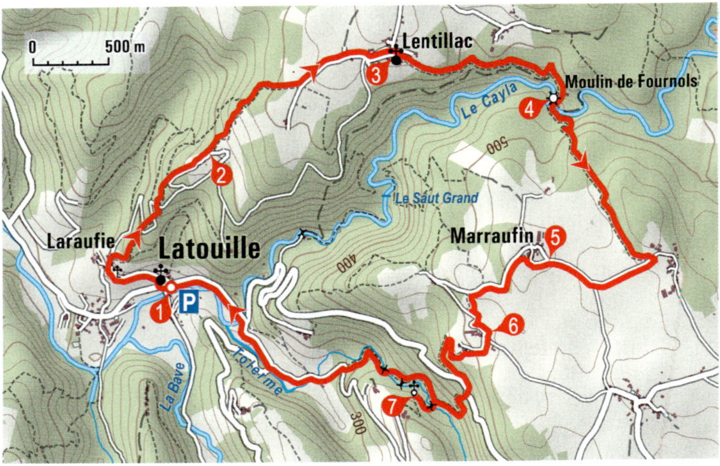

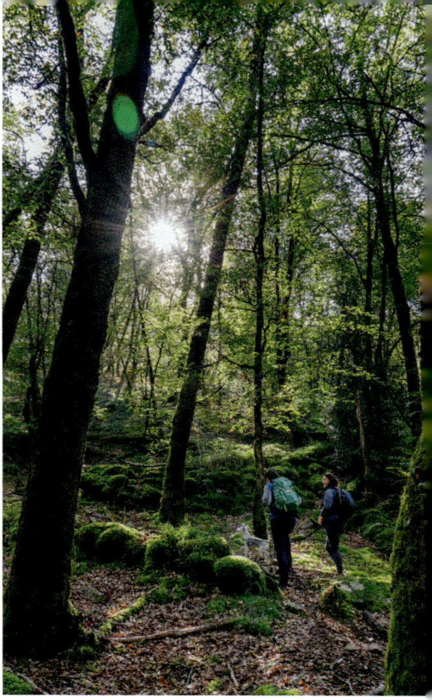

Im Tal des Cayla.

am Querweg vor der Weide nach rechts. Ein herrlicher Pfad führt uns leicht, aber beständig, bergab. Wir überqueren einen Bachlauf. 200 m danach gabelt sich der Pfad, hier den linken oberen Abzweig wählen. Nach einiger Zeit queren wir einen breiteren, nach links und rechts gesperrten Weg und folgen dem hölzernen Wegweiser »Latouille-Lentillac 7,4 km« geradeaus. Im Tal erreichen wir den Fluss Le Cayla und die Überreste der **Moulin de Fournols** ❹. Von der Mühle selbst steht nur noch eine Wand, aber die Kanäle, über die das Wasser vom Fluss in die Mühle umgeleitet wurde, sind noch gut zu erkennen.

Wir gehen über eine Brücke, danach steigen wir im Wald ein ganzes Stück bergan. Anschließend verläuft der Weg entlang einiger Weiden. Er endet schließlich an einer kleinen Straße, dem östlichsten Punkt der Wanderung. Hier nach rechts, ein paar Minuten später beim Holzkreuz erneut. Wir erreichen **Marraufin** ❺. An der Weggabelung den linken Abzweig wählen, anschließend innerhalb der Siedlung beim hölzernen Wegweiser »Notre Dame de Verdale« auf den Grasweg nach links wechseln. Er führt im weiteren Verlauf bergab, dann zwischen Weiden hindurch. Auf halber Strecke zweigt der Weg zum Wasserfall Saut-Grand rechts ab, wir bleiben jedoch geradeaus auf dem Grasweg. Gute 100 m weiter nehmen wir an der Gabelung den linken Abzweig. Anschließend auf der Straße nach links und

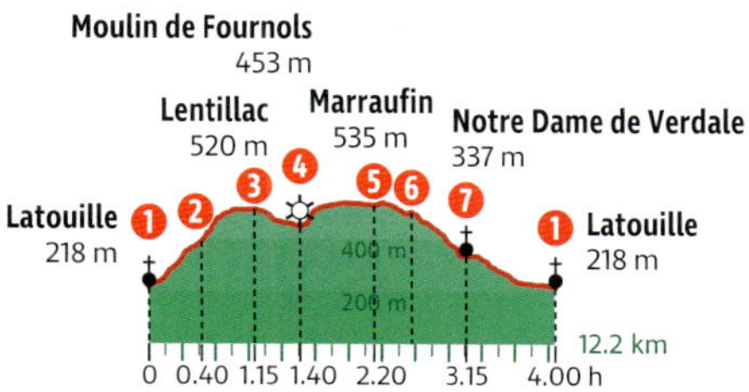

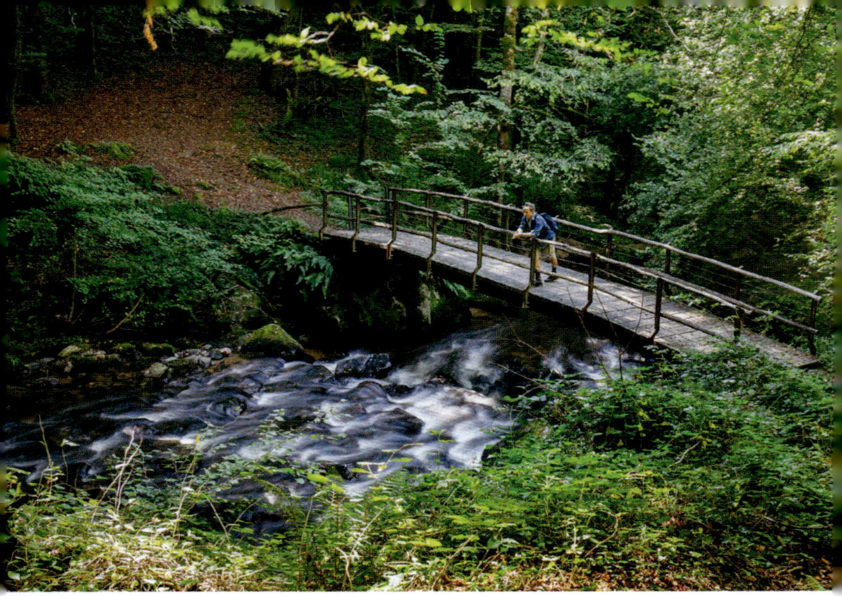

Brücke über den Tolerme.

in ein paar Serpentinen bergan. Hinter einigen landwirtschaftlichen Lagergebäuden rechts die kleinere **Straße** ❻ bergab. Wir gehen unterhalb einer hübschen Gîte entlang und direkt am Ende des Gebäudes in den unscheinbar abzweigenden Wiesenweg nach links. Die Fernsicht ist traumhaft. Der Wiesenweg wird zu einem Waldweg und es geht weiter bergab. Dann auf der Straße kurz nach links und nach 100 m wieder rechts in den Pfad. Er führt in lang gezogenen Serpentinen relativ steil bergab. Wir erreichen im Tal bei einer schönen Brücke den Fluss Tolerme. Wir unternehmen nun einen kurzen, aber lohnenswerten Abstecher. Dazu über die Brücke und dem Pfad bergan folgen bis zur Kapelle **Notre Dame de Verdale** ❼, die eng an einem 10 m hohen Granitfelsen kauert. Hier auf keinen Fall den kleinen Gang um die Chorseite der Kapelle versäumen, er bietet einen schönen Blick auf die umliegenden Felsen und in die unter uns liegende Schlucht.
Auf demselben Weg geht es zurück und über die Brücke, dann nach links und flussabwärts auf dem schönen Pfad weiter. Er ist zum Teil recht felsig. An der nächsten Brücke überqueren wir den Tolerme erneut und gehen nun linksseitig. Am Ende auf der Straße nach rechts. Wir wandern vorbei an der hübschen Moulin d'Aubié, heute ein Wohnhaus. Einige Minuten später erreichen wir die D30. Ihr müssen wir nun eine knappe Viertelstunde zurück zum Parkplatz in **Latouille** ❶ folgen – ein geringer Preis, den wir für das, was wir vorher erleben durften, gerne bezahlen.

↗ 400 m | ↘ 400 m | 13.3 km

3.45 h

Limargue 39

Durch die Hügel am Rande des Ségala

Die Limargue ist der Übergang zwischen dem Mittelgebirge des Ségala lotois und die Causses du Quercy. Als schmaler Streifen verläuft sie zwischen Padirac im Nordwesten und Figeac im Südosten. Im wunderbar restaurierten Örtchen Fons im Herzen der Limargue beginnt ein schöner Rundweg durch die typischen Hügellandschaften. Dörfer oder größere Siedlungen gibt es hier nicht. Die Menschen leben in vielen kleinen Weilern zusammen, von denen uns auf der Tour einige begegnen.

Ausgangspunkt: Fons, Parkplatz an der Salle des fêtes an der D148 (N44.66354 E1.95375).
Anforderungen: Rundwanderung auf Feldwegen, Pfaden und kleinen Straßen. Häufige Richtungswechsel.
Markierung: Durchgängig gelbe Wegzeichen.
Einkehr: Keine.
Tipps: Alte schwarz-weiße Fotos in Fons ermöglichen einen Vergleich von damals und heute. Außerdem liegt in 6 km Entfernung Cardaillac, klassifiziert als eines der schönsten Dörfer Frankreichs.

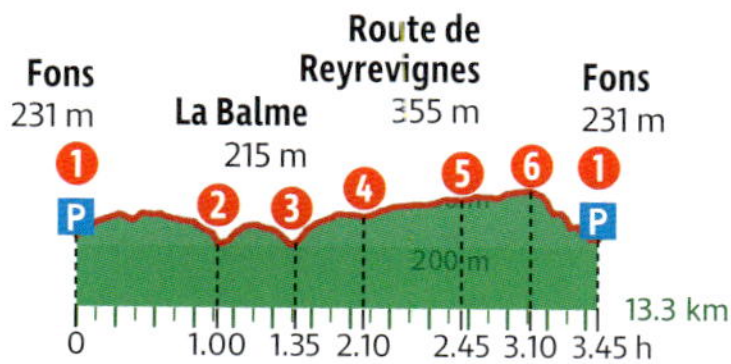

Typische Häuser in Fons.

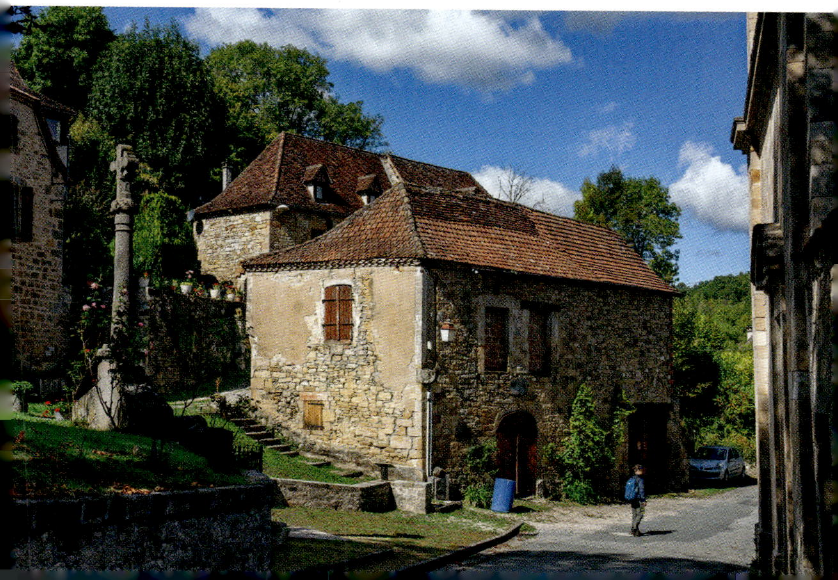

Vom Parkplatz in **Fons** ❶ auf der D148 Richtung Ortsmitte und schon bald beim Bouleplatz (P. de la Pinade) rechts auf den Wiesenweg. Er teilt sich unmittelbar, wir gehen nach rechts. Ein Stück weiter bergan teilt sich der Weg erneut, auch hier nehmen wir den rechten Abzweig. Am Ende auf der Straße noch ca. 30 m geradeaus, dann ihre große Schleife auf einem Pfad nach rechts abkürzen. Dahinter wieder weiter geradeaus auf der Straße. Gegenüber von Haus Nr. 1071 rechts ab in den Karrenweg. Beim Querweg vor einem Abhang nach links. Unser Weg endet an einer Straße, hier geradeaus/rechts. Wir gehen vor bis zur großen D840 und überqueren sie geradeaus in die Sackgasse. Nach gut 100 m rechts ab in den Weg, er verläuft für ein Stück parallel zur D840. Dann wird er zunehmend schmaler und führt als Pfad bergab. Nach 20 Min. beim Stoppschild die D840 erneut überqueren und geradeaus in den **Chemin de Plaîsance** ❷. Hinter der steileren Rechtskurve auf dem Zufahrtsweg links hoch, dann beim ersten Haus des Weilers La Bénêche auf der Querstraße nach rechts. Wieder erreichen wir eine Querstraße, jetzt links. Die Straße führt durch den verstreut liegenden Weiler Le Mas d'Assin, wo wir nach 200 m rechts in die Route des Combes abbiegen. Bei den letzten Häusern Nr. 273/274 wird sie zu einem Pfad. Er bringt uns bergab und endet an einer Zufahrt. Hier links und auf der Straße dahinter nach rechts. Wir passieren Le Soulié und halten uns an der kleinen Kreuzung geradeaus Richtung **La Balme** ❸. Dort hinter dem

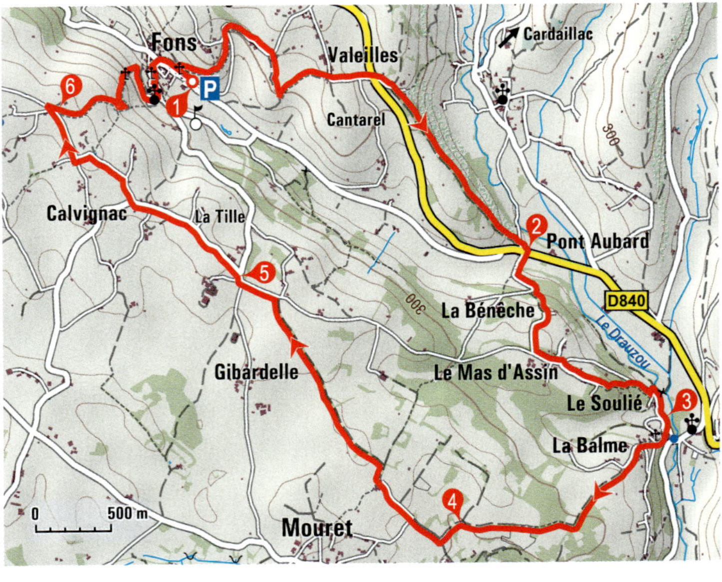

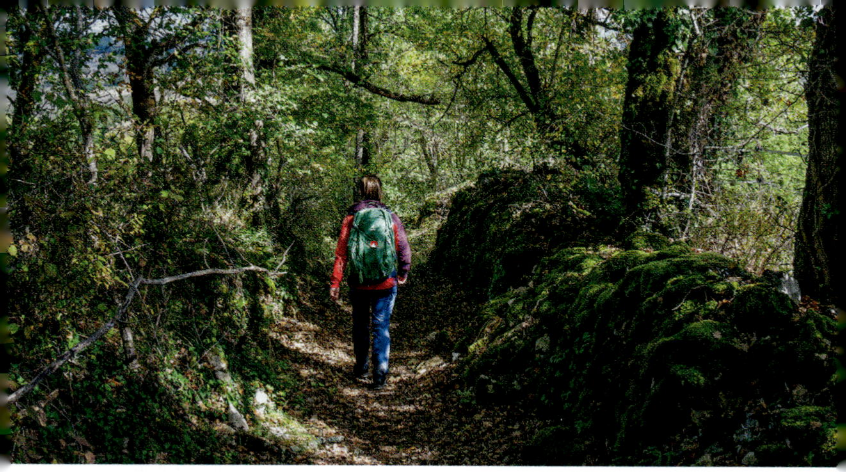

Verfallene, moosbewachsene Trockenmauern säumen den Weg.

ersten Haus geradeaus auf dem Pfad. Er überquert bald ein kleines Sträßchen und verläuft bergan. An seinem Ende weiter auf der Straße. Sobald sie nach rechts wegknickt, weiter geradeaus auf dem Feldweg. Er trifft nach 20 Min. auf einen steinigen **Querweg** 4. Wir müssen nach links und bald auf dem Schotterweg nach rechts. Dann geradeaus auf der Zufahrtsstraße. Bei den Häusern nach rechts und nach 90 m wieder links. Nun erneut 20 Min. geradeaus. Der schöne Weg endet an einer kleinen Straße, hier links. An der Kreuzung rechts (Route de Gibardelle) und an der Gabelung unmittelbar dahinter links in die **Route de Reyrevignes** 5. Im weiteren Verlauf kann man von hier aus auf der gegenüberliegenden Hügelkette den Ort Cardaillac mit seinen charakteristischen Türmen erkennen. Jetzt noch etwa 10 Min. weiter auf der Straße, bis es rechts Richtung Labade abgeht. Wir folgen dieser Straße (Route de Lasaule) bis zu ihrem Ende bei zwei Häusern. Hier auf der Querstraße an der Trockenmauer entlang nach rechts. Nach 300 m scharf nach rechts in den hübschen **Pfad** 6 und bergab. Auf halber Höhe aufpassen, hier zweigt nach links der Weg ab, der uns auf gleicher Höhe am Hang entlangführt. Wir erreichen ein Kruzifix. Von hier aus haben wir einen herrlichen Blick auf das unter uns liegende Fons. Das Kruzifix markiert zugleich das Ende des Kreuzwegs von Fons, auf dem wir nun in umgekehrter Richtung nach Fons absteigen. An seinem Ende rechts auf die Kirche zu, vor ihr nach links und gegenüber dem Hauptportal die Treppe hinunter. Jetzt auf dem linken der beiden Wege weiter hinab, geradeaus auf der kleinen Straße und vor der Mauer nach links. Die nächste rechts (Rue Notre Dame des Artels) und auf der Hauptstraße hinter der kleinen Markthalle nach rechts zurück zum Parkplatz bei der Salle des fêtes von **Fons** 1.

↗ 340 m | ↘ 340 m | 15.6 km

4.15 h

40 Bouriane

Die waldigen Hügel im Nordwesten des Quercy

Die Bouriane bildet den nordwestlichen Übergang zwischen Quercy und Périgord noir. Je nach Boden wechseln sich hier Kastanien und Nadelgehölze mit Eichenwäldern ab, nur ab und an unterbrochen von Weiden, Äckern oder Nussbaumfeldern. Größere Dörfer oder gar Städte sucht man mit Ausnahme Gourdons vergebens. Die Menschen leben zumeist in Weilern oder Streusiedlungen. Die sympathische Tour führt uns vom kleinen Örtchen Saint-Chamarand in einem weiten Bogen durch die typische Wald- und Hügellandschaft der Bouriane.

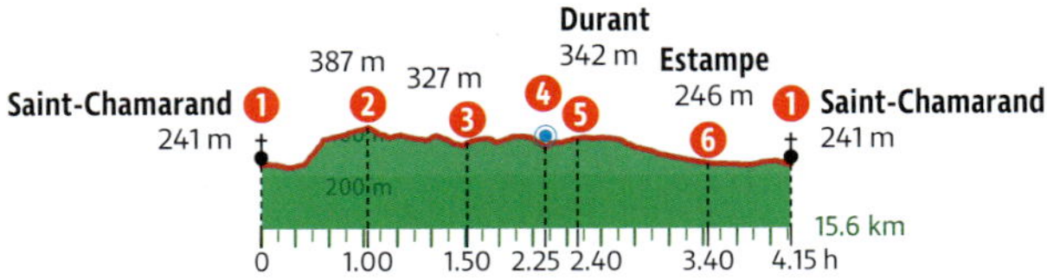

Ausgangspunkt: Saint-Chamarand, Parkplatz am Kriegerdenkmal nahe der Kirche (N44.67865 E1.46137).
Anforderungen: Leichte, aber lange Rundwanderung auf Wald-/Feldwegen, Pfaden und kleinen Straßen.
Markierung: Gelbe Wegzeichen.
Einkehr: Keine.

Die Walnuss ist eines der wichtigsten Ernteerzeugnisse.

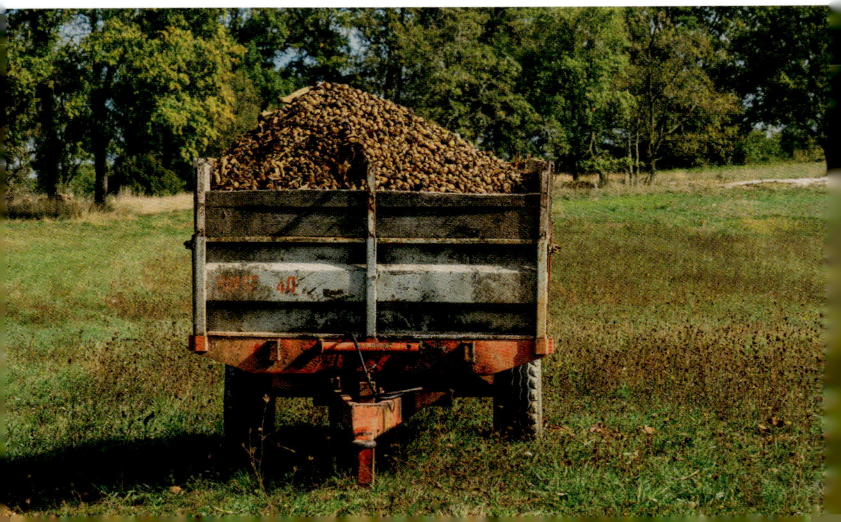

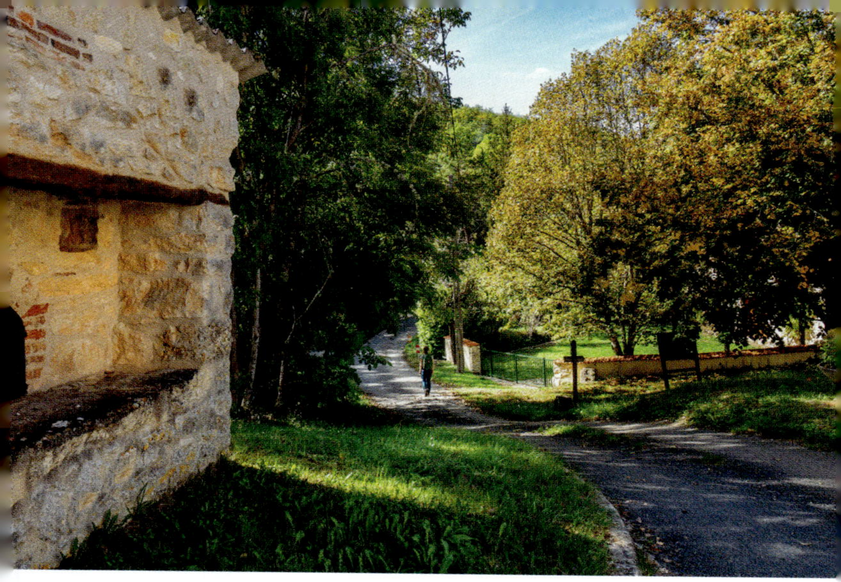

Sträßchen durch Estampe.

Vom Parkplatz in **Saint-Chamarand** ❶ gehen wir auf der D17 Richtung Saint-Germain du Bel Air an der Kirche vorbei aus dem Ort hinaus. Nach gut 10 Min. beim Stall mit Futtersilo rechts ab in den Karrenweg. Bald erreichen wir ein allein stehendes Haus, hier weiter auf dem schönen Pfad unmittelbar an der rechten Hauswand entlang. Er führt uns beständig bergan, verbreitert sich irgendwann und trifft schließlich auf eine kleine Straße. Auf ihr nach links. Sie tritt bald aus dem Wald heraus und die Fernsicht ist enorm. Beim **Wohnhaus mit Spitzturm** ❷ rechts abbiegen. Nach etwa 15 Min. hinter einem Nussbaumfeld links in den Schotterweg (auf Wegzeichen achten). Wir erreichen ein sehr schönes Wohnhaus mit Türmchen, hier vor dem Haus den Grasweg hinauf. Dann auf der Straße nach links und bei erster Gelegenheit wieder rechts in den Weg. Es geht durch Wald. Wir überqueren die Straße und gehen weiter geradeaus auf dem Schotterweg Chemin de la Borie Haute. Er führt zu einem Haus – wir biegen kurz vorher nach rechts ab in das kleine **Waldstück** ❸. Dahinter geht unser Weg über in ein Zufahrtssträßchen. Hinter den Häusern verlassen wir es nach rechts in den Wanderweg. Er bringt uns erneut durch ein Waldstück.
Dann geradeaus die D17 überqueren. Bald erreichen wir erneut eine kleine Straße, hier nun nach links. An der Kreuzung überqueren wir abermals die D17 und biegen bei nächster Gelegenheit rechts ab in das winzige Zufahrtssträßchen. Es führt an einigen Häusern vorbei in den Wald. Bald erreichen wir eine Schneise. Hier links auf dem nicht besonders ansehnlichen Weg die

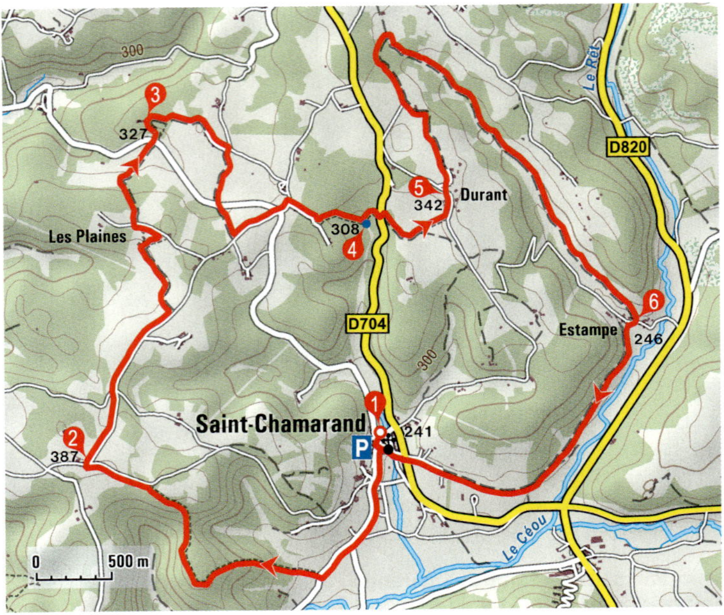

Schneise hinab. Er geht zum Glück sehr bald über in einen hübschen Pfad, der uns weiter bergab durch den Wald führt. Am tiefsten Punkt erreichen wir eine überdachte **Quelle** ❹, dahinter führt der Weg hinauf zur D704. Auf ihr kurz nach links und beim Vorfahrt-gewähren-Schild sofort wieder rechts. Dann nach 200 m links abbiegen. Der Weg tritt aus den Bäumen heraus und führt an einer Weide entlang. Bald zweigt ein schmaler Pfad nach links ab, den wir einschlagen. Er führt zu einer kleinen Straße, hier nach links. Nach den ersten Häusern des Weilers **Durant** ❺ zweigt ein Schotterweg nach rechts ab. An seinem Ende geradeaus auf der Straße und weiter durch das verstreut liegende Durant hindurch. Dahinter verläuft unser Weg am Rand zweier Weiden entlang und in ein kurzes Waldstück. Er endet an einer kleinen Zufahrtsstraße. Dort rechts gehen, dann geradeaus auf dem Grasweg rechts am Haus vorbei. Er bringt uns zu einer winzigen alten Straße. Auf ihr nach rechts und nun die nächsten 40 Min. geradeaus, bis wir den Weiler **Estampe** ❻ mit sofort sichtbarem Backofen erreichen. Auf der Straße 50 m nach rechts, dann sofort wieder links abbiegen und weiter auf einem Wanderweg. Er gabelt sich nach etwa 15 Min., wir gehen rechts und leicht bergan. Ab jetzt wandern wir nur noch geradeaus, Abzweige beachten wir nicht. 2,5 km später sind wir wieder in **Saint-Chamarand** ❶.

↗ 370 m | ↘ 370m | 8.3 km

3.00 h

TOP **41**

Der Klippenweg von Brengues

Traumhafte Panoramatour auf den Steilfelsen oberhalb des Célé

Der Célé ist ein Nebenfluss des Lot und hat sich wie der große Bruder über Jahrmillionen in das allgegenwärtige Kalkgestein der Causses du Quercy gegraben. Die so entstandenen Täler sind romantisch, der Blick von den Klippen grandios. Ein besonders eindrucksvoller Abschnitt mit vielen herrlichen Panoramen findet sich zwischen der kleinen Gemeinde Brengues und dem mittelalterlichen Dörfchen Espagnac-Sainte-Eulalie mit seiner pittoresken Abtei.

Ausgangspunkt: Brengues, kleiner Parkplatz rechts hinter der Célébrücke am südlichen Rand des Ortes (N44.57614 E1.83329).
Anforderungen: Rundwanderung auf steinigen Pfaden; rutschig bei Nässe; wegen der häufigen Nähe zu ungesicherten Abhängen Trittsicherheit erforderlich.
Markierung: Gelbe Wegzeichen von ❶ bis ❸ und zwischen ❼ und ❽, weiß-rot von ❹ bis ❺; ansonsten unmarkiert oder die Wegzeichen gehören zu anderen Strecken.
Einkehr: In Espagnac-Sainte-Eulalie, nur in der Hauptsaison.
Hinweis: Die Tour ist ganzjährig attraktiv, also auch im (schneefreien) Winter; wegen der Panoramen besonders empfehlenswert bei gutem Wetter.

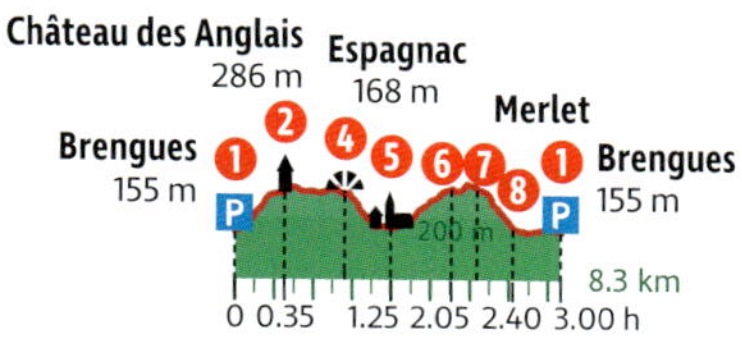

Unterhalb mächtiger Felswände zwischen Brengues und Château des Anglais.

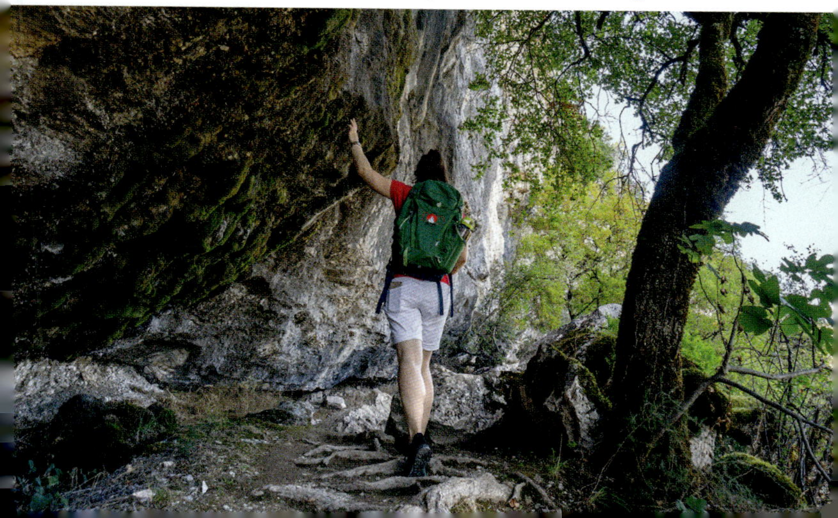

Auf der Klippe oberhalb des Célétals.

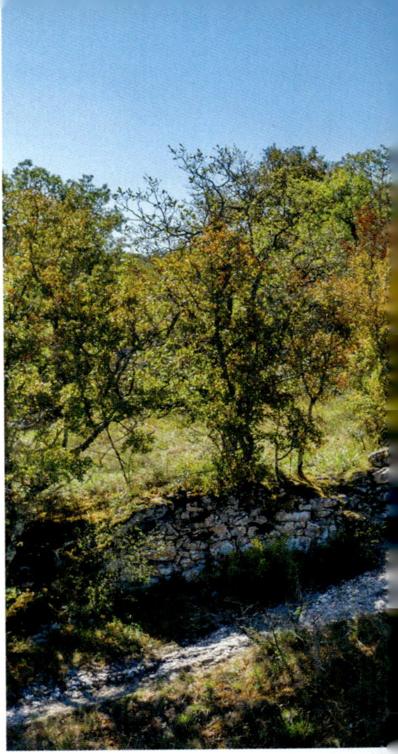

Vom Parkplatz in **Brengues** ❶ gehen wir geradeaus über den Kreisverkehr und an der darauffolgenden Kreuzung den gelben Wegzeichen folgend geradeaus durch den Ort (sentier falaises).
Nach 250 m trifft die Straße auf die D38. Diese beschreibt einen Linksbogen, an dessen Ende wir halbrechts in den Wanderweg abbiegen. Hier aufpassen, nach nur wenigen Metern erneut rechts und den schmalen, steinigen Pfad einschlagen. Er steigt zunächst steil an, wird im weiteren Verlauf jedoch flacher und verläuft am Hang unterhalb mächtiger Felswände. Nach gut 1 km erreichen wir das **Château des Anglais** ❷, eine Wehranlage aus dem 12. Jh. Es klebt wie ein Schwalbennest über uns am Fels. Kurz dahinter liegt der Weiler Le Causse. Dort gehen wir beim hölzernen

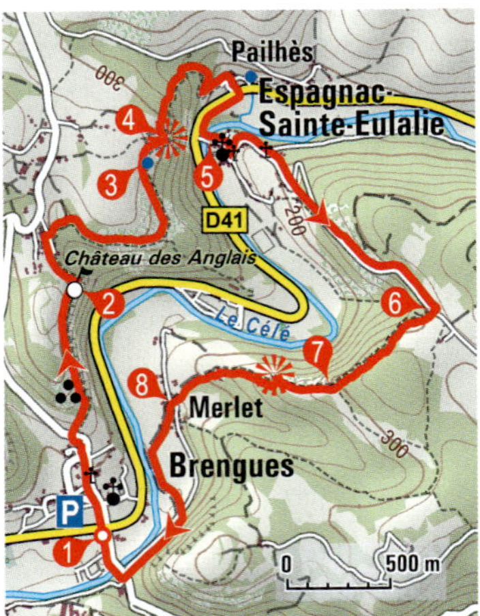

Wegweiser rechts den Wiesenweg hinab. Wir passieren zwei schöne alte Brunnen und folgen weiter dem Hauptweg (Schotterpfad), der mal dicht, mal weniger dicht am Hang verläuft. Nach knapp 15 Min. taucht links eine Quelle auf. Jetzt aufpassen! Denn ab hier gehen wir kurzzeitig anders, als uns die Wegzeichen vorgeben: Wir biegen direkt gegenüber der Quelle bei einem verfallenen Mauerdurchlass durch das kleine **Gatter aus Drahtgeflecht** ❸ rechts ab und befinden uns nun auf dem Steilfelsen oberhalb des kleinen Ortes Espagnac mit seiner mit-

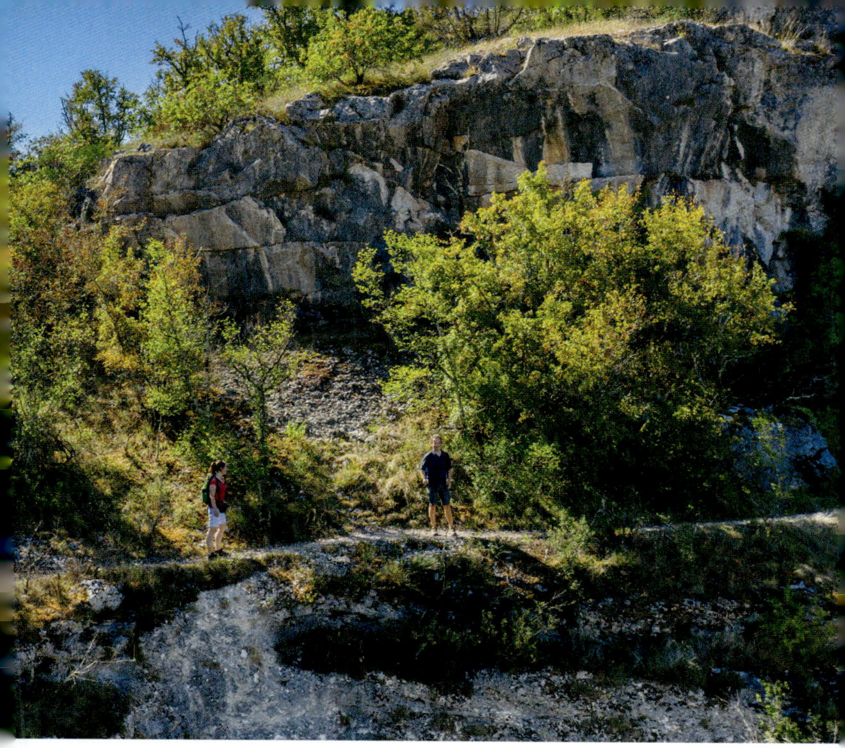

telalterlichen Abtei. Der schmale Pfad führt direkt zum **Aussichtspunkt** 4 am Rand der Klippe.
Nachdem wir den grandiosen Blick ins Tal genossen haben, wandern wir am Funkmast vorbei und weiter auf dem schmalen Pfad parallel zur Klippe. Schnell erreichen wir einen zweiten Durchlass aus Drahtgeflecht. Mithilfe der ab hier weiß-roten Wegzeichen finden wir sicher unseren Weg ins Tal. Bei einer Hauseinfahrt treffen wir auf ein kleines Sträßchen. Ihm folgen wir talwärts bis zur Hauptstraße. Dort rechts gehen (Vorsicht, Verkehr!) und kurz darauf über die Brücke nach **Espagnac** 5.
Wir gehen bei erster Gelegenheit rechts, vorbei an der Abtei, und beim großen Eisenkreuz links Richtung Le Causse. Am Ortsausgangsschild vorbei und in der Steilkehre beim Strommast geradeaus in den Schotterweg. Er trifft später wieder auf die Straße, es geht weiter bergan. Etwa 150 m, bevor die Straße bei einigen Häusern den höchsten Punkt erreicht, heißt es aufpassen – hier befindet sich auf der linken Straßenseite der hölzerne Wegweiser »Balade du Prieuré d'Espagnac«. Ihm gegenüber geht ein

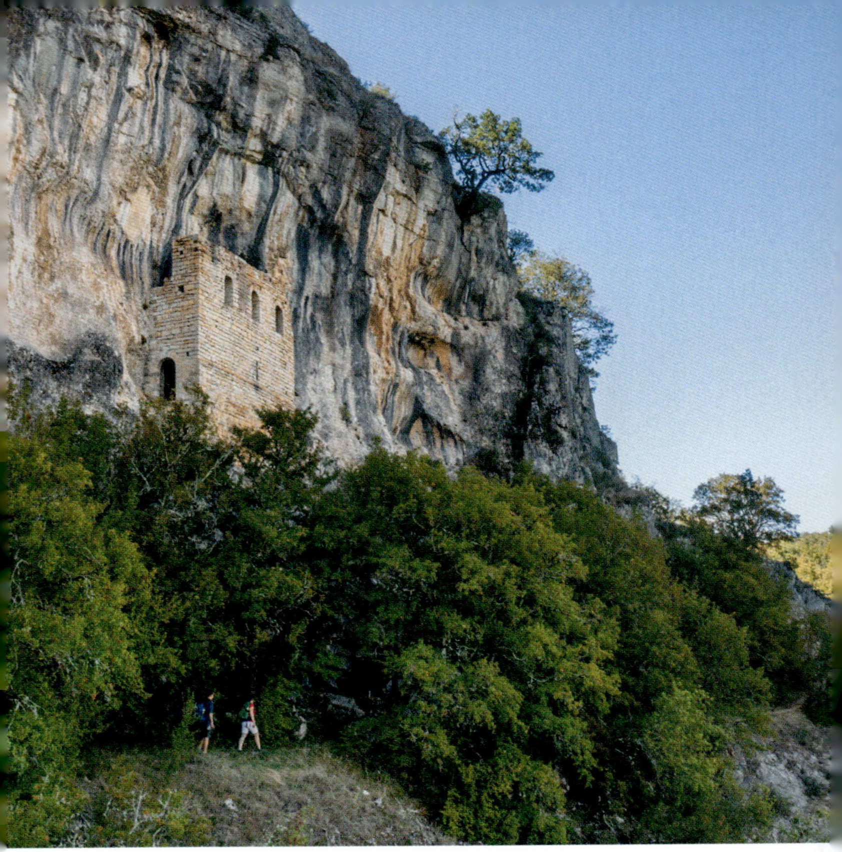

Château des Anglais von Brengues aus dem 12. Jahrhundert.

unscheinbarer, steiniger **Pfad** 6 rechts von der Straße ab in den Eichenwald am Hang. Im weiteren Verlauf erreichen wir mehrere schöne Aussichtspunkte und wandern entspannt an der Klippe entlang. Vor den Überresten einer **alten Mauer** 7 geht es nach rechts. Hier kehren die gelben Wegzeichen zurück. Wir wandern weiter über den Kamm mit sensationeller Rundumsicht auf das Célétal. Dann entlang der alten Trockenmauer ins Tal absteigen. Bei den ersten Häusern halten wir uns rechts auf den Pfad und erreichen kurz darauf über eine schmale Straße den kleinen Ort **Merlet** 8. An der Kreuzung im Ort geradeaus bis zum Célé, dann links am Céléufer entlang und hinauf zur Straße. Hier nach rechts bis zur Brücke und zurück zum Parkplatz in **Brengues** 1.

↗ 330 m | ↘ 330 m | 12.8 km

3.45 h

Causse de Cajarc 42

Auf den wilden Hochflächen des Quercy

Cajarc ist eine hübsche 1000-Seelen-Gemeinde am Lot im Südosten des Départements. Der einladende Ort ist belebt und beliebt. Wegen seiner Lage am Jakobsweg sind hier zu jeder Jahreszeit Pilger anzutreffen. Die Wanderung führt von Cajarc aus auf die Hochebene (Causse) und verläuft die ersten Kilometer auf dem Jakobsweg. Es geht durch Bauern- und Weideland, mal lieblich, mal schroff, mal windig, mal heiß. Am Weg liegen eine Grotte mit Quelle, Dolmen, jede Menge Caselles und einige verstreute Häuser aus vergangenen Zeiten. Es gibt immer wieder herrliche Aussichten und Fans von Wildblumen kommen auf ihre Kosten.

Ausgangspunkt: Cajarc, Touristeninformation; Parkplätze direkt nebenan und rund um die Place du Foirail, den zentralen Marktplatz (N44.48631 E1.84185); Bus liO Linie Cahors–Cajarc oder liO Linie Figeac–Cahors, lio-occitanie.fr.
Anforderungen: Gut markierte Rundwanderung auf (felsigen) Wegen und kleinen Straßen.
Markierung: Gelbe Wegzeichen ab 2; offizielle französische Bezeichnung des Rundwegs: Circuit du Verdier.
Einkehr: Ganzjährig in Cajarc.

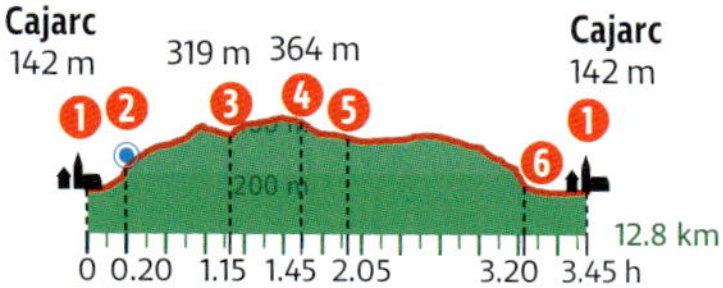

Felsüberhang mit Quelle oberhalb vor Cajarc.

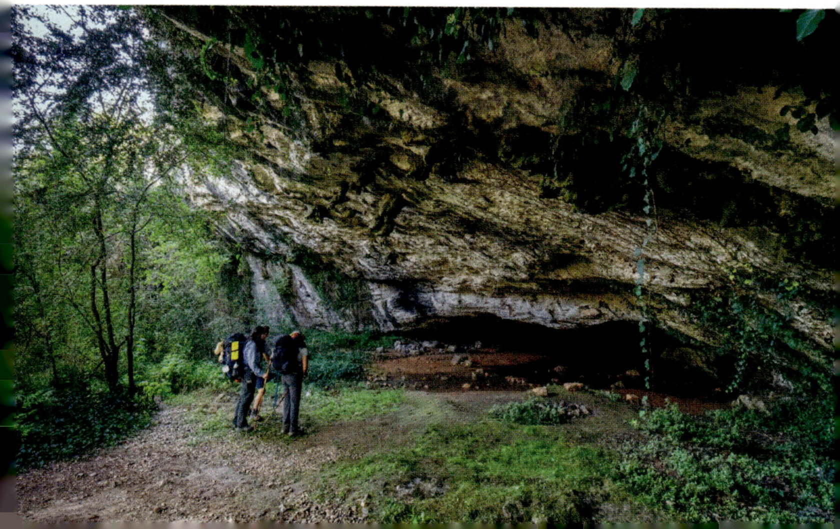

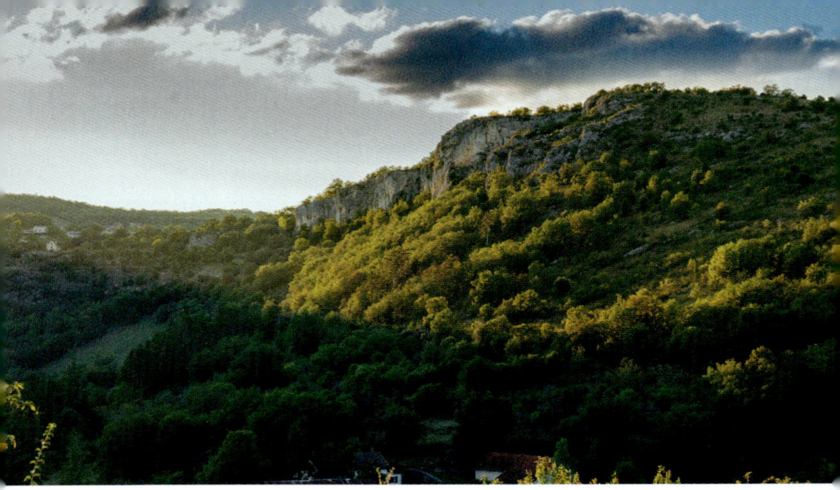

Steilfelsen oberhalb von Cajarc.

Mit dem Rücken zur Touristeninformation in **Cajarc 1** wenden wir uns nach rechts und nehmen die D662 Richtung Larnagol hinauf. Sobald sie nach links wegknickt, gehen wir rechts in die Rue Lapeyrade. An ihrem Ende bei Haus Nr. 274 auf dem schmalen Pfad weiter geradeaus. Er endet an einem minimal breiteren steinigen Pfad. Hier setzt die gelbe Markierung ein, die uns die gesamte Wanderung über begleitet.
Auf dem steinigen Pfad wandern wir bald unterhalb der Klippen entlang und beständig bergan. Wir erreichen auf halber Höhe einen grottenartigen Felsüberhang mit **Quelle 2**, die nach starken Regenfällen einen vom Dorf aus sichtbaren Wasserfall, die Cascade de la Caunhe, entstehen lässt.
Er trieb früher eine Mühle an. Der Pfad führt uns weiter bergauf, die Blicke auf Cajarc und das Tal des Lot sind herrlich. Bei einem kleinen Aussichtspunkt endet der Weg an einer Straße, ihr folgen wir nach links. An der Gabelung den rechten Abzweig nehmen. Die Straße wird zu einem Schotterweg. Er trifft nach einiger Zeit auf eine Straße, hier geradeaus, nach 100 m setzt sich der Schotterweg nach links fort. Wir wandern weiter beständig bergan, im ersten Teil noch gesäumt von hübschen Trockenmauern. Am höchsten Punkt überqueren wir eine Straße. Gute 10 Min. später erreichen wir die Ruinen eines einst prächtigen Anwesens und biegen beim **Wegweiser 3** rechts ab. Im weiteren Verlauf überqueren wir die D17, auf der anderen Straßenseite setzt sich unser Schotterweg fort. 10 Min. später erreichen wir eine Wanderwegkreuzung. Für uns geht es geradeaus auf dem Pfad zwischen den Weiden hindurch. Er trifft nach einem kurzen Waldstück auf die D82. Auf ihr kurz geradeaus und bei erster Gelegenheit rechts in die kleine **Straße 4** bergab. Wir erreichen ein Eisenkreuz aus dem Jahre 1838.

Alle ab jetzt am Weg liegenden Häuser gehören zur weit verstreut auf der Causse liegenden Siedlung Le Verdier, die dieser Wanderung ihren französischen Namen gibt. Wir wandern nun auf der Straße Richtung Le Pigeonnier 500 m geradeaus. Sie endet schließlich an einer Querstraße mit hölzernem **Wegweiser** ❺. Hier nach rechts Richtung Cajarc.
Wir passieren das Ortsausgangsschild von Le Verdier und erreichen nach einiger Zeit die größere D19. Wir überqueren sie und gehen kurz nach rechts. Man sieht bereits die Rückseite eines Vorfahrt-beachten-Schilds, dort müssen wir links abbiegen. Wir passieren ein hübsches Caselle. Anschließend geht es auf einem alten Bauernweg über die Causse. Die ehemaligen durch Trockenmauern begrenzten landwirtschaftlichen Parzellen sind heute weitgehend dem Wildwuchs überlassen. Wir erreichen einen Querweg, hier nach rechts. Er führt uns beständig bergab, zu Beginn noch sehr leicht, sobald wir oberhalb der Ausläufer von Cajarc angekommen sind, deutlich stärker. Der sehr steinige Weg wird schließlich zu einem Asphaltsträßchen. Beinahe im Ort angekommen, gabelt sich die Straße. Wir müssen nach links in die **Sackgasse** ❻. Sie führt noch bis zu zwei Hauseinfahrten, hier gehen wir geradeaus auf dem Pfad weiter (Chemin de la Salle). Auf ihm überqueren wir in einigem Abstand zwei kleine Straßen, anschließend führt er durch einen kurzen Tunnel unter der Eisenbahn hindurch. Hinter diesem Tunnel bedeuten uns die gelben Wegzeichen, rechts in den Weg durch die Kleingartensiedlung abzubiegen. Viel schöner ist es jedoch, noch ein paar Meter weiter geradeaus zum Ufer des Lot zu gehen. Dort rechts und am Fluss entlang bis zur Brücke. Unter der Brücke hindurch, am Bootsanleger vorbei und vor dem Tor zu Haus Nr. 1 rechts in die Rue de la Rivière. Sie bringt uns zum Ring um die Altstadt. Hier nach links und zurück zur Touristeninformation von **Cajarc** ❶.

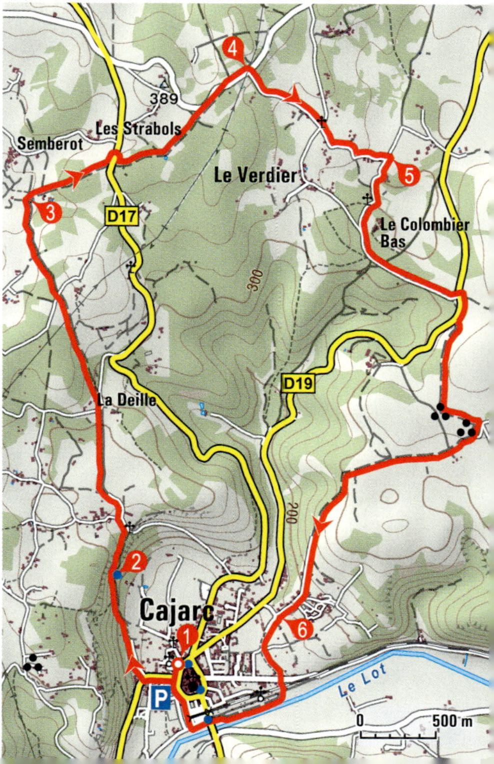

↗ 180 m | ↘ 180 m | 10.6 km

43 Causse de Limogne

3.00 h

Zu den alten Brunnen von Buzou und Malecargue

Wie in vielen Dörfern des Quercy sind auch auf der Causse de Limogne öffentliche Waschplätze als Zeugnisse der Alltagsgeschichte erhalten. Häufig sind sie mit v-förmigen Waschsteinen ausgestattet, sogenannten Papillons (Schmetterlinge). Die gemütliche Tour führt an zwei gut erhaltenen Brunnen mit solchen Waschplätzen vorbei. Gleichzeitig gibt es unterwegs noch weitere für die Gegend typische Zeugnisse aus Stein zu bewundern: zum einen zahlreiche Cabanes, die Bauern und Hirten im Feld vor Wind und Wasser schützten. Und zum anderen einige gut erhaltene runde Taubenhäuser – bis ins 19. Jh. Ausdruck von Wohlstand und Geltung.

Ausgangspunkt: Limogne-en-Quercy; großer Parkplatz an der D911 (Avenue de Cahors), gute 100 m westlich der zentralen Kreuzung des Ortes (N44.39689 E1.76964); mit dem Bus liO Linie Cahors–Limogne-en-Quercy, lio-occitanie.fr.

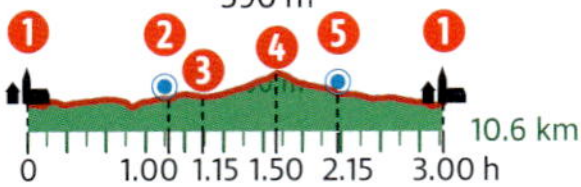

Anforderungen: Gemütliche Rundwanderung auf Wegen, Pfaden und kleinen Straßen.

Markierung: Durchgängig gelbe Wegzeichen; offizielle französische Bezeichnung des Rundwegs: Circuit de la Fontaine de Malecargue.

Einkehr: In Limogne-en-Quercy.

Tipp: Der kleine Markt in Limogne am Sonntagmorgen ist farbenfroh und Anziehungspunkt für die Einheimischen im Umland. Nach einem Marktbummel versucht man am besten, einen Tisch im Café Le Galopin zu ergattern, wo sich bei einem petit café das bunte Treiben in Ruhe beobachten lässt.

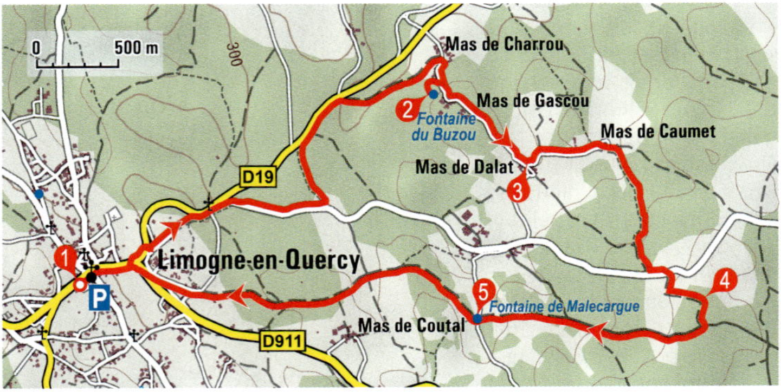

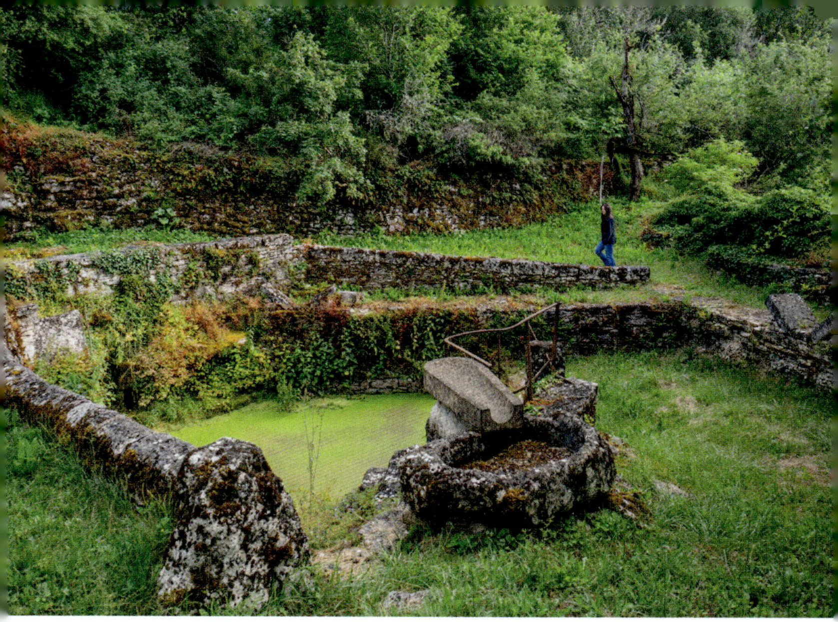

Fontaine du Buzou mit Quellbrunnen und Waschplatz.

Vom Parkplatz aus gehen wir entlang der D911 nach rechts durch **Limogne** ❶ und Richtung Villefranche bis zur T-Kreuzung mit der D19. Dort 100 m nach links Richtung Cajarc, dann vor der Schule rechts abbiegen und sofort wieder links in den Chemin des Grèzes. Zu beiden Seiten des Wegs sind die Pflanzen mit Namensschildern versehen (sentier botanique). Bald endet der Asphalt. Links des Wegs taucht die erste von vielen Cabanes auf. Wir überqueren eine kleine Straße und folgen der Beschilderung Richtung Fontaine de Malecargue in den lichten Eichenwald. Dahinter auf der Straße 500 m nach rechts, dann scharf links in den Karrenweg (auf hölzernen Wegweiser achten). Einige Minuten später befinden wir uns erneut auf der D19, der wir trotz Straßenverkehr gute 400 m nach rechts folgen müssen. Dann genau gegenüber dem Abzweig nach Agarnel auf den grasbewachsenen Pfad rechts hinab Richtung Mas de Charron und Fontaine de Buzou. Entspannt geht es geradeaus, bis unser Pfad gute 10 Min. später beim Weiler Charron auf eine Straße trifft. Wir biegen rechts ab und passieren bald ein hübsches historisches Taubenhaus.
Wir erreichen schließlich ein steinernes Kreuz, wo uns ein hölzerner Wegweiser dazu auffordert, einen Abstecher zur **Fontaine du Buzou** ❷ samt Quellbrunnen und Waschplatz mit Papillons zu unternehmen. Anschließend wandern wir weiter auf der Straße, vorbei an aus der Zeit gefallenen

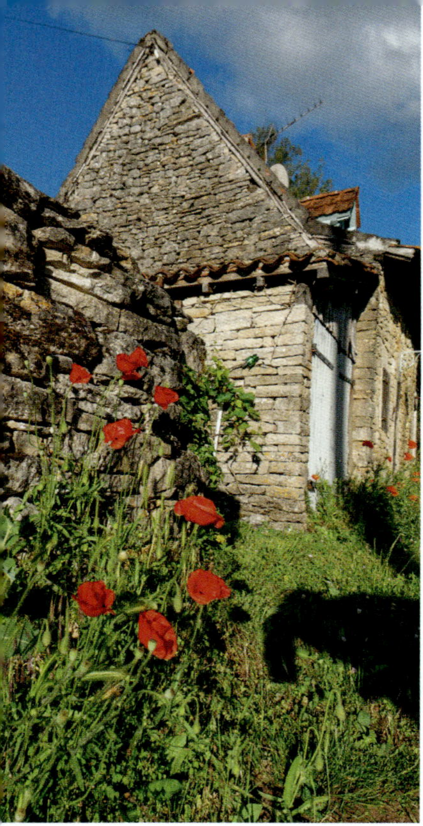

Alte Häuser vom Mas de Gascou.

Häusern des Mas de Gascou und immer geradeaus bis zum Weiler **Mas de Dalat** ❸, wo uns zur Linken abermals ein altes rundes Taubenhaus begrüßt. Am Steinkreuz den linken Abzweig nehmen und der Beschilderung bis nach Mas de Caumet folgen. Dort zunächst 100 m auf dem Weg entlang der Mauer, dann in der Linkskurve den grasbewachsenen Pfad nach rechts am Feld entlang einschlagen. Nun geht es für knapp 1 km geradeaus. Der Weg endet an einer Straße. Hier kurz nach links und bei nächster Gelegenheit schräg rechts in den Ernteweg. Er verläuft im Zickzack, wir halten uns immer auf dem Hauptweg. Bei einem Landhaus und den Überresten des Rundturms einer alten **Mühle** ❹ knickt der Weg nach rechts ab. Wir folgen ihm bis zum Querweg. Dort wieder rechts und der hölzernen Beschilderung geradeaus bis zum Brunnen **Fontaine de Malecargue** ❺ folgen. Am Ende der Wiese findet sich ein Wegweiser, der uns den Weg nach Limogne zeigt. Mithilfe der gelben Markierung wandern wir gute 40 Min. geradeaus, alle Abzweige nach links und rechts ignorieren wir. Unterwegs begegnen uns einige hübsche Caselles und Gariottes. Gegen Ende unserer Runde trifft unser Weg auf eine Asphaltstraße, die wiederum sehr bald auf die D911 vom Hinweg stößt. Sie bringt uns Richtung Ortskern von **Limogne** ❶ und zurück zum Parkplatz.

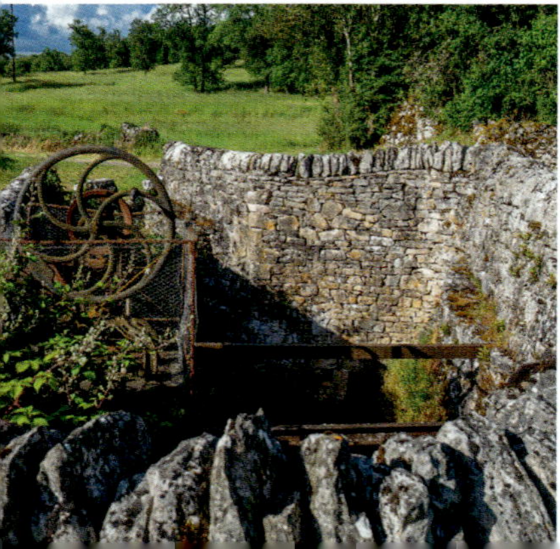

Alter Brunnen Fontaine de Malecargue.

2.00 h

Die Caselles von Marcilhac

Steinhütten und Trockenmauern aus vergangener Zeit

Marcilhac-sur-Célé liegt malerisch unterhalb einer riesigen Felswand am Fluss Célé. Geschichts- und kulturbeflissenes Publikum schätzt den Ort vor allem wegen der eindrucksvollen Ruinen seiner Abtei und der romanischen Kirche aus dem 12. Jh. Weniger bekannt ist, dass auf der westlichen Hochebene von Marcilhac eine ungewöhnlich große Zahl schöner Caselles und Trockenmauern erhalten ist. Sie ermöglichen uns heute eine Zeitreise in die Landwirtschaft des Quercy im 19. Jh., als das Plateau in Parzellen unterteilt war und von Bauern, Schäfern und Winzern bewirtschaftet wurde.

Ausgangspunkt: Kleiner Schotterparkplatz nahe der D14 oberhalb von Marcilhac-sur-Célé (N44.55954 E1.76470); von Cajarc auf der D17 kommend überquert man vor Marcilhac die Brücke über den Célé und nimmt 150 m weiter an der Kreuzung die kleine C3 Richtung Pailhès. Nun auf den engen Serpentinen immer bergan halten. Nach ca. 1 km, kurz hinter dem Ortseingangsschild »Pailhès«, vor dem großen Steintor rechts. Nach 350 m beim Schild Richtung »Grotte Pailhès« links abbiegen. Der Schotter-Parkplatz liegt 130 m weiter auf der linken Seite.
Anforderungen: Leichte Rundwanderung auf gut markierten Wegen, Pfaden und kleinen Straßen.
Markierung: Durchgängig gelbe Wegzeichen; offizielle französische Bezeichnung des Rundwegs: Circuit des Caselles.
Einkehr: In Marcilhac, nur Hauptsaison.

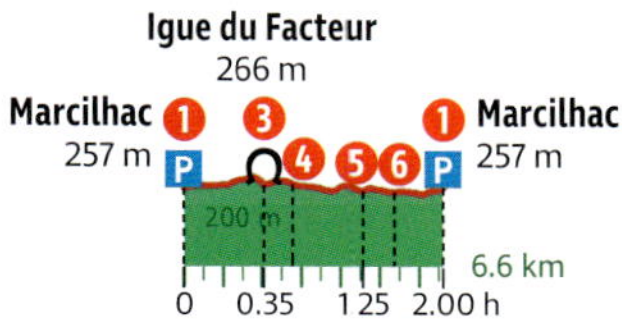

Vom Parkplatz oberhalb von **Marcilhac** ❶ gehen wir der hölzernen Beschilderung »Circuit des Caselles« folgend auf der Straße nach links und biegen kurz darauf rechts in ein kleineres Sträßchen ab. Es endet an einem Haus, dort weiter geradeaus auf dem Wiesenweg. Er trifft nach einiger Zeit erneut auf eine kleine Straße. Hier links und nach 170 m erneut links in den von Trockenmauern gesäumten **Pfad** ❷. Durch die Bäume kann man zur Linken einen gut erhaltenen Dolmen erspähen. Weiter auf dem Weg über

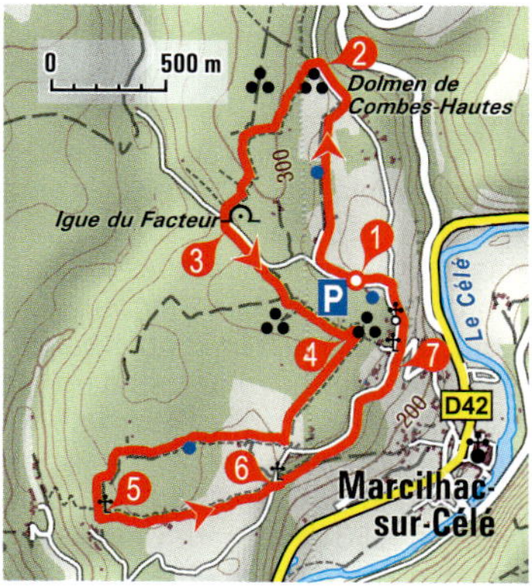

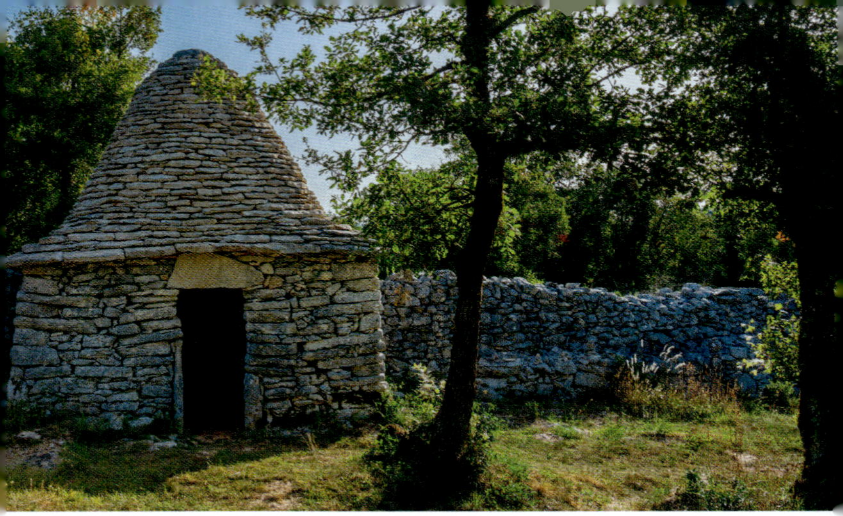

Prächtig erhaltenes Caselle mit Trockenmauer.

die Anhöhe bis zum Querweg. Hier nach links. Bald geht es ein wenig bergab und wir erreichen das **Igue du Facteur** ❸. Man kann zum Rand vorgehen, eine Erkundung der unterirdischen Grotte ist (leider) erfahrenen Höhlenforschern vorbehalten. Auf der Straße hinter dem Igue du Facteur nach links. Gute 200 m weiter biegen wir rechts ab in den breiten Weg und bald darauf links in den Pfad. Hier kann man kurz darauf einem Wegweiser folgen, der einen Mini-Abstecher vorschlägt (»aller/retour Caselle 100 m«). Zurück auf dem Hauptweg erreichen wir danach einen weiteren Wegweiser **»Visite Bucolique«** ❹. Ihm folgen wir nach links und wandern nun durch eine hübsche Ansammlung gut erhaltener Caselles. An dem Caselle mit »Vorgarten« links vorbei und zum kleinen Steintor. Dort verlassen wir das Gelände wieder und wandern geradeaus auf dem Trampelpfad. Auch er ist von wunderschönen Trockenmauern gesäumt.
Wir erreichen bei einem Caselle ein kleines Sträßchen. Rechts zweigt mittig zwischen den Durchlässen auf die Weiden ein schmaler Pfad ab. Auf ihm passieren wir ein hübsches kleines Anwesen, dann zwei Hausruinen, halten uns an die gelben Wegzeichen und biegen schließlich an einer kleinen **Kreuzung** ❺ nach links ab. Knappe 15 Min. später überqueren wir die **Straße** ❻ und befinden uns ab dem Steinkreuz für kurze Zeit auf dem fantastischen Panoramapfad oberhalb von Marcilhac. Er führt am Hang entlang und trifft auf eine Straße, der wir geradeaus folgen. Nach etwa 500 m nehmen wir an der **Gabelung** ❼ (Steilkurve) den linken oberen Abzweig. Nach weiteren 350 m biegen wir links ab Richtung Grotte Pailhès und erreichen unseren Parkplatz oberhalb von **Marcilhac** ❶.

↗ 230 m | ↘ 230 m | 4.2 km

1.30 h

TOP

Le Chemin de la Pierre Levée

45

Über Stock und Stein zum Dolmen de la Pierre Levée

In ungestörter Ruhe liegt der friedliche kleine Ort Sauliac-sur-Célé am namensgebenden Fluss. Ursprünglich bestand Sauliac aus einer Ansammlung von Häusern unterhalb einer steil aufragenden Felswand. Einige davon sind noch erhalten, der Ortsmittelpunkt hat sich jedoch heute vom Felsen weg verlagert. Hier beginnt ein steiniger Pfad, der ohne jeden Zweifel zu den Allerschönsten des gesamten Départements zählt: der Chemin de (la) Pierre Levée, deutsch: Weg des gehobenen Steins. Die Bezeichnung rührt nicht, wie man denken könnte, von den vielen alten Trockenmauern am Weg her, sondern vom prächtigen Dolmen aus der Jungsteinzeit, den man auf halber Strecke erreicht.

Ausgangspunkt: Sauliac-sur-Célé; Parking Place du Village unterhalb der Kirche (N44.51672 E1.72382). Dazu nach Überquerung der Célé zuerst der D24 Richtung Sauliac-Bourg folgen, dann der Beschilderung Mairie/Parking.
Anforderungen: Gut markierter, zumeist steiniger Pfad, beim Abstieg Trittsicherheit hilfreich.
Markierung: Durchgängig gelbe Wegzeichen; offizielle französische Bezeichnung: Le Chemin de (la) Pierre Levée.
Einkehr: Keine.
Tipp: Direkt unterhalb der mächtigen Felswand befindet sich im Tal am Fluss Célé ein hübscher Badeplatz.

Blick in den Talkessel von Sauliac-sur-Célé.

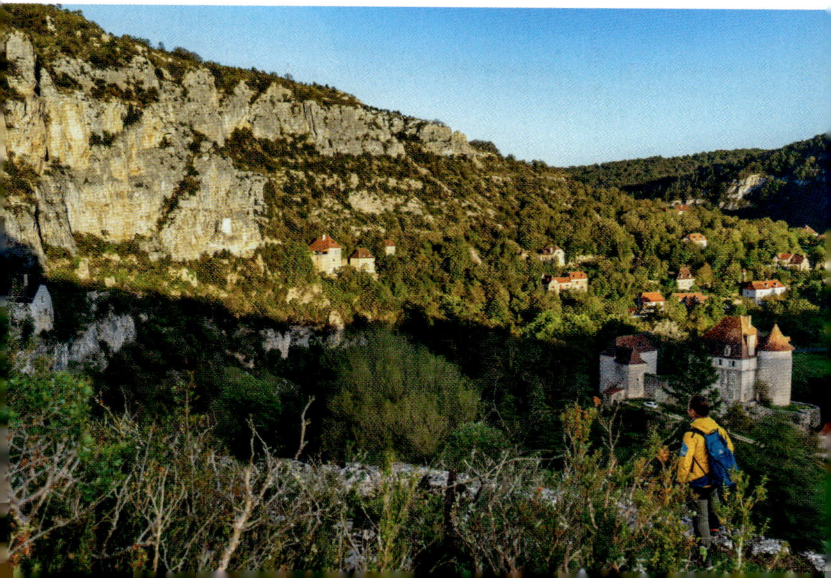

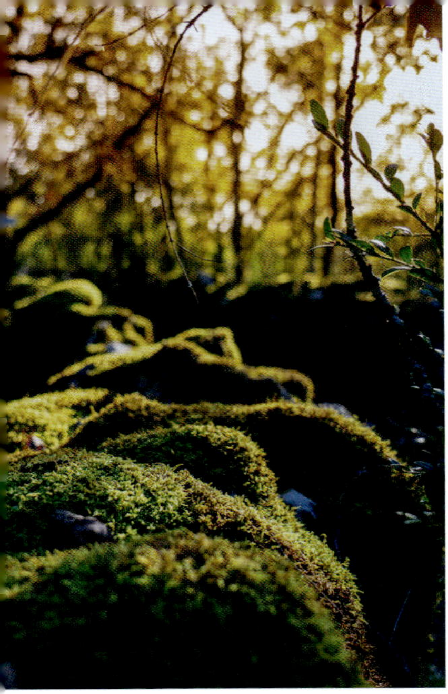

Lichtspiel von Sonne, Stein und Moos.

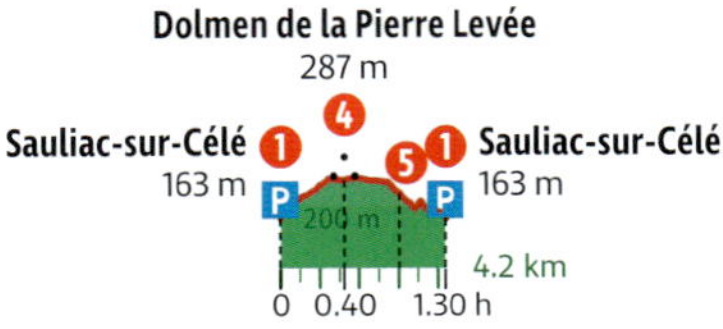

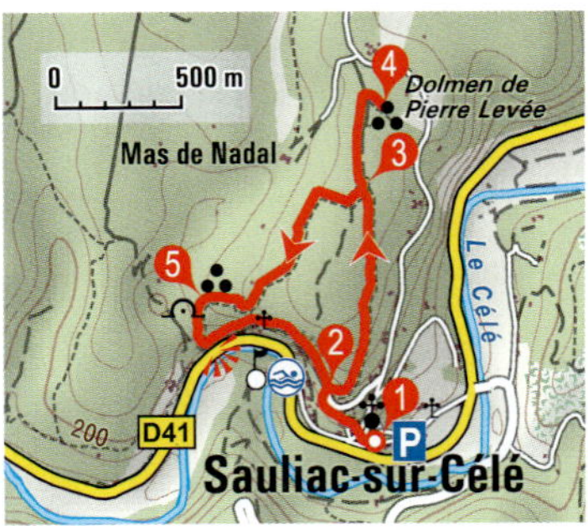

Vom Parkplatz in **Sauliac-sur-Célé** ❶ nehmen wir über einige Treppenstufen den Weg zwischen Jungen- und Mädchenschule hinauf in den Ort. Wir überqueren die Straße und gehen weiter geradeaus Richtung Le Vieux Sauliac. Dann am geteerten Querweg nach links und 70 m weiter am **Abzweig** ❷ in den Pfad nach rechts. Diese Stelle können wir uns merken, denn hierhin kommen wir am Ende der Wanderung zurück.

Auf dem herrlichen Pfad steigen wir bergan, bis wir eine **T-Kreuzung** ❸ erreichen. Gleich müssen wir hier nach links weiter – zunächst biegen wir jedoch rechts ab, um zum Dolmen zu gelangen. Nach 350 m dem Wegweiser »Dolmen A/R« folgen. Der bezeichnete Pfad bringt uns direkt zum prächtigen **Dolmen de la Pierre Levée** ❹ mit seiner gebrochenen Deckplatte. Auf gleicher Strecke geht es zurück bis zur **T-Kreuzung** ❸ und nun weiter geradeaus. Der Weg führt zwischen sehr schönen Trockenmauern hindurch und man passiert ein gut erhaltenes Caselle. Später lädt ein hölzernes Hinweisschild **»Cabanes a/r 60 m«** ❺ dazu ein, die Überreste einiger Steinhütten zu besuchen, was empfehlenswert ist.

Der steinige Pfad führt bergab und endet an einem Querweg. Von hier aus haben wir eine herrliche Sicht auf den Talkessel von Sauliac und das Château de Geniez aus dem 15. Jh. Es geht nach links, zunächst an einer kleinen Grotte vorbei und dann unterhalb der eindrucksvollen, von unzähligen Schwalben bewohnten Felswand durch das alte Sauliac. Auch ein in Teilen erhaltenes Château des Anglais ist hier zu finden. Wir erreichen schließlich den **Abzweig** 2 am den geteerten Weg, den wir schon vom Hinweg kennen, und gehen auf gleicher Strecke zurück zum Parkplatz unterhalb der Kirche von **Sauliac-sur-Célé** 1.

Der Dolmen de la Pierre Levée.

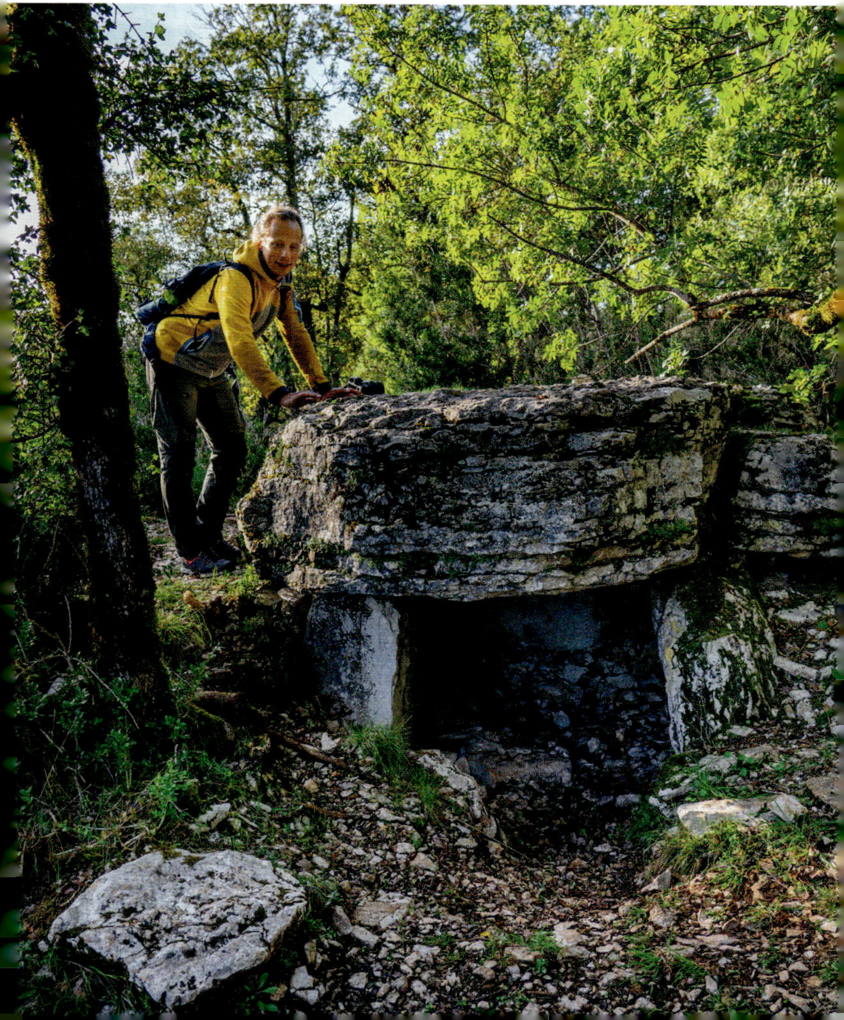

↗ 150 m | ↘ 150 m | 7.3 km

46 Braunhie

2.00 h

Ein Paradies für Entdecker im Herzen des Quercy

Die Wald- und Felslandschaft Braunhie im Herzen des Quercy ist in Teilen ein Naturschutzgebiet. Der Boden besteht aus von Wasser erodiertem Kalkstein und bringt immer wieder faszinierende Gebilde hervor – allen voran die im Dialekt der Gegend »Igues« genannten Schächte oder Trichter, die oft Hunderte Meter in die Tiefe reichen. Zudem gibt es Dolinen (flache Karsttrichter) zu bewundern, einen großen Dolmen und als Zeugnisse der Hirtentradition jede Menge Trockenmauern und alte, verfallene Häuser. Im Frühling blühen auf dem fruchtbaren Boden verschiedene wilde Orchideen und die felsigen Wege sind im warmen Licht der Morgen- oder Abendsonne geradezu romantisch.

Ausgangspunkt: Site de Planagrèze, Parkplatz an der D42 (N44.63471 E1.65924); Anfahrt: in Caniac-du-Causse auf der D42 links an der Mairie vorbei und aus dem Ort hinaus; nach 600 m an der Gabelung auf der D42 (Richtung Lunegarde) bleiben, 1,4 km weiter führt am gefühlt tiefsten Punkt ein Schotterweg mit Hinweisschild »Site de Planagrèze« zum Parkplatz.
Anforderungen: Rundwanderung auf steinigen Wegen.
Markierung: Durchgängig gelbe Wegzeichen.
Einkehr: Keine.

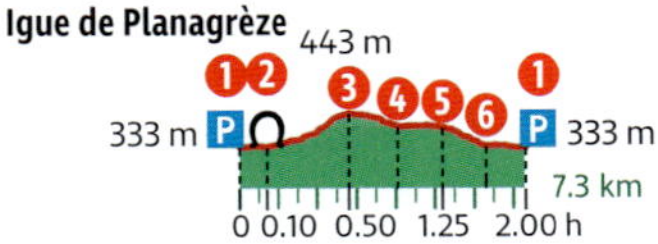

Vom Parkplatz der **Site de Planagrèze** ❶ durch das Gatter und auf dem breiten Weg geradeaus. Wir erreichen sehr bald das Hinweisschild »Dolmen« und folgen dem Weg zum eindrucksvollen Megalithgrab. Auf derselben Strecke zurück, dann dem ursprünglichen Weg einige Meter weiter geradeaus folgen. Bald führt bei einer Infotafel rechts ein Pfad zum Eingangstor des eingezäunten **Igue de Planagrèze** ❷, einem natürlichen, senkrecht ins Kalkgestein reichenden Schacht, an dessen Ende ein unterirdischer Fluss fließt. Nachdem wir dieses Naturphänomen erkundet haben, geht es auf dem breiten Weg weiter geradeaus. Bald passieren wir die Stelle, an der unser Rundweg beginnt, hierher kommen wir also später zurück.

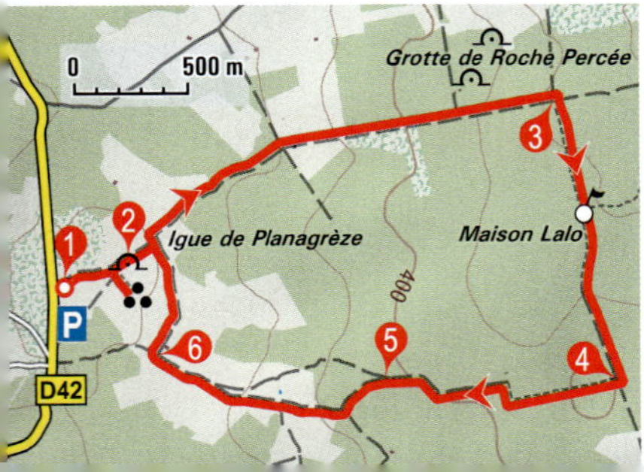

Wir wandern die nächsten 2 km weiter geradeaus und immer leicht bergan, Abzweige beachten wir nicht. Schließlich erreichen wir eine Kreuzung mit hölzernem **Doppelwegweiser** ❸. Der breitere

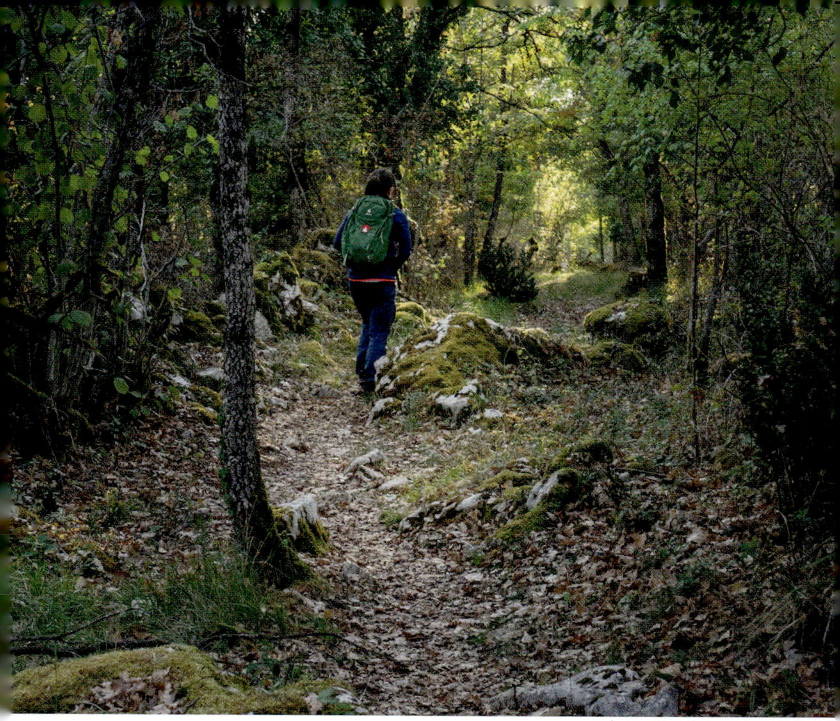

Verfallene Trockenmauern und kleine Felsbrocken prägen die Wege.

Schotterweg knickt hier nach links weg – wir hingegen gehen nach rechts. Der herrliche Weg ist schmaler, der Untergrund steinig bzw. leicht felsig und von Trockenmauern gesäumt. Nach einigen Minuten erreichen wir links das sogenannte Maison Lalo, Ruine eines alten Hauses mit Zisterne unter dem Hauptgebäude. 750 m hinter dem Maison Lalo beim nächsten hölzernen **Doppelwegweiser** ❹ rechts abbiegen. Der Weg ist weiter steinig und gabelt sich nach einer guten Viertelstunde. Wir nehmen den linken **Abzweig** ❺ an der Trockenmauer entlang. Am Querweg erreichen wir erneut einen Doppelwegweiser, wir müssen nach rechts. Wir wandern geradeaus über die Ebene und leicht bergab, den Abzweig nach links ignorieren wir. In der Nähe eines größeren Schafstalls (Bergerie) erreichen wir ein **Gatter** ❻. Dahinter nach rechts und links an der Bergerie vorbei. Geradeaus passieren wir bald ein weiteres Gatter. Einige Minuten später erreichen wir ein drittes Gatter, dahinter liegt der Weg, den wir schon vom Hinweg kennen. Wir biegen links ab und gehen auf derselben Strecke zurück zum Parkplatz der **Site de Planagrèze** ❶.

↗ 240 m | ↘ 240 m | 14.6 km

4.00 h

47 Tal der Sagne

Auf wildromantischen Wegen in der Braunhie

Vom Örtchen Lentillac-du-Causse im Herzen des Naturparks der Causses du Quercy führt diese Rundwanderung durch die typischen Landschaften der Braunhie. Man steigt von der Hochebene hinab ins flache Tal des kleinen Flüsschens Sagne. Hier taucht man in einen geradezu geheimnisvollen Pfad ab, der unter Felsen und am Rand von Weiden dem Flusslauf folgt, immer gesäumt von dicht mit Moos und Flechten bewachsenen Bäumen. Anschließend geht es wieder hinauf auf die Causse und an alten Trockenmauern entlang. Letztes Highlight am Weg ist ein großer und wunderbar erhaltener Dolmen.

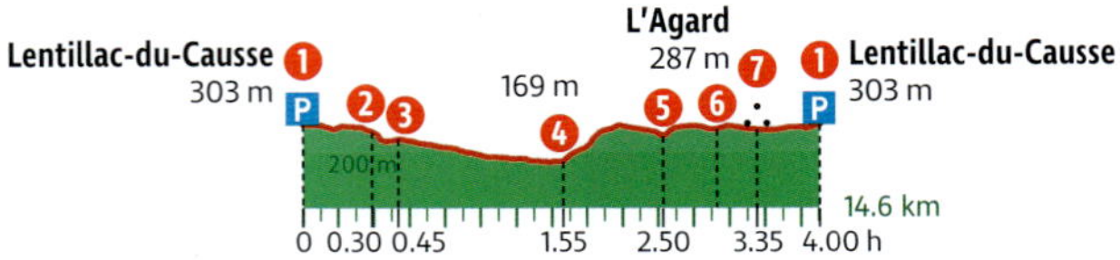

Ausgangspunkt: Lentillac-du-Causse, Parking salle polyvalente/visiteurs (N44.56211 E1.63787); Anfahrt von Cahors auf der D653 Richtung Figeac über Vers bis nach Lentillac-d/C; Anfahrt von Figeac auf der D840 Richtung Gramat, nach 18 km links auf die D653 wechseln und über Assier und Livernon bis Lentillac-d/C.
Anforderungen: Längere Rundwanderung auf gut markierten Wegen und Pfaden.
Markierung: Durchgängig gelbe Wegzeichen; offizielle französische Bezeichnung des Rundwegs: Entre Causse et Sagne.
Variante: »Le chemin du Dolmen« (1.30 Std.): Vom Parkplatz wie beschrieben bis zum hölzernen Wegweiser auf der Ebene ❷. Hier links abbiegen und dem Weg für 10 Min. folgen. Dann beim Querweg erneut links und bis zur Straße von L'Agard ❻. Auf ihr nach links und sofort wieder rechts in den von Trockenmauern gesäumten Pfad. Von hier weiter wie beschrieben.
Einkehr: Keine.

Vom Parkplatz in **Lentillac-du-Causse** ❶ am großen Steinkreuz vorbei und auf dem Chemin du Prieur ortsauswärts. An der Querstraße links (Chemin de la Fargue) und bald rechts (Impasse des Martines). Bei Haus Nr. 100 geradeaus auf dem Grasweg. Nach einigen Minuten erreichen wir den Hof Les Tounissels, hier rechts abbiegen. Der sehr schöne Weg schlängelt sich durch den lichten Wald, immer wieder von Trockenmauern gesäumt. Dann erreichen wir eine Ebene, gehen geradeaus am hölzernen **Wegweiser** ❷ vorbei und folgen 150 m dahinter dem Hauptweg nach rechts bis hinunter zur Straße. Wir sind nun im Tal der Sagne. Auf der Straße nach links. Nach wenigen Minuten rechts ab, Richtung Valadié. Wir passieren eine winzige

Moos und Flechten sorgen für geheimnisvolle Stimmung.

Brücke und biegen dahinter beim zweiten hölzernen Wegweiser links ab in den **Hohlweg** ❸.
Der Weg ab hier ist das Herzstück dieser Rundwanderung. Er verläuft für längere Zeit parallel zum Lauf des kleinen Flusses Sagne, der mal unmittelbar neben uns, mal durch die lang gezogenen Weiden inmitten des flachen Tals fließt. Rechts neben uns ragen immer wieder Felsen in die Höhe und die von Moos und Flechten bewachsenen Bäume erinnern an einen Märchenwald. Nach knapp 30 Min. überqueren wir auf einer Brücke aus zwei Bahnschwellen die Sagne, gehen noch ein Stück auf der anderen Seite des Flusses weiter, dann führt der Weg hinauf zur Straße (D13). Hier gehen wir weiter geradeaus. Nach wenigen Minuten rechts in die Route du Lavoir. Hinter dem Lavoir noch einige Meter auf der Straße nach links, dann links in den Karrenweg.
Nochmals geht es knapp 30 Min. parallel zur Sagne, der Charakter des Wegs ist allerdings ein anderer: Er ist breiter und verläuft die meiste Zeit leicht oberhalb der sich durch das Tal ziehenden Weiden. Wir bleiben immer auf dem Hauptweg, bis auch dieser wieder an der D13 endet.
Jetzt auf der Straße nach links. Nach 5 Min. scharf rechts in den **Wanderweg** ❹ bergan abbiegen. Er führt die ganze Zeit durch Nadelmischwald und trifft

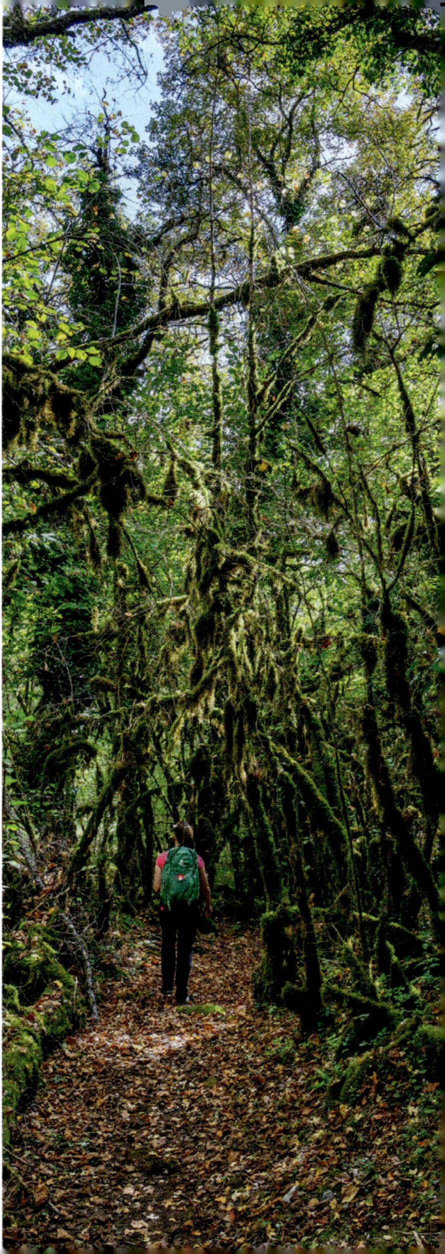

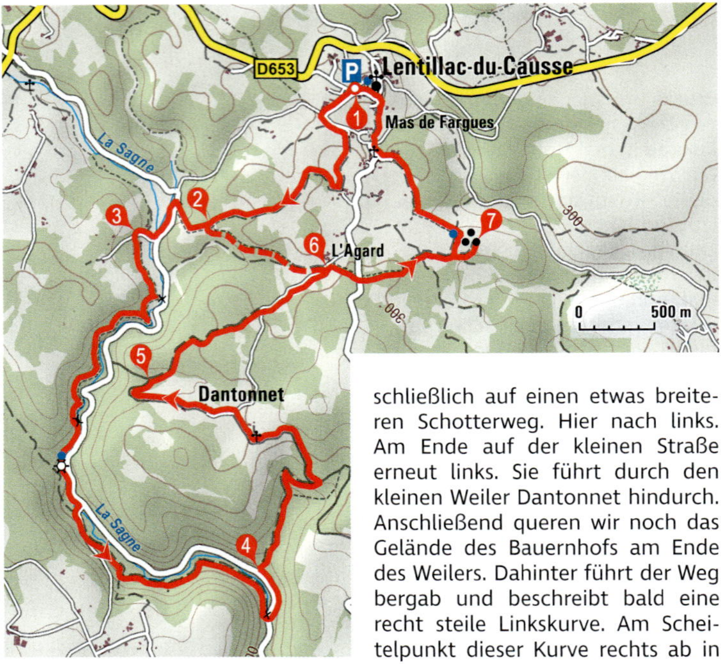

schließlich auf einen etwas breiteren Schotterweg. Hier nach links. Am Ende auf der kleinen Straße erneut links. Sie führt durch den kleinen Weiler Dantonnet hindurch. Anschließend queren wir noch das Gelände des Bauernhofs am Ende des Weilers. Dahinter führt der Weg bergab und beschreibt bald eine recht steile Linkskurve. Am Scheitelpunkt dieser Kurve rechts ab in den schönen, bald von Trockenmauern gesäumten **Pfad** **5**. An seinem Ende weiter geradeaus auf der Straße. Wir erreichen **L'Agard** **6** und biegen dort rechts ab, wieder in einen von Trockenmauern gesäumten Pfad. Wir überqueren zuerst eine Straße, dann einen breiteren Schotterweg. Unmittelbar dahinter nach rechts. Wir erreichen einen hölzernen Wegweiser. Unser Wanderweg biegt hier nach links ab – doch bevor wir ihm folgen, unternehmen wir, wie vom Wegweiser vorgeschlagen, einen Abstecher zum großen, wunderbar erhaltenen **Dolmen** **7**.

Zurück am Wegweiser folgen wir weiter dem regulären Wanderweg, biegen aber bereits nach 120 m links in den Pfad ab. Knappe 5 Min. später knickt der Weg nach rechts ab. Unmittelbar vor der Siedlung Les Mazes wird aus unserem Weg ein kleines Zufahrtssträßchen. Vor Haus Nr. 76 folgen wir ihm nach rechts und gehen vor bis zum Stoppschild. Hier die Straße überqueren und geradeaus in den Pfad. Bald gabelt er sich, wir nehmen den linken, etwas breiteren Abzweig. Er endet an einer winzigen Straße. Es geht bergan und an der nächsten Querstraße nach links. Sie bringt uns zurück zum Besucherparkplatz von **Lentillac-du-Causse** **1**.

↗ 320 m | ↘ 320 m | 9.6 km

2.45 h

Saint-Cirq-Lapopie 48

Ein Treidelweg unter Steilfelsen führt zum schönsten Dorf am Lot

»J'ai cessé de me désirer ailleurs.« – Ich habe aufgehört, mich anderswohin zu wünschen. So sprach einst der Schriftsteller André Breton in Saint-Cirq-Lapopie, wo er die letzten 16 Sommer seines Lebens verbrachte. Kühn liegt das bezaubernde Dorf auf den steilen Kalkfelsen über dem Lot, mit seiner weithin sichtbaren Kirche als Blickfang, den alten Gassen und gepflegten Gärten. Wir nähern uns Saint-Cirq-Lapopie auf einem berühmten alten Treidelweg direkt am Wasser, den einst die Flößer nutzten, um ihre Schiffe mit Seilen flussaufwärts zu ziehen. Am schönsten ist es hier am frühen Morgen. Dann ist noch keine Menschenseele unterwegs und die aufgehende Sonne taucht Fluss und Felsen in ein magisches Licht.

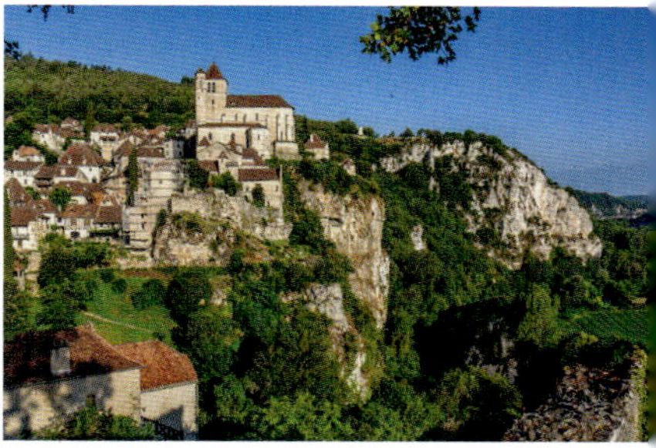

Ausgangspunkt: Bouziès; große Parkplätze im Ort (N44.48423 E1.64464); Anfahrt mit dem Bus liO Linie Cahors–Figeac, lio-occitanie.fr
Anforderungen: Gut markierte Rundwanderung auf Wegen, Pfaden und kleinen Straßen.
Markierung: Gelbe Wegzeichen, außer zwischen ❷ und ❸; offizielle französische Bezeichnung des Rundwegs: Sur les traces d'André Breton.
Einkehr: In Bouziès u. Saint-Cirq-Lapopie.
Varianten: 1. Zum Aussichtspunkt Cirque de Vènes (je 1,2 km und 20 Min. für Hin- und Rückweg): vom Hauptportal der Kirche aus am Kriegerdenkmal vorbei und sehr bald links in die winzige Gasse mit versteckt angebrachten weiß-gelben Wegzeichen. An der Friedhofsmauer entlang zur D8. Direkt gegenüber beginnt der Rundweg »Sur les hauteurs de St Cirq-Lapopie«. Dem Pfad bergan folgen, zur Linken herrliche Blicke auf den Ort und die Steilfelsen. An der Weggabelung beim Eisenkreuz links. Immer geradeaus auf dem Pfad bis zur D42. Hier liegt der Aussichtspunkt Cirque de Vènes mit weiter Fernsicht in das Tal des Lot. Dann auf gleicher Strecke zurück.
2. Rückweg am Fluss: bei ❹ statt geradeaus zu gehen, der Steilkurve der Straße folgen. Nach etwa 10 Min. erreicht man das Ufer des Lot. Hier nach links und auf dem vom Hinweg bekannten Treidelweg in umgekehrter Richtung zurück nach Bouziès.
Hinweis: In der Hauptsaison kann auf dem Treidelweg am Lot wegen seiner Popularität reger Wander- und Spazierverkehr herrschen. Wer Ruhe sucht, bricht darum am besten bereits kurz vor Sonnenaufgang in Bouziès auf.

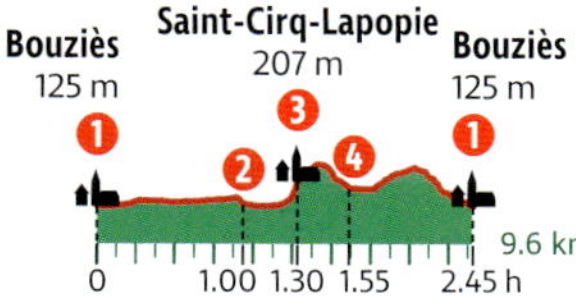

Von den Parkplätzen in **Bouziès** ❶ folgen wir den Wegweisern zum Chemin de Halage (Treidelweg). Er beginnt etwa 250 m hinter dem letzten Parkplatz. Unterhalb mächtiger Felsen erreichen wir das Wasser. Nun wandern wir für eine ganze Weile direkt am Fluss entlang: zunächst auf dem wunderschönen, in die Felsen geschlagenen Treidelweg. Dann hinter der kleinen Schleuse von der Straße sofort wieder links abbiegen und noch etwa 20 Min. weiter auf dem Wanderweg direkt am Lot. Er knickt dann nach rechts vom Fluss weg und führt uns zu einer kleinen, unbefahrenen Straße. Hier links und immer weiter in Richtung des vor uns liegenden Saint-Cirq. Schon bald verläuft auch dieses Sträßchen wieder unmittelbar am Wasser. Die Blicke auf das Dorf und seine alles dominierende Kirche sind zunehmend eindrucksvoll. Nach gut 1 km erreichen wir einen hölzernen **Wegweiser** ❷. Der offizielle Wanderweg »Sur les traces d'André Breton« knickt hier nach rechts ab. Wer mag, kann gerne auf diesem schönen und steilen Pfad nach Saint-Cirq aufsteigen, er endet direkt im Dorf, kaum 100 m östlich der Kirche.

Wir entscheiden uns jedoch für die leichtere Variante, um auf dem klassischsten aller Wege den kompletten Ort aufrollen zu können. Dazu bleiben wir noch ein wenig auf dem Sträßchen am Fluss entlang. Es führt an einer alten Wassermühle vorbei bis zum Wegweiser »Accès Village«. Ihm folgen wir scharf nach rechts und immer bergan. Nach wenigen Minuten erreichen wir das Stadttor Porte de Rocamadour. Von hier aus sollten wir uns nun viel Zeit nehmen, **Saint-Cirq-Lapopie** ❸ zu erkunden. Wie und auf welchem Weg wir das tun, ist nicht von Belang und jeder sollte einfach seiner Nase folgen. Es gibt viel zu entdecken. Selbst die kleinste Nebengasse ist hübsch und hinter jeder Ecke lauert ein neues Fotomotiv. Versäumen Sie nicht die felsigen Wege und Treppen um die Kirche herum mit fantastischen Blicken auf den Lot oder

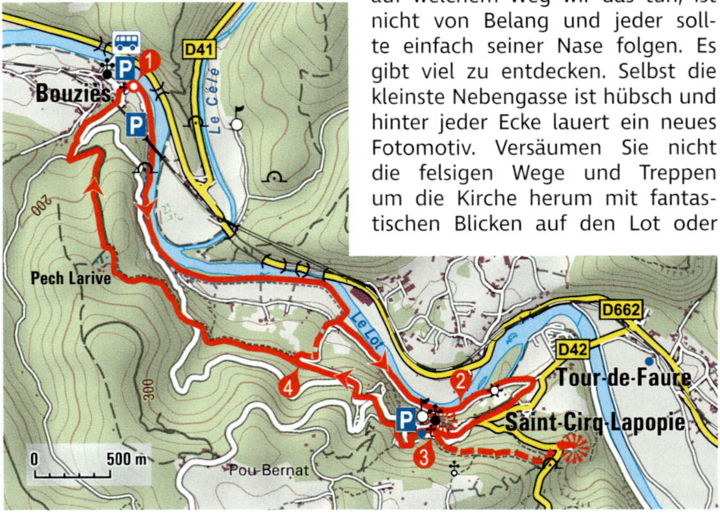

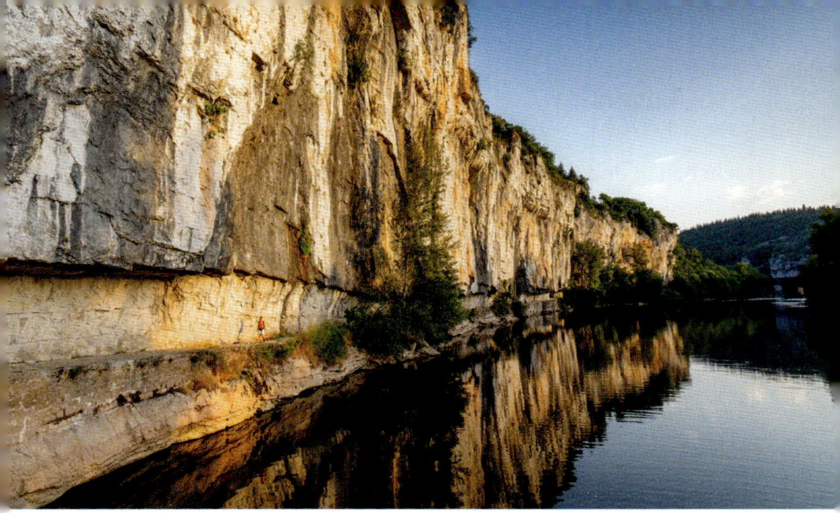

In die Felsen geschlagener Treidelweg am Lot.

die verschiedenen Aussichtspunkte: den Rocher de la Popie oberhalb der Touristeninformation oder den Cirque de Vènes (→ 1. Variante).
Den Rückweg beginnen wir vom Hauptportal der Kirche aus. Wir gehen am Kriegerdenkmal vorbei und geradeaus die Straße hinauf. Dann am Dorfplatz mit der Touristeninformation links in die Straße mit den gelben Wegzeichen, die uns ab hier wieder bis zum Ende der Wanderung begleiten. Kurz vor der Hauptstraße D8 rechts ab in die Gasse mit Durchgang. Dahinter die D8 überqueren und vor den Felsen links hoch Richtung Parkplatz. Nach nur 60 m steil rechts auf dem Schotterweg an der Mauer entlang. Wir erreichen nach einigen Minuten einen weiteren Parkplatz, nochmals mit toller Aussicht auf Saint-Cirq und das Tal des Lot. Hier über beide Zebrastreifen und dahinter nach links auf dem Pfad. An seinem Ende auf der kleinen Straße nach rechts. Nach 500 m beschreibt die Straße eine steile **Rechtskurve 4**. Wem der Rückweg bis hierher weniger zugesagt hat und wer Lust verspürt, den Treidelweg noch einmal in umgekehrter Richtung zu gehen, kann hier der Straße folgen, sie führt in 10 Min. ans Ufer des Lot und auf die Strecke vom Hinweg (→ 2. Variante).
Für alle anderen geht es geradeaus auf dem Pfad weiter. Er gabelt sich nach einiger Zeit, hier links (der rechte Abzweig führt ebenfalls hinunter zum Lot). Bald queren wir die D40 schräg nach rechts, dann weiter auf dem Pfad. Wir passieren nun nacheinander insgesamt vier Gatter, die alle zum Biohof Rucher de Pech Larive gehören. Anschließend auf dem breiten Schotterweg nach rechts. An seinem Ende auf der Querstraße ebenfalls rechts und sofort wieder links auf der D40 zurück nach **Bouziès 1**.

↗ 400 m | ↘ 400 m | 11.9 km

49 Steilfelsen am Lot

3.30 h

Hochebenen und Flusstäler mit grande finale

Zwischen Cajarc und Cahors windet sich der Lot zwischen hohen Kalksteinklippen hindurch, die er über Jahrmillionen in den Fels gegraben hat. Schon die parallel zu Lot und Fels verlaufende Verbindungsstraße D662 bietet in diesem Abschnitt immer wieder aufregende Perspektiven. Die herrlichen Aussichtspunkte auf den Steilfelsen erreicht man allerdings nur zu Fuß. Wir beginnen die Tour in Saint-Géry am Fuß einer verheißungsvollen Klippe, erwandern uns in einer weiten Schleife Hochebenen und Tal des Lot und heben uns das Beste für den Schluss auf: die Aussicht von besagter Klippe oberhalb von Saint-Géry.

Ausgangspunkt: Saint-Géry, Kirche (N44.47828 E1.57893); wenige Parkplätze auf der gegenüberliegenden Straßenseite, mehr Parkplätze beim kleinen Supermarkt, 130 m die D662 hinunter Richtung Cajarc; Anfahrt mit dem Bus liO Linie Cahors–Figeac, lio-occitanie.fr.
Anforderungen: Rundwanderung auf gut markierten Wegen, Pfaden und Straßen; Trittsicherheit erforderlich, besonders am Ende beim Abstieg nach Saint-Géry.
Markierung: Gelbe Wegzeichen zwischen ❷ und ❻, in Vers kurz ausgesetzt; keine Markierung von ❶ bis ❷ und von ❻ bis ❶.
Einkehr: In Saint-Géry und Vers.
Tipp: Saint-Cirq-Lapopie, eines der schönsten Dörfer Frankreichs, liegt nur 20 Autominuten entfernt.

Ein Motiv für Künstler auf dem Steilfelsen oberhalb von Saint-Géry.

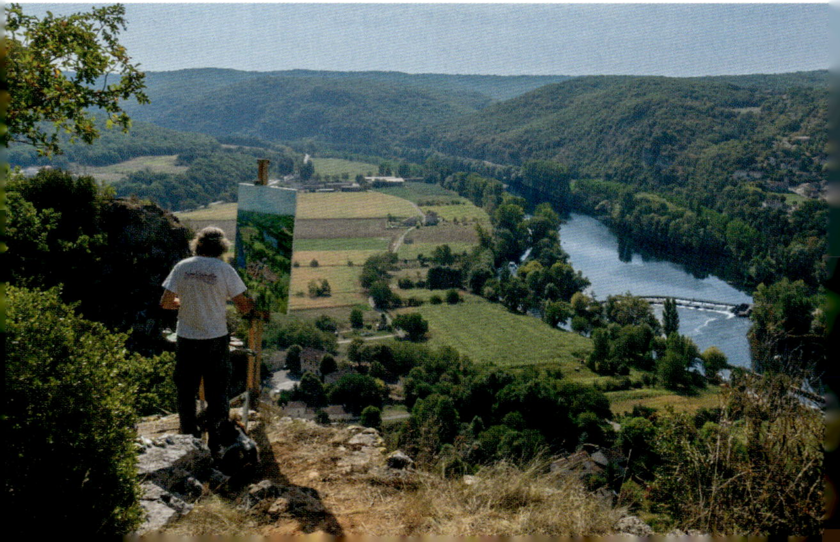

Unterhalb der Felsen geht es zurück nach Saint-Géry.

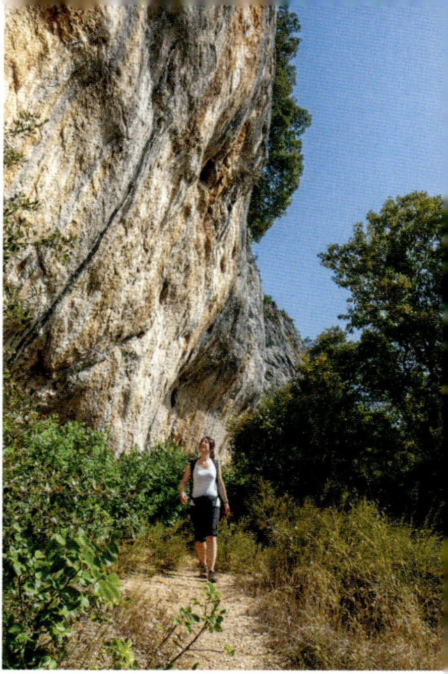

Gegenüber der Kirche von **Saint-Géry** ❶ in die kleine Rue du Pontet. An der Weggabelung rechts unter der Brücke hindurch und dahinter nach links. Wir bleiben 1 km auf dieser Straße bis zur T-Kreuzung. Hier rechts und über den **Lot** ❷. Hinter der Brücke beginnen die gelben Wegzeichen. Wir gehen auf der Straße unterhalb der Felsen nach rechts bis Pasturat, in einer Linksschleife durch das Dörfchen hindurch und hinauf zur Kirche. Dahinter ab Haus Nr. 49 der kleinen Straße im Zickzackkurs bergan folgen (einige Schleifen der Straße lassen sich durch Trampfelpfade abkürzen).

Bei einem Steinkreuz gabelt sich die Straße. Ein hölzerner Wegweiser zeigt uns, dass wir rechts hoch Richtung Béars und Vers zu gehen haben. Ab hier navigieren wir nun sicher mithilfe der gelben Wegzeichen und weiterer hölzerner Wegweiser über die gesamte Anhöhe und bis hinunter nach Béars. Dabei ergeben sich gerade zu Beginn und gegen Ende, beim Abstieg nach Béars, Gelegenheiten zu schönen Panoramablicken über den Lot und die dahinter aufragenden Steilfelsen. Bei einigen Gewächshäusern erreichen wir eine kleine Straße und gehen nach links. An der T-Kreuzung mit der Route d'Arcambal rechts abbiegen nach **Béars** ❸. Auch hier wieder mithilfe der Wegzeichen durch das Örtchen, dann über die Lotbrücke (hier Aussicht auf ein rechts von uns liegendes Château des Anglais) und hinter der Brücke rechts bis zum kleinen Kreisverkehr vor **Vers** ❹. Nun gilt es einige Minuten lang gut aufzupassen: Wir überqueren den Kreisverkehr geradeaus und nehmen die winzige

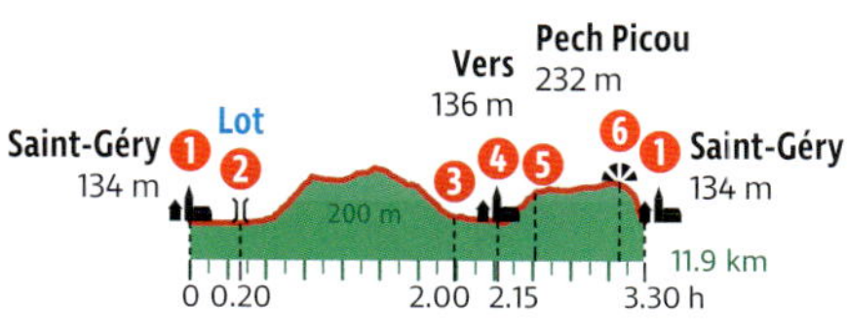

Rue de la Planquette zwischen D653 und Brücke. Sie schlängelt sich um ein Haus, danach über eine kleine Brücke. Dahinter links und kurz darauf links am Kriegerdenkmal vorbei. Beim Steinkreuz geradeaus Richtung Pech Picou und nach 30 m (gegenüber Mas de Lucet) in den unscheinbaren Weg nach rechts. Nach 100 m gabelt sich der Weg. Wir können links hochgehen oder den mittleren Pfad nehmen. Beide führen im Zickzack hinauf zur Straße, die sich von hier aus in einigen Serpentinen bis nach Pech Picou hinauf schlängelt. Mithilfe der nun wieder verlässlichen gelben Wegzeichen kürzen wir die Serpentinen der Straße immer wieder auf steinigen Pfaden durchs Gelände ab und gelangen nach gut 10 Min. moderaten Anstiegs bei einem schönen Wohnhaus mit großem Garten auf die Anhöhe von **Pech Picou** ❺. Weiter geht es auf der Straße nach links. An einer kleinen Kreuzung mit zwei Verkehrsspiegeln biegen wir rechts ab. Entspannt wandern wir knappe 2 km auf diesem Weg geradeaus und leicht bergab bis zur schicken Pension Le Nezou. An der Weggabelung dahinter nach rechts und zum **Aussichtspunkt** ❻ als grande finale unserer Tour. Vom Weg aus können wir immer wieder bis zur Klippe vorgehen (Vorsicht!), um die herrliche Weitsicht auf die Steilfelsen, die Ebene von Pasturat und das fast senkrecht unter uns liegende Saint-Géry zu genießen. Nach 80 m geht ein unscheinbarer Pfad nach links ab, der uns auf steilem und steinigem Abstieg zurück zur Kirche von **Saint-Géry** ❶ bringt.

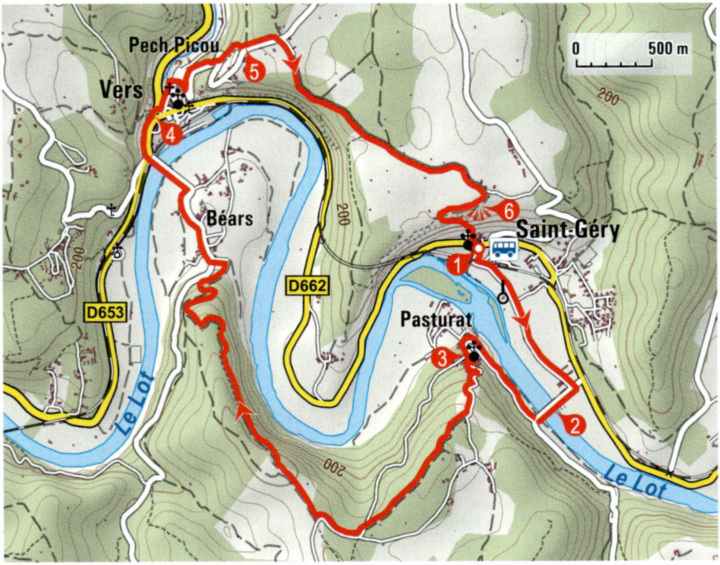

↗ 180 m | ↘ 180 m | 5.7 km

1.45 h

Cahors von oben

50

Grandiose Aussicht vom Mont Saint-Cyr

Cahors ist die Hauptstadt des Départements Lot. Sie liegt innerhalb einer tropfenförmigen Flussschleife und ist über die Region hinaus durch das gleichnamige Weinanbaugebiet bekannt. Mitten durch die Stadt verläuft der von Bäumen gesäumte Boulevard Léon Gambetta auf Linie der ehemaligen Stadtmauer. Er teilt Cahors in zwei ungleiche Hälften: Im Osten schmiegt sich die gemütliche Altstadt mit ihren vielen kleinen Gassen, Cafés und der berühmten Kathedrale Saint-Étienne ans Ufer des Lot. Das Gebiet im Westen gehörte bis ins 18. Jh. zu den Ländereien des örtlichen Klosters und beheimatet heute die Neustadt. Vom Mont Saint-Cyr, dem Hausberg Cahors', lässt sich die Zweiteilung der Stadt besonders gut erkennen.

Ausgangspunkt: Cahors, Parking Saint-Georges am südlichen Lotufer nahe der Brücke Pont Louis-Philippe (N44.44059 E1.44171); mit dem Bus liO Linie Cajarc–Cahors oder liO Linie Figeac–Cahors bis Haltestelle Cahors »De Gaulle«, lio-occitanie.fr, ca. 15 Min. Fußweg auf dem Boulevard Léon Gambetta in südlicher Richtung bis zur Brücke.
Anforderungen: Nur zu Beginn kurz ansteigende Panoramatour fast ausschließlich auf schmalen Schotterpfaden, am Schluss entlang der Uferpromenade des Lot.
Markierung: Weiß-rote Wegzeichen zwischen 1 und 2, dann gelb.

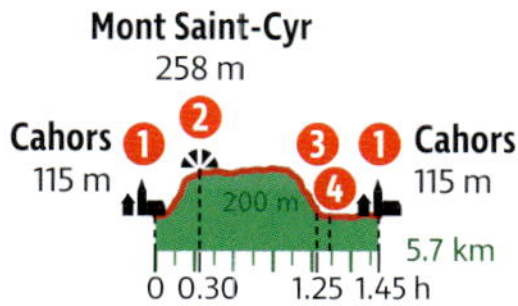

Einkehr: In Cahors.
Tipp: Altstadt von Cahors mit Kathedrale Saint-Étienne (einzigartige Kuppelarchitektur) und Brücke Pont Valentré aus dem 14. Jh., bei deren Erbauung angeblich dem Teufel ein Schnippchen geschlagen wurde. Beide gehören seit 1998 zum UNESCO-Weltkulturerbe.

Cahors aus der Vogelperspektive: Blick vom Mont Saint-Cyr.

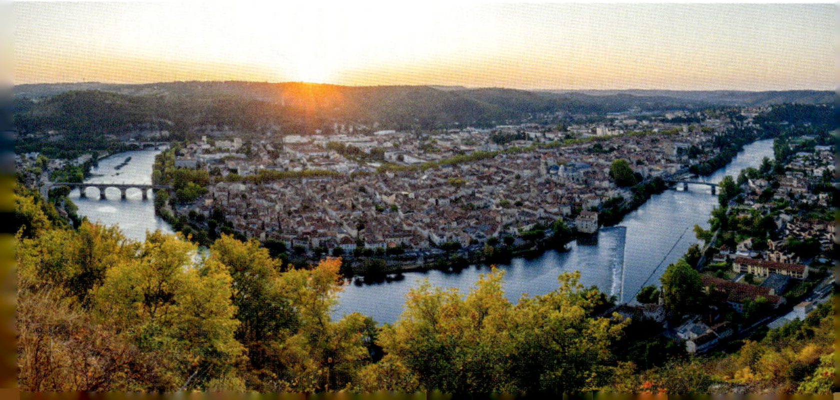

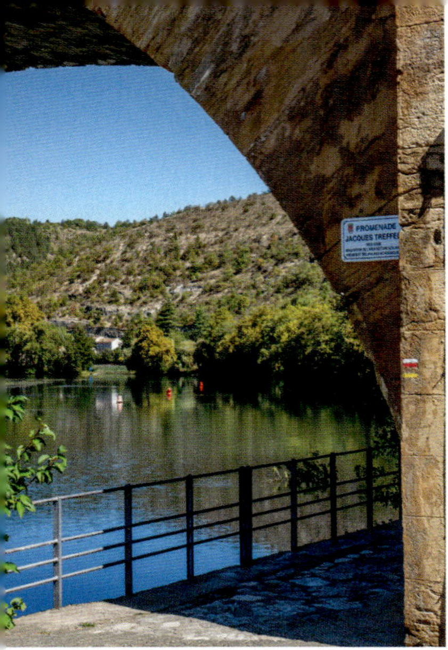

Promenadenweg am Lotufer.

Vom Parkplatz in **Cahors ❶** am Ufer des Lot (Promenade Jacques Treffel) nach rechts unter der Brücke Pont Louis-Philippe hindurch. Kurz hinter der Brücke rechts die Treppenstufen hinauf. Wir halten auf die Statue der betenden Jungfrau Maria am Kreisverkehr zu, nehmen dahinter die rechte Treppe abwärts und gehen sofort links in den Chemin du Mont-Saint-Cyr. Hier folgen wir den reichlich vorhandenen weiß-roten Wegzeichen den Pfad hinauf und bis zum Aussichtspunkt des **Mont Saint-Cyr ❷** beim weiß-roten Funkmast. Wir genießen einen wunderbaren Blick auf das 150 m unter uns liegende Cahors, mit der gut erkennbaren Altstadt im Osten und der Neustadt westlich des Boulevard Gambetta (ehemalige Stadtmauer).

Unsere Wegzeichen sind von hier an gelb. Vom Funkturm aus auf dem asphaltierten Weg bis zur Schranke. Dahinter links und längsseitig beide Parkplätze überqueren. Am Ende des hinteren Parkplatzes links in den Pfad. Die jetzt links in den Blick kommende Talsenke umrunden wir auf Schotterpfaden mithilfe der gelben Wegzeichen in einem weiten Linksbogen. Das dauert eine gute halbe Stunde und die gelben Wegzeichen sind oft nicht unmittelbar zu erkennen, darum aufmerksam sein! Nach der letzten Weggabelung wandern wir auf schmalem Pfad bergab und zurück nach Cahors. Der Pfad geht hinter einigen Treppenstufen in eine kurze **Straße ❸** über. An deren Ende links und an der Kreuzung rechts in die Rue des Jacobins Richtung Cahors-Centre. Vor der Brücke links in den **Quai Jean Lagrive ❹**. An der Mühle von Coty mit auffälligem Rundturm am Lotufer bleiben (Promenade de Coty). Zum Schluss wieder unter der Brücke Pont Louis-Philippe hindurch und zurück zum Parkplatz in **Cahors ❶**.

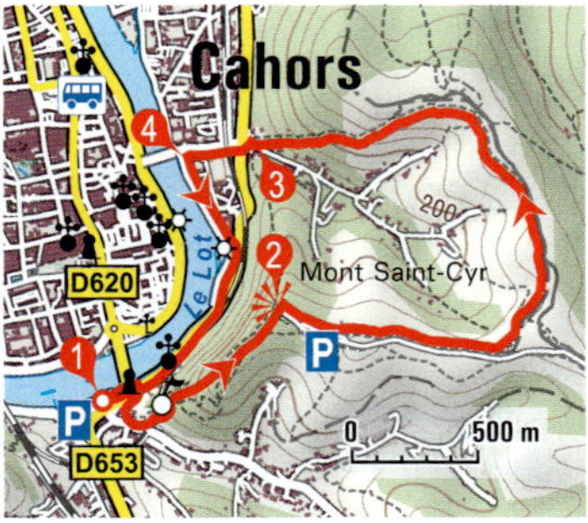

↗ 390 m | ↘ 390 m | 12.8 km

3.30 h

Am Lot zwischen Pradines und Douelle

51

Abwechslungsreiche Wanderung westlich von Cahors

Dieser Rundweg führt zunächst auf eine Anhöhe oberhalb des Lot mit fantastischer Aussicht auf das Flusstal westlich von Cahors und die kleine Hafenstadt Douelle. Dort wurden früher Weinfässer hergestellt und verschifft – daher auch der Name des Ortes: Die Längshölzer von Weinfässern heißen im Französischen »Douelles«. Über Karstgestein und Kulturlandschaften, die seit Jahrhunderten von Weinbauern bewirtschaftet werden, steigt man anschließend ab zum Flussufer und wandert auf einem herrlichen alten Treidelpfad direkt am Wasser entlang.

Ausgangspunkt: Pradines, Parkplatz »Place Claude Schaefer« an der Rue Daniel Roques gegenüber der Grundschule (N44.47769 E1.40394); mit dem Bus städtische Linien 2 und 3 aus Cahors, unter der Woche mehrmals täglich bis Pradines, Haltestelle »Daniel Roques« nahe Parkplatz, bus-evidence.fr; Bus liO Linie Cahors–Vire-sur-Lot von Cahors Gare SNCF bis Pradines »Mairie«, lio-occitanie.fr; von hier 2 Min. Fußweg auf der D8 Richtung Norden bis zum Parkplatz an der Rue Daniel Roques.

Anforderungen: Rundwanderung auf gut markierten Wegen und Pfaden; ab und an steinig; längere Passagen unbeschattet.

Markierung: Durchgängig gelbe Wegzeichen.

Einkehr: Keine; in Cahors.

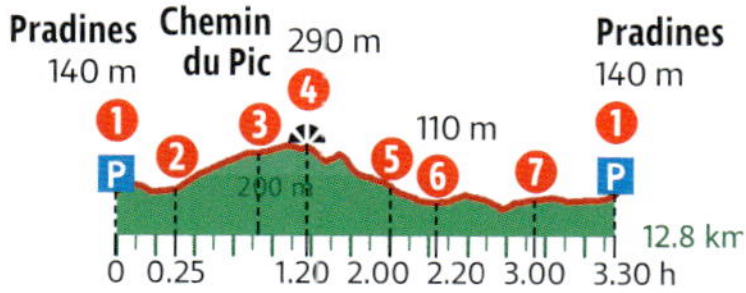

Auf historischem Treidelpfad am Lot.

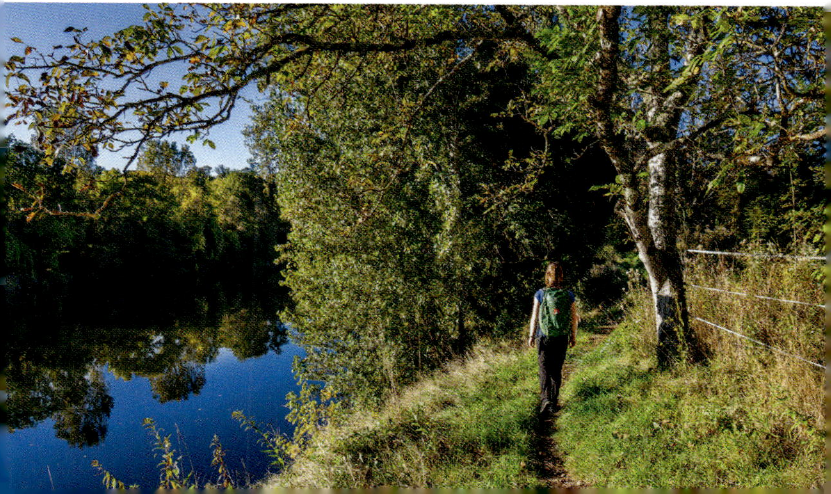

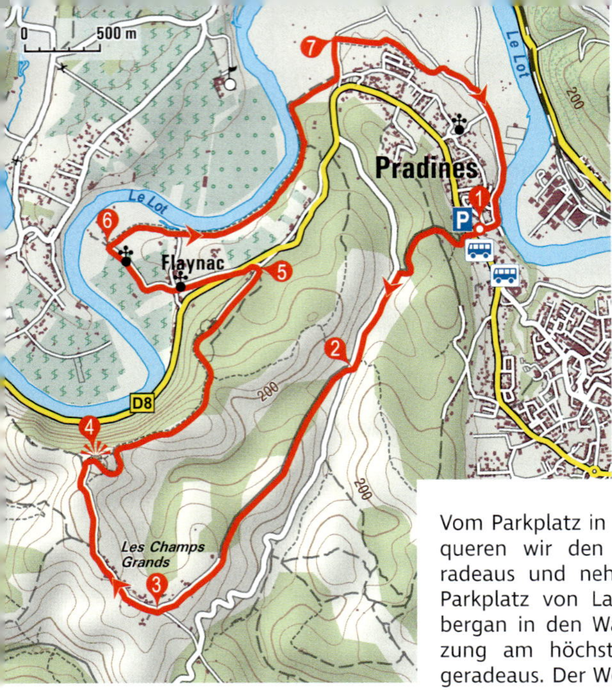

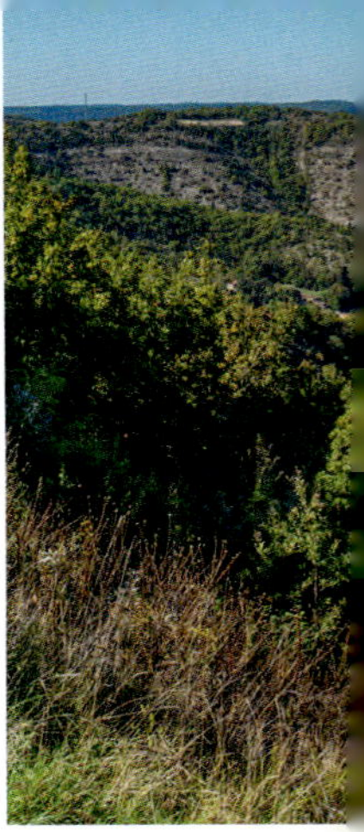

Vom Parkplatz in **Pradines** ❶ überqueren wir den Kreisverkehr geradeaus und nehmen hinter dem Parkplatz von La Prade den Weg bergan in den Wald. An der Kreuzung am höchsten Punkt weiter geradeaus. Der Weg endet an einer Straße, hier nach links. Wir folgen der Straße etwa 10 Min., bis wir den hölzernen **Wegweiser** ❷ »Les Champs Grands 1,9 km« erreichen. Hier rechts ab. Nach 150 m gabelt sich der Weg, wir wählen den linken Abzweig. Es geht nun durch lichten Wald bergan. Wir bleiben immer auf dem Hauptweg. Er wird bei den ersten Häusern auf der Hochebene Les Champs Grands zu einer Straße. Ihr folgen wir weiter bis zur Querstraße **Chemin du Pic** ❸ und biegen rechts ab. Wir wandern an schmucken Anwesen vorbei. Dann endet die Straße an einer dreifachen Weggabelung. Wir nehmen den rechten Weg an der Mauer entlang. Nach 500 m weiter geradeaus auf den Schotterweg Richtung »Calvaire« und bis zum sensationellen **Aussichtspunkt** ❹ oberhalb der Lotschleife von Douelle. Er ist zugleich Startplatz für Gleitschirmflieger. Halb rechts sehen wir von dort aus auf der gegenüberliegenden Klippe das berühmte Château de Mercuès, früher Sommerresidenz der Grafen und Bischöfe von Cahors, heute Weingut und Luxushotel. Zudem lassen sich vom Aussichtspunkt gute Teile unseres weiteren Wanderwegs erkennen.

Nachdem wir uns satt gesehen haben, wandern wir auf dem schmalen Pfad quer über die Wiese Richtung Südosten. Er endet direkt hinter den ersten Sträuchern an einem Querpfad, hier nach links Richtung »Cap de

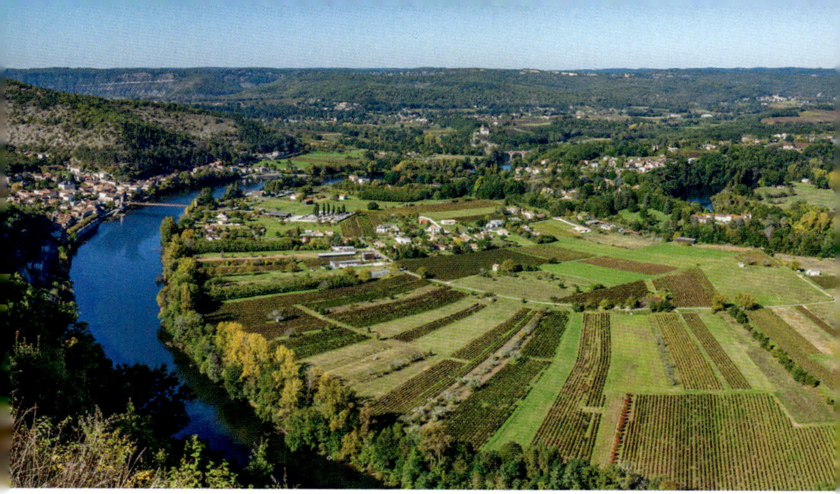

Aussicht auf den Lot bei Douelle.

la Cévenne«. Über einen etwas steinigen Pfad wandern wir bergab. Dabei bleiben wir immer auf dem Hauptweg, im Zweifel helfen die gelben Wegzeichen. Nach 1 km an der Weggabelung den breiteren linken Abzweig wählen. Er wird bald zu einem Wirtschaftsweg, später dann zu einer Straße. Kurz nach den ersten Häusern des Weilers Bugueles die kleine **Straße 5** nach links hinunter zur D8 nehmen. Die D8 überqueren wir geradeaus und folgen der Route de la Carrière auf das Château du Carriol zu. Wir erreichen die kleine Siedlung Flaynac. Am Ende der Straße rechts in den Chemin de l'Église, dann beim Kreuz erneut rechts. Wir gehen an der kleinen Kirche mit Friedhof vorbei. Gute 150 m weiter erreichen wir eine Mehrfach-Weggabelung. Hier den rechtesten der **Abzweige 6** (Chemin des Graviers) wählen und durch den Wald bis zum Lotufer. Hier wandern wir nun auf einem malerischen schmalen Treidelpfad direkt am Fluss entlang. Ohne dass wir uns verlaufen könnten, knickt der Pfad nach gut 20 Min. rechts vom Lot weg und wir erreichen recht unvermittelt einige Weinfelder. Wir halten die Richtung und folgen dem geraden Wirtschaftsweg durch die Felder weg vom Fluss. Dann an der kleinen Kreuzung links und an der Mauer entlang. Ein wenig dahinter rechts abbiegen in den **Chemin des Bares 7**. Hinter einigen neueren Wohnhäusern gabelt sich der Weg. Wir nehmen den Abzweig nach links unten und wenden uns bald darauf auf dem kleinen Votersträßchen nach rechts. Es geht nun längere Zeit geradeaus. Die Straße verbreitert sich, führt vorbei an Gärten und Sportgelände und in den Ort hinein. Schließlich beim Sackgassenschild der Hauptstraße weiter nach rechts folgen. Wir erreichen den Parkplatz »Place Claude Schaefer«, und damit unseren Ausgangspunkt in **Pradines 1**.

↗ 250 m | ↘ 250 m | 9.4 km

52 Die Lotschleife von Luzech

3.00 h

Aussichtsreiche Tour im Herzen der Appellation Cahors

Wer am Lot entlang auf der Weinstraße von Cahors über Mercuès nach Puy-l'Evêque fährt, erreicht auf halber Strecke das Städtchen Luzech. Es liegt auf einer Insel in der engsten Schleife des Lot. Man steigt von hier aus zunächst auf Luzechs Hausberg Impernal und genießt die herrliche Aussicht auf die Stadt mit ihrem alles überragenden Donjon. Es geht an den Überresten eines Oppidum vorbei, also einer gallischen Siedlung aus der Zeit vor Christi Geburt. Und auch danach bietet der Wanderweg am Hang entlang noch eine Zeit lang Fernblicke satt, vor allem auf den Lotmäander und die darin liegenden Weinparzellen.

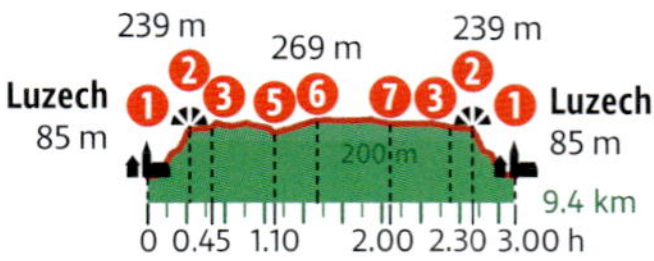

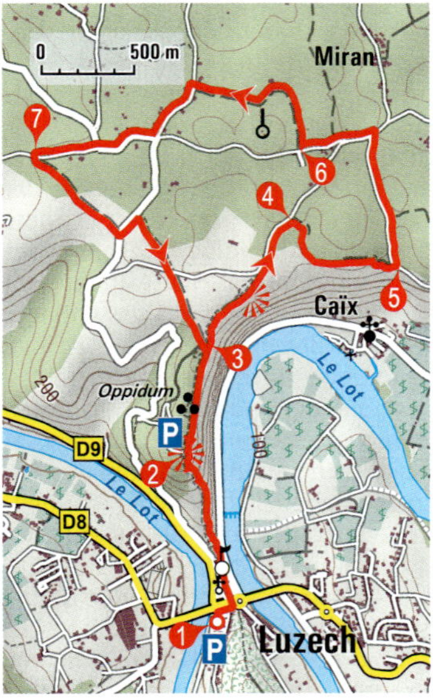

Ausgangspunkt: Luzech, Parking Place Luctérius direkt am Lot (N44.47748 E1.28583); von Cahors kommend auf der D9 am ersten Kreisverkehr in Luzech rechts abbiegen auf die D8, am zweiten Kreisverkehr vor der Lotbrücke links; Parkplätze am Ufer auf der rechten Seite; mit dem Bus liO Linie Cahors–Vire-sur-Lot von Cahors Gare SNCF bis Luzech, lio-occitanie.fr.
Anforderungen: Rundwanderung zu Beginn auf steilem und steinigem Pfad, später auf kleinen Straßen und Waldwegen.
Markierung: Gelbe Wegzeichen von ❶ bis ❺ und von ❼ bis Ende, zum Teil verblichen oder ausgesetzt, keine von ❺ bis ❼.
Einkehr: In Luzech.
Tipp: 1. Kleines Paläontologisches Museum »Ichnospace« mit Saurier-Fußabdrücken in Luzech.
2. Luzech liegt im Herzen der Appellation Cahors, viele Weinbauern der Gegend bieten Direktverkauf, so auch das Château de Caïx, chateau-de-cayx.com.

Vom Parkplatz hinauf zur Brücke und am Kreisverkehr auf der D8 in die Ortsmitte. Gegenüber dem Office de Tourisme von **Luzech** ❶ in die Grande Rue de la Ville abbiegen.

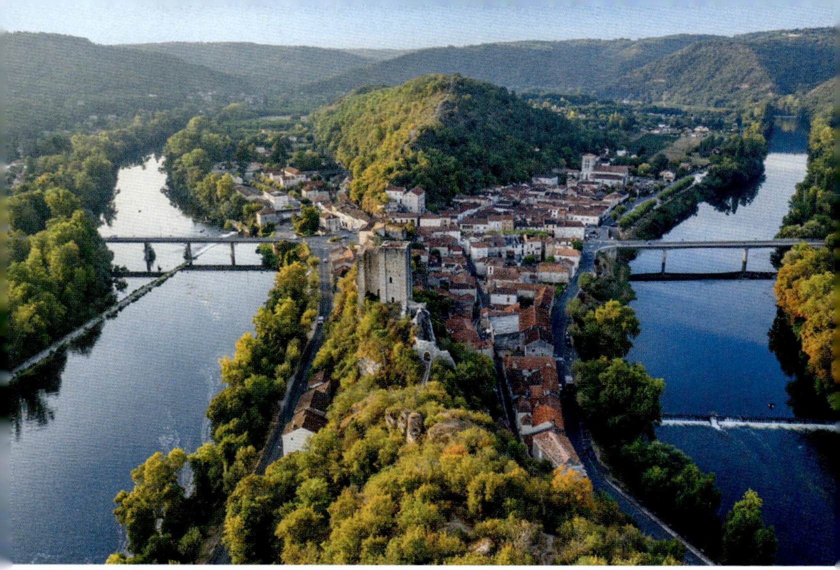

Die enge Lotschleife von Luzech.

Kurz nach Hausnummer 193 am ehemaligen Stadttor Porte du Ruffier rechts die Treppenstufen hinauf. Wir wandern einige Zeit auf steinigem Pfad bergan und es ergeben sich immer wieder tolle Blicke auf Luzech, seinen Donjon und die Lotschleife. Schließlich erreichen wir am Fuß eines Funkmastes den **Aussichtspunkt** ❷, gut zu erkennen am Weinfass mit darauf liegender Panoramakarte. Zeit für ein kurzes Innehalten, um die herrliche Aussicht zu genießen. Anschließend queren wir nacheinander Parkplatz und Picknickplatz und halten uns dann auf dem Pfad, der am Hang entlang führt. Links von uns liegen die Überreste des Oppidum de l'Impernal, besonders gut sind die Grundmauern des Tempels erhalten. Rechter Hand ergeben sich vom Weg aus immer wieder wunderbare Blicke auf die Lotebene mit ihren vielen Weinparzellen. Bei zwei hölzernen **Wegweisern** ❸ gabelt sich der Weg. Diese Stelle merken wir uns, denn auf dem Rückweg kommen wir wieder genau hierhin zurück.
Wir nehmen den rechten Abzweig und wandern weiter am Hang entlang. Hinter dem Startplatz für Paraglider (erkennbar an der Windhose) heißt es aufpassen! Wir erreichen kurz hintereinander zwei Weggabelungen: An der ersten nehmen wir den rechten Abzweig und bleiben noch 20 m auf dem Weg an der Klippe. An der zweiten geht es dann auf dem linken und etwas breiteren Weg auf gleicher Höhe weiter. Er führt im weiteren Verlauf etwas von der Klippe weg, leicht bergab und trifft auf eine Straße. Hier geradeaus und bald im weiten Rechtsbogen um die Weinparzelle herum.

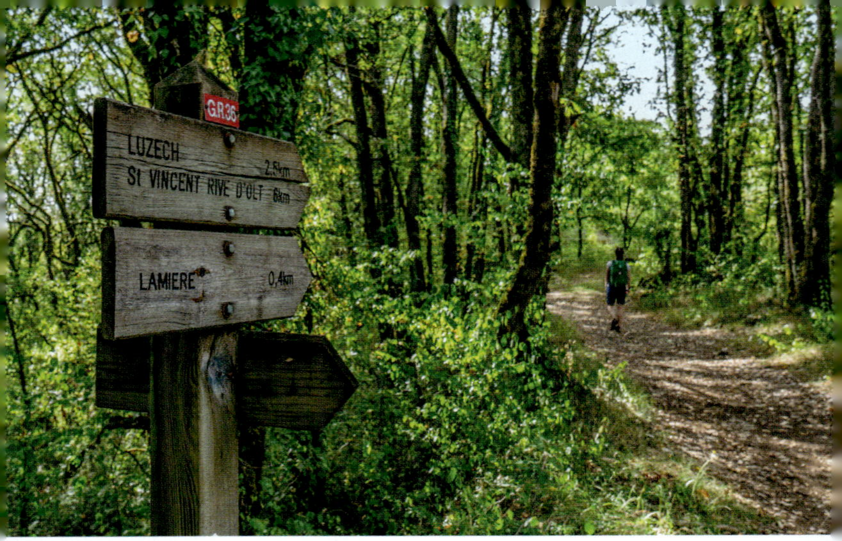

Durch den Wald geht es zurück.

Dann beim hölzernen Wegweiser rechts ab in den **Schotterweg** ❹. Wir erreichen eine Trockenmauer und biegen direkt hinter (!) der Mauer rechts ab Richtung Coste Rouge/Croix. Wir gehen unter Hochspannungsleitungen hindurch, dann auf dem breiteren Pfad in den Wald. Beim **Steinkreuz** ❺ auf der Querstraße nach links und leicht bergan.

An der nächsten Querstraße (eisernes Kreuz) erneut links abbiegen. Anschließend an der Gabelung auf dem rechten Abzweig Richtung Fages. Nach 300 m gehen wir bei mehreren Hauseinfahrten auf dem Schotterweg nach rechts in den **Wald** ❻. Vor dem Haus (Safran- und Honigverkauf) links abbiegen. Unser Weg beschreibt nun einen Rechtsknick, den von links kommenden Feldweg ignorieren wir. Am Ende an der Querstraße links abbiegen. Bald erreichen wir eine Straßenkreuzung. Für Autos geht es hier geradeaus nach Luzech, wir biegen jedoch rechts ab Richtung Fages/Labastide-du-Vert. Nach 10 Min. beim hölzernen **Wegweiser** ❼ »Gariotte/Lamière« links in den Pfad zwischen den beiden Hauseinfahrten. Er verbreitert sich gegen Ende immer mehr und trifft auf die Straße nach Luzech. Wir folgen ihr nach links hinauf und biegen 150 m weiter rechts ab in den lauschigen Waldweg. Wir überqueren ein kleines Sträßchen. Der Weg öffnet sich zunehmend und gibt schöne Blicke über die Ebene frei. Nach einiger Zeit tauchen mehrere hölzerne Wegweiser auf. Wir nehmen den Pfad nach links über den Buckel und kommen zu den zwei hölzernen **Wegweisern** ❸, die wir schon vom Hinweg kennen. Nun auf dem uns bereits bekannten Pfad am **Aussichtspunkt** ❷ vorbei zurück nach **Luzech** ❶.

Im Land der Burg von Bonaguil

Unterwegs im Hügelland zwischen Quercy und Agenais

Der Name Bonaguil geht auf die Erbauung der Burg auf Steilfelsen zurück (bonne aiguille = gute Nadel) und beschreibt damit die perfekte Verteidigungsstellung. Die Tour führt vom hübschen Örtchen Saint-Martin-le-Redon durch die umliegenden Eichen- und Kastanienwälder zur Burg Bonaguil, im zweiten Teil durch offene Hügellandschaften und romantisches Bauernland zum Weindorf Cavagnac.

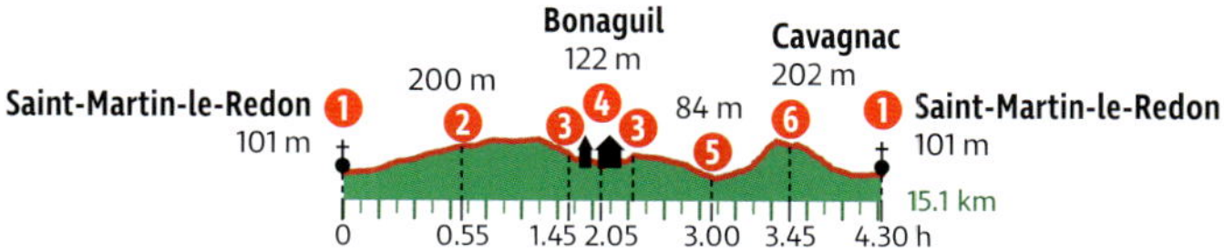

Ausgangspunkt: Saint-Martin-le-Redon, Parkplatz vor der Kirche (N44.53059 E1.04324).
Anforderungen: Rundwanderung auf Wegen, Pfaden und Straßen; wegen der Länge und Anstiege Kondition hilfreich.
Markierung: Weiß-rote Wegzeichen von ❶ bis ❹, gelb-rot zwischen ❸ und ❺, Markierung ausgesetzt bis ❻, wieder weiß-rot von ❻ bis ❶.
Einkehr: In der Haupt- und Nebensaison in Bonaguil.
Tipp: Besuch der Burg von Bonaguil, chateau-bonaguil.com

Vom Hauptportal der Kirche in **Saint-Martin-le-Redon** ❶ geradeaus die Straße entlang, nach 70 m rechts abbiegen. Über die Brücke und auf der C8 Richtung Bonaguil. Die C8 beschreibt hinter dem Ortsausgang eine scharfe Linkskehre, wir gehen jedoch geradeaus, passieren eine Fabrikhalle und kommen nach einigen Minuten zu mehreren Wegweisern. Die Wegzeichen sind ab hier weiß-rot. Wir gehen geradeaus auf dem breiten Schotterweg in den Wald. Nach 2,5 km kommt ein landwirtschaftlicher Betrieb in Sicht.

Typisches Hügelland an der Grenze zum Agenais.

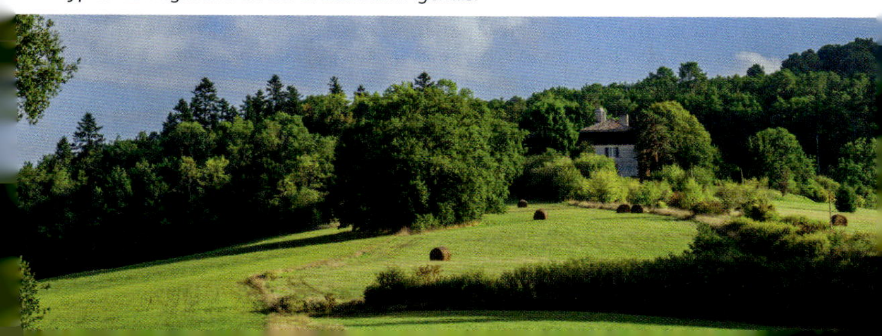

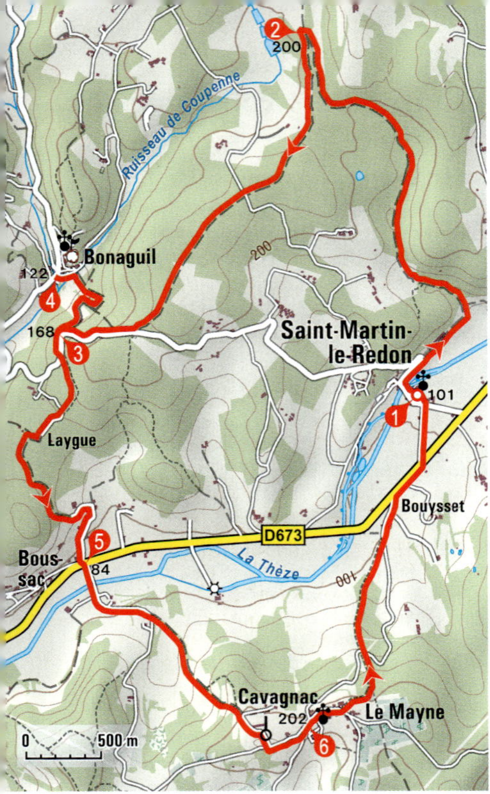

Hier haben wir den **nördlichsten Punkt** ❷ unserer Tour erreicht und biegen scharf links in den linken der beiden Pfade ab (Holzschild »Bonaguil 4 km«). Mithilfe der weiß-roten Markierung wandern wir durch den Wald, bis wir gute 30 Min. später eine Gabelung mit Wegweiser erreichen. Wir gehen geradeaus Richtung »Château de Bonaguil A/R« bis zur Straße. Dort rechts und im weiteren Verlauf bergab. In einer Linkskurve zweigt steil nach rechts ein **Schotterweg** ❸ ab. Diese Stelle merken wir uns, denn wir kommen gleich hierhin zurück. Zunächst gehen wir jedoch den Schotterweg hinab bis nach **Bonaguil** ❹. Hier lohnt sich unbedingt ein Besuch der mächtigen Burg, die Aussichten von den Türmen sind herrlich.

Dann auf gleichem Weg zurück zur Stelle, die wir uns gemerkt haben, dem Abzweig des **Schotterwegs** ❸. Nun noch kurz die Straße bergab, dann links in den Waldweg (Markierung ab hier gelb-rot bzw. gelb). Nach 500 m tritt der Weg aus dem Wald heraus. Jetzt links, dann durch die kleine Hausansammlung. Vor einer Hofeinfahrt mit schwarzem Tor nach links in den Karrenweg und an der folgenden Kreuzung der Waldwege abermals links. Nach einiger Zeit erreichen wir einen Bauernhof mit schönem Wohnhaus und Weitblick auf die umliegende Hügellandschaft. Unser Weg ist ab hier asphaltiert und wir bleiben auf dieser kleinen Asphaltstraße, bis wir im Tal die größere **D673** ❺ erreichen. Hier geradeaus Richtung Cavagnac. Wir müssen nun für einige Zeit auf Wegzeichen verzichten. Wir gehen die Straße hinauf und nach 600 m direkt hinter einem Telegrafenmast auf den Feldweg links hinunter in die Senke. Ab dort ist er auf beiden Seiten von Bäumen und Gebüsch gesäumt. Der Weg steigt wieder an, Abzweige beachten wir nicht. Nach einem kurzen steileren Stück erreichen wir eine T-Kreuzung.

Hier rechts und weiter leicht bergan. Kurz darauf treffen wir auf eine Straße, der wir geradeaus folgen. Am höchsten Punkt (mit rundem Turm und Marienstatue) passieren wir die ersten Weinparzellen. An der Querstraße schließlich links nach **Cavagnac** 6. An der Weggabelung beim Eisenkreuz rechts gehen. Wir durchqueren den hübschen Ort und erreichen bei den letzten Häusern ein gedrungenes Steinkreuz mit hölzernem Wegweiser. Dort biegen wir links ab in den Pfad, hier kehren auch die weiß-roten Wegzeichen zurück. Mit ihrer Hilfe navigieren wir sicher hinab ins Tal und bis zur größeren D673. Hier rechts und nach 270 m links auf der C7 zurück nach **Saint-Martin-le-Redon** 1.

Von Südosten erreicht man die Burg von Bonaguil.

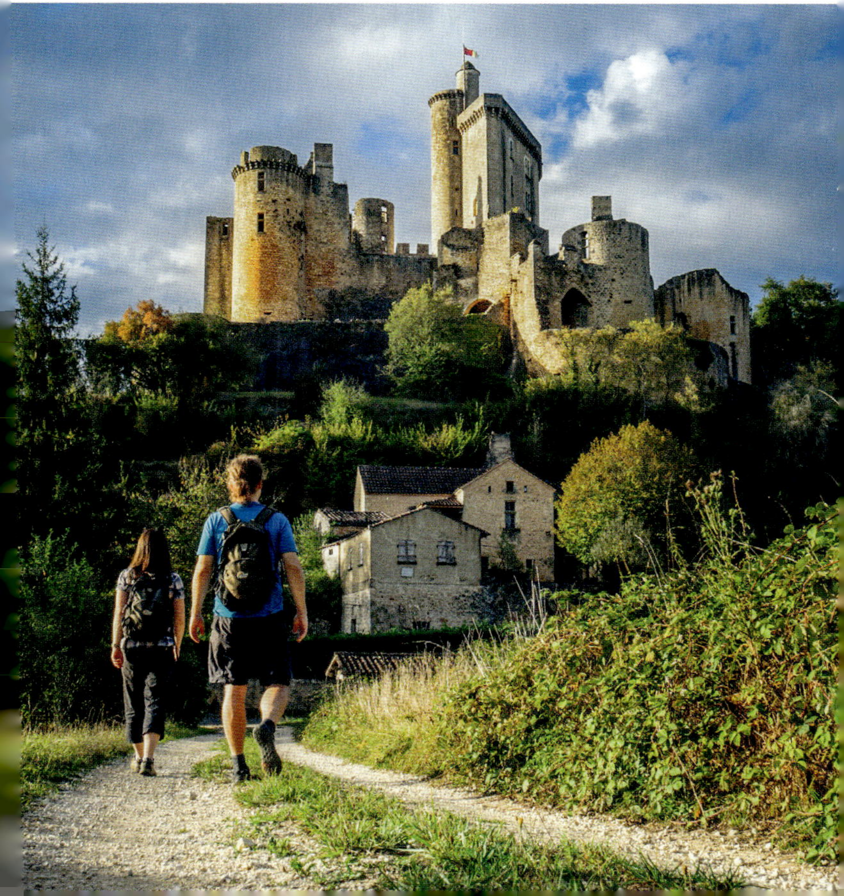

STICHWORTVERZEICHNIS

A
Abri 26
Abri Labattut 63
Alzou 135, 137, 138
Anfahrt zu den Wanderungen 12
Anreise 16
Aubas 59
Autoire 140, 147
Auvézère 23, 35, 104
B
Bastiden 31
Bave 154
Béars 189
Beaulieu-sur-Dordogne 145
Beaumont-du-Périgord 40
Belvès 55
Bergerac 20, 21, 24
Beste Reiseszeit 15
Beynac-et-Cazenac 74, 80
Biron 20, 51
Blanzaguet 125
Boisseuilh 108
Bonaguil 199
Boucle de Gorge d'Enfer 66
Boucle de l'abbaye 95
Boucle de la Pierre 55
Boucle de Limeuil 48
Boucle des Châteaux 59
Boucle des Cluzeaux 90
Boucle des Potences 51
Boucle des truffières 46
Boucle Lapeyre 83
Bourdeilles 93
Bouriane 162
Bouziès 185
Brantôme 20, 95
Braunhie 180
Brengues 165
Bugueles 195
C
Cabanes 28
Cabarnat 84
Cabrerets 21
Cadouin 21
Cahors 20, 21, 191
Caillon 117
Cajarc 20, 169
Calès 21
Camping 17
Cardaillac 150, 152, 159
Carennac 130, 147
Cascade d'Autoire 140, 142
Caselles 28
Castelnaud-la-Chapelle 69, 74, 78, 80
Causse de Cajarc 169
Causse de Limogne 172
Cavagnac 201
Cayla 157
Célé 19, 25, 26, 165, 175, 177
Cénac 69
Cénac-et-Saint-Julien 80
Chaban 65
Chaillac 63
Chalusset 99
Château de Bannes 40, 42
Château de Beauregard 92
Château de Belcastel 127
Château de Beynac 79
Château de Biron 51
Château de Bonaguil 200
Château de Castelnau-Bretenoux 147
Château de Fayrac 78
Château de Floirac 117
Château de Hautefort 108
Château de la Malartrie 77
Château de la Vitrolle 50
Château de Linoire 110
Château de Saint-Laurent-les-Tours 147
Château des Anglais (Bouziès) 143
Château des Anglais (Brengues) 166
Château des Anglais (Sauliac-sur-Célé) 179
Château des Anglais (Vers) 189
Château de Sauvebœuf 59
Château des Milandes 80, 83
Château de Taillefer 130
Château du Doux 146
Château Marqueyssac 80
Châteaux des Anglais 29
Chemin de l'Ermite 57
Chemin des Écoliers 127
Cingle de Trémolat 45
Circuit de la Fontaine de Malecargue 172
Circuit des Caselles 175
Circuit des Points de Vue 150
Circuit du Verdier 169
Circuit Nos plus beaux villages 140
Cluzeaux 29, 68, 91
Couze 21
Creysse 119
D
Dolmen 28
Dolmen de la Pierre Levée 177
Dolmen (Lentillac) 29, 184
Dolmen (Loubressac) 143
Domme 69, 80
Dordogne 19, 22, 43, 48, 69, 73, 80, 116, 119, 124, 127, 130, 145
Douelle 193
Dronne 23, 94, 95
Dropt 51, 54
Duravel 56
E
Einkehr 14
Engländerburgen (Châteaux des Anglais) 29
Entre Causse et Sagne 182
Espagnac-Sainte-Eulalie 165
Estampe 164
Excideuil 20, 101

F
Fages 58
Figeac 16, 20
Floirac 116
Fons 159
Fontaine de Malecargue 172
Fontaine du Buzou 172
Forge de Savignac-Lédrier 104
Fourneau du Diable 93
Fumel 20
G
Gariottes 28
Gluges 119, 120
Gorge d'Enfer 67
Gouffre de Cabouy 136
Gouffre de Padirac 147
Gouffre de Saint-Sauveur 136
Gouffres 26
Gramat 138
Grandes Randonnées 13
Grotte de l'Ermite 58
Grotte des Carbonnières 127
Grotten 11
Grottes de Lacave 127
Gueyzat 94
H
Hautefort 108
Höhlen 26
I
Igue de Planagrèze 180
Igue du Facteur 176
Isle 23, 98
J
Jumilhac-le-Grand 98
K
Kanu 19
Karst 26
Klima 18
L
L'Abbaye de Léobard 88
L'Abbaye de Saint-Pierre de Brantôme 97
Labrousse 97
Lacave 127
Ladirat 153
La Fage 137
L'Agard 184
La Gironie 111
La Roque-Gageac 69, 74, 77, 80
La Rousselle 52
Las Descargues 150
Latouille 155
La Valade 92
La Vergne Basse 41
La Veyssière 146
La vicomté de Turenne 110
Le Bastit 129
Le Bugue 43
Le-Buisson-de-Cadouin 20
Le Chemin de (la) Pierre Levée 177
Le chemin du Dolmen 182
Le Cingle de Trémolat 43
Le Combel 61
Le Meynet 58
Lentignac 47
Lentillac-du-Causse 182
Lentillac et la Chapelle de Verdale 155
Léobard 88
Le Peuch 67
Le Peytol 85
L'Escaleyrou 61
Les Cireys 44
Les Eyzies 21, 66, 93
Les Peyrières 100
Les Plus Beaux Villages de France 33
Le Suc 151
Les Vidissières 118
Le Verdier 171
L'Hospitalet 134
Limargue 159
Limeuil 43, 48
Limogne-en-Quercy 172
Lot 19, 22, 169, 185, 188, 191, 193, 196
Loubressac 140, 147
Loue 101
Luzech 196
M
Magnagues 131
Manoir de Rochecourbe 75
Marcilhac-sur-Célé 175
Mareuil-en-Périgord 90
Markierung 12
Marraufin 157
Martel 20, 113, 119
Mas de Dalat 174
Merlet 168
Meyraguet 129
Milandes 83
Monpazier 20, 51
Montignac 20, 21
Mont Mercou 113, 123
Mont Saint-Cyr 191
Mouflons 105
Moulin d'Aubié 158
Moulin de Fouilloux 100
Moulin de Fournols 157
Moulin des Feynières 100
Moulin de Tournefeuille 139
Moulin du Cougnaguet 134
Moulin du Saut 138
N
Nauze 55
Notre Dame de Verdale 155
Nozières 151
O
Öffentliche Verkehrsmittel 17
Oppidum de l'Impernal 197
Ouysse 136
P
Paliole 146
Péchany 61
Pech Picou 190
Périgord 20, 22
Périgueux 16, 21, 23
Peyzac 21
Pigeonnier 30
Pont-Carral 89
Port Vieux 117
Pradines 193
Q
Quercy 20, 24
R
Rocamadour 20, 21, 134
Rocher du Corbeau 42
Roches Enchantées 102

Rocs des Monges 125
Roque Saint-Christophe 64
S
Sagne 182
Saint-Céré 20, 147
Saint-Chamarand 162
Saint-Cirq-Lapopie 20, 37, 185, 188
Saint-Cyprien 57
Sainte-Alvère 46
Saint-Géry 188
Saint-Jean-de-Côle 95
Saint-Julien 72
Saint-Léon-sur-Vézère 62
Saint-Martin-le-Redon 199
Saint-Mesmin 104
Saint-Pardoux 56
Saint-Pardoux de Mareuil 90
Saint-Sozy 124
Sarconnat 102
Sarlat-la-Canéda 20, 22, 86
Sasmayoux 151
Sauliac-sur-Célé 177
Saut Ruban 105
Sergeac 63
Siran 142
Site de Planagrèze 180
Souillac 20
Sur les traces d'André Breton 185
T
Taillefer 130
Terrou 150, 152
Tierwelt 35
Tolerme 158
Trémolat 43
Trockenmauern 28
Tropfsteinhöhlen 27
Turenne 110
Tursac 21
V
Val de Louyre et Caudeau 45
Vallée des Rocs 119
Vallée heureuse 152
Vegetation 36
Vers 188
Veyrines-de-Domme 83
Vézac 74
Vézère 19, 48, 50, 59, 62, 66
Villeneuve 21
W
Wegzeichen 12
Wehrkirchen 30
Wetter 18

KLEINES WÖRTERBUCH FÜR WANDERER

à droite	rechts
à gauche	links
abbaye	Abtei, Kloster
abri	Felsüberhang, Halbhöhle
aller-retour (a/r)	Abstecher
bastide	Bastide; Planstadt, (13. u. 14. Jh.)
belvédère	Aussichtspunkt, Aussichtsplattform
borie	siehe: caselle
brebis	Weibliches Haus-/Mutterschaf (Gattung: mouton)
cabane	siehe: caselle
cascade	Wasserfall
canoë	Kanu
caselle	(cazelle, cabane, borie): kleine, meist runde Steinhütte
causse	Kalk-Hochebene
château	Burg, Schloss
château des Anglais	Engländerburg; Festungsmauer am Fels
chèvre	Ziege
chemin	Weg
chemin de Saint-Jacques	Jakobsweg
cingle	hufeisenformiger Flussmäander
clocher-mur	Glockenturm mit zwei/mehr Glocken
cloître	Kloster
cluzeau	höhlenartiger Unterschlupf im Fels (nur im Périgord)
combe	Tal; auch: Schlucht
direction	Richtung
dolmen	Steingrabstätte
donjon	Wehr- und Wohnturm
eau potable	Trinkwasser
écluse	Schleuse
église	Kirche
escalade	Klettern
escalier	Treppe, Aufgang
falaise	Klippe, Felswand
ferme	Bauernhof
fontaine	Brunnen

Umschlagbild: Château de la Malartrie an der Dordogne mit Castelnaud-la-Chapelle am Horizont.

Bild im Innentitel: Hoch über der Dordogne bei Saint-Sozy.

Alle Fotos vom Autor, ausgenommen Seite 113 (NASA/JPL-Caltech/MSSS).

Kartografie:
51 Wanderkärtchen im Maßstab 1:50.000, Kärtchen Tour 13 im Maßstab 1:25.000 und Kärtchen Tour 15 im Maßstab 1:10.000,
Geodaten © OpenStreetMap und Mitwirkende,
Kartografisches Design: SHOCart (CZ), shocart.cz;
zwei Übersichtskarten im Maßstab 1:900.000 und 1:2.000.000,
© Freytag & Berndt, Wien

Werk-Nr.: 4635

1., Auflage 2024

ISBN 978-3-7633-4635-6

FSC www.fsc.org MIX Papier | Fördert gute Waldnutzung FSC® C147178

Wir freuen uns über jeden Korrekturhinweis zu diesem Wanderführer!
Bitte per E-Mail an: leserzuschrift@rother.de

ROTHER BERGVERLAG · Keltenring 17 · D-82041 Oberhaching
Tel. +49 89 608669-0 · rother.de

gabare	auch: gabarre, Lastkahn
gallo-romain	galloromanisch
gariotte	kleine, in eine Mauer integrierte Steinhütte
gîte d'étape	Wanderunterkunft
gorge	Schlucht
gouffre	Karstquelle; auch: Schachthöhle als Zugang zu Unterwasserhöhlen
GR	(Grande Randonnée) Fernwanderweg
grotte	Höhle
halle	Markthalle
igue	Schacht/Trichter im Karstgestein
lavoir	öffentlicher Waschplatz/Waschhaus
mairie	Rathaus, Bürgeramt
marché	Markt
mas	Weiler
moulin	Mühle
mur en pierres sèches	Trockenmauer
occitan	Okzitanisch, auch: Sprache Okzitaniens
office de tourisme	Touristeninformation
papillon	Zwillingswaschsteine der lavoirs (wörtlich: Schmetterling)
pech	Hügel
pigeonnier	Taubenturm, -haus
place	Platz
point de vue	Aussichtspunkt
prieuré	Priorat, Ordensniederlassung
randonnée (kurz: rando)	Wanderung, Tour
romain	römisch
source	Quelle
tout droit	geradeaus
vache	Kuh (Gattung Hausrind: bœuf)
vallée	Tal
vélo	Fahrrad
voiture	Auto
vue	Blick